百年南开
日本研究文库

东亚国际关系
与日本

乔林生 著

江苏人民出版社

图书在版编目(CIP)数据

东亚国际关系与日本 / 乔林生著. -- 南京：江苏
人民出版社，2025. 6. -- (百年南开日本研究文库 / 刘
岳兵主编). -- ISBN 978 - 7 - 214 - 30248 - 9

Ⅰ. D831.09;D831.39

中国国家版本馆 CIP 数据核字第 20252RH729 号

书 名	东亚国际关系与日本	
著 者	乔林生	
责 任 编 辑	史雪莲	
责 任 监 制	王 娟	
装 帧 设 计	刘葶葶	
出 版 发 行	江苏人民出版社	
地 址	南京市湖南路 1 号 A 楼,邮编:210009	
照 排	江苏凤凰制版有限公司	
印 刷	南京新洲印刷有限公司	
开 本	652 毫米×960 毫米 1/16	
印 张	18.5 插页 4	
字 数	248 千字	
版 次	2025 年 6 月第 1 版	
印 次	2025 年 6 月第 1 次印刷	
标 准 书 号	ISBN 978 - 7 - 214 - 30248 - 9	
定 价	88.00 元	

(江苏人民出版社图书凡印装错误可向承印厂调换)

"百年南开日本研究文库"出版说明

　　2019 年南开大学建校百年校庆,作为中国教育史上的大事,当然是值得纪念的。

　　如何使纪念百年南开的活动具有历史意义? 我们很早就开始谋划和筹备。早在 2015 年春节期间,南开大学日本研究院原院长、教育部人文社会科学重点研究基地南开大学世界近现代史研究中心主任杨栋梁教授,向江苏人民出版社王保顶副总编提起,想以集体展示日本研究院研究成果的形式来纪念南开百年校庆。这一提议得到了保顶同志的大力支持,也得到了研究院各位同事的积极响应。后来经过商讨,编委会一致同意以"百年南开日本研究文库"作为南开日本研究者纪念百年校庆丛书的名称,本文库由江苏人民出版社和南开大学出版社分别出版。与百年校庆相适应,"百年南开日本研究文库"也应该是百年来南开日本研究业绩的展现。为此,编委会确定本文库由以下几个方面的成果构成。

　　第一,从南开大学创立到抗日战争胜利时期南开的日本研究成果。刘岳兵教授搜集相关文稿四十余万字,编成了《南开日本研究(1919—1945)》。这是一本专题性的南开大学校史资料集,对于研究和总结包括南开大学在内的这一时段中国日本研究的状况和特点,具有重要的史料价值。

第二,新中国建立以来,南开大学成立的实体日本研究机构研究者的成果。实体研究机构包括1964年成立的日本史研究室、2000年实体化的日本研究中心和2003年成立的日本研究院。

第三,1988年组建的南开大学日本研究中心,是以日本史研究室成员为核心,联合校内其他系所相关日本研究者成立的综合研究日本历史、经济、社会、文化、哲学、语言、文学的学术机构。在百年南开日本研究的历史发展中,日本研究中心具有重要的意义。本文库也包括该中心成员的成果。

今后,如果条件成熟,还可以将日本研究院的客座教授和毕业生的优秀成果也纳入这个文库中,希望将本文库建设成为一个开放的、能够充分且全面反映南开日本研究水平的成果展示平台。

在中国百年来的日本研究中,南开占有重要的一席之地。历史的发展和南开的先贤告示我们:日本研究对于中国的发展至关重要。中日关系值得我们认真思考,其经验教训值得认真总结。百年来,南开大学的日本研究者孜孜以求,探寻日本及中日关系的真相,取得了一定的成绩。吴廷璆先生主编的《日本史》(南开大学出版社1994年),是南开大学与辽宁大学两校日本研究者倾注近20年心血合力打造出来的。杨栋梁教授主编的十卷本"日本现代化历程研究丛书"(世界知识出版社2010年)及六卷本《近代以来日本的中国观》(江苏人民出版社2012年),也几乎是倾日本研究院全院之力而得到了学界认可的标志性研究成果。另外,在日本国际交流基金的资助下,南开大学日本研究中心从1995年开始由天津人民出版社出版的"南开日本研究丛书",展现了中心成员在日本研究各具体专题上的业绩,产生了积极的社会影响。这些成果都是南开日本研究者集体智慧的结晶。

"百年南开日本研究文库"是南开大学日本研究院和南开大学世界近现代史研究中心相关学术成果的集体展示。我们相信,本文库将成为南开大学日本研究和南开大学世界史学科"双一流"建设的又一项标志性成果,她将承载南开精神、贯穿南开日本研究学脉,承前启后,为客观地了解日本、促进中日关系健康发展做出新的贡献;我们也想以此为实现"发展同各国的外交关系和经济、文化交流,推动构建人类命运共同体"的理想,培养全民族的国际视野和情怀,提高广大人民群众的世界历史知识和认识水平,尽我们的一份绵薄之力。

"百年南开日本研究文库"编辑委员会

2019 年 3 月 19 日

目　录

第一章　日本战争赔偿问题与美国的责任

　　2002年,日本首相小泉纯一郎访问菲律宾、马来西亚、东帝汶等国时,当地民众团体进行了示威抗议活动,要求日本对慰安妇给予赔偿,反对日本政要参拜靖国神社以及篡改历史教科书。2017年1月,首相安倍晋三对菲律宾进行正式国事访问之际,菲律宾慰安妇受害者及民间团体在日本驻菲大使馆门前再次举行抗议,敦促日本正视历史,并对受害者进行赔偿。二战结束已经半个多世纪,战争与战争赔偿不再是一个醒目的话题,然而,对于新世纪的日本与亚洲国家来说,这却依然现实地影响着双方之间的政治和经济关系。本章拟从美国占领日本时期的东亚政策对日本赔偿政策的影响出发,阐明日美在战争赔偿问题上应承担的责任,分析"战争赔偿"的权利与义务及其存在的问题,指出日本的对外赔偿作为国际关系史上的特例,是美国东亚政策演变的结果之一,它配合了美国遏制战略的开展,亦使得日本推行"赔偿外交"成为可能。

一、美国对日本战争赔偿政策的嬗变

　　战后日本的赔偿,以1951年9月签署的"旧金山和约"为界,大体可以分为两大阶段。和约签署之前,日本处于美军占领之下,美国政府与占领当局掌握着日本战争赔偿等战后处理问题的主导权,是赔偿问题的决策主体,而日本政府没有独立对外交涉的权力,只是通过对美交涉,争取尽可能地减轻日本的赔偿负担,是相对被动的政策接受者与执行者。至于远东委员会作为盟国对日占领与管理的最高机构,基于诸多原因,迟至1946年3月才设置了负责赔偿问题的委员会;加之索赔国内部意见不一,在美国的操纵下,该赔偿委员会仅仅是一个事后的审议、承认机构。因此,这一时期美国全球战略特别是东亚政策的演变直接左右着日本赔偿政策的变迁。

关于美国对日赔偿政策的演变过程,研究者做了不同的阶段划分。[①]本书根据赔偿政策转变的特征与冷战形势以及美国东亚战略的调整,把这一时期日本的战争赔偿政策划分为三个阶段,即由严厉的惩罚性赔偿转变为减少赔偿、放弃赔偿,最后以条约的形式确定了象征性的劳务赔偿,赔偿方式也相应地由实物赔偿变为劳务赔偿,最终则主要以资本赔偿的形式付诸实施。

（一）从1945年8月二战结束至1946年底,即冷战开始之前,主要是以"鲍莱报告"为政策内容的惩罚性赔偿阶段。

1945年7月26日,美英中三国联合发表《促令日本无条件投降之波茨坦公告》,其中并没有规定具体赔偿规模以及战后赔偿问题的解决办法,仅在第11条规定中提道:"日本将被允许维持其经济所必需及可以偿付实物赔偿之工业,但可以使其重新武装作战之工业不在其内。"[②]这无形中为日后美国一手操纵日本的战争赔偿埋下了伏笔。

1945年9月发表的《美国初期对日方针》明确指出,"凡是非日本和平经济或供应占领军所必需之货物或现有资本设备及设施,皆应移充赔偿之用",而且只有"日本以外的远东各国工业迅速发展,才是防止日本

---

① 参见杨栋梁:《日本的战争赔偿》,《日本研究》1995年第3期;张光:《战后日本的战争赔偿与经济外交》,《南开学报》1994年第6期;赵文亮:《美国远东政策与日本的赔偿责任》,《郑州大学学报》2000年第4期等。
②《国际条约集》(1945—1947),世界知识出版社1961年,第78页。

再度发动侵略战争之最佳保障"①。美国的意图非常明显,一是要从根本上消除其军事上的敌人和经济上的竞争对手,二是要利用赔偿复兴日本周边的国家,扶植中国等亚洲国家,以制约日本。1945 年 12 月 7 日,即珍珠港事件四周年纪念日,美国公开发表了鲍莱使节团拟定的《日本赔偿即时实施计划》,俗称"鲍莱中间报告"或"鲍莱中间赔偿计划"。该报告明确规定禁止日本生活水平超过其侵略过的亚洲国家,建议日本生产规模应维持在 1926—1930 年的水平。同时要将日本的陆海军工厂、飞机、轻金属、轴承工厂的全部,以及钢铁、机床、造船、火力发电厂的约一半,作为赔偿设备予以拆除并运往中国、菲律宾以及曾遭受日本侵略的其他国家。②

　　1946 年 2 月,美国国务院、陆军、海军三部协调委员会对"鲍莱中间报告"进行了审议和修改,于 11 月 17 日发表了"鲍莱最终报告"。根据该报告,日本需要拆迁的各类工业设备总额为 24.66 亿日元(1939 年价格),约合 30 亿美元(不含在外资产)。日本学者内野达郎认为这个报告"其内容之苛刻,实际上是要把日本拉回到原始的农业国发展阶段","不难想象,号称有 8 000 万人口的日本国民要想在和平经济中生存发展下去,是有莫大困难的"。③ 应当承认,此时以美国为首的决策当局,基本上遵守了《波茨坦公告》的原则,客观上代表盟国履行着惩治侵略的职责,"鲍莱报告"也正是体现了惩罚日本军国主义侵略、解除日本战争能力的精神。应该指出,即使是该报告提出的赔偿额,也远远难以弥补日本侵略亚洲各国所造成的大量人员伤亡和以数千亿美元计的物质损失。

　　(二) 从 1947 年初到 1949 年 5 月,以"斯特赖克报告"、"约翰斯顿报告"与凯南的《关于美国对日政策的建议》等为代表,美国根据全球冷战战略及东亚国际形势的变化,逐步削减日本的赔偿,甚至放弃赔偿。

　　对日索赔计划未及实施,美苏关系日趋紧张。1946 年 3 月,英国前

① 鹿岛和平研究会编:《日本外交主要文书·年表》,原书房 1983 年,第 74—75 页。
② 有泽广巳主编:《日本的崛起——昭和经济史》,黑龙江人民出版社 1987 年,第 528 页。
③ 内野达郎著,赵毅、李守贞、李春勤译:《战后日本经济史》,新华出版社 1982 年,第 33—34 页。

首相丘吉尔在美国密苏里州发表了著名的"铁幕演说",打响了冷战的第一枪。翌年3月,杜鲁门主义的出台是美国对苏发动全面冷战的宣战书,美国开始在全球范围内遏制苏联以及所谓的"极权主义"。在东亚,美国积极推行"扶蒋反共"政策,大力支持蒋介石扩大内战,力争把中国作为"确保亚洲安全"的中心和遏制苏联的重要基地。与此同时,美国策划改变对日政策,考虑扶植日本,修改赔偿计划。

1947年2月,以美陆军部副部长斯特赖克为首的日本赔偿特别委员会,向美国陆军部及日本占领军总司令递交了"第一次斯特赖克报告书",认为"日本是资本主义的民主主义与共产主义决战的战场,美国如不能在这场决战中取胜,将永远失去在远东的有利地位。所以,在经济及安全保障上,必须坚持对日友好关系",并且"如原封不动地实施现行拆迁计划,将对日本经济造成重大恶劣之影响,不仅会增加美国纳税人的负担,且违背了占领目的,导致产业瘫痪"。[1]正是基于"冷战理论"与"纳税人理论",斯特赖克建议彻底修改鲍莱赔偿计划,大幅降低日本赔偿。1947年4月,美国政府向麦克阿瑟发出临时指令,单方面宣布实施"先期拆迁赔偿",将预定拆迁生产设备的30%进行拆迁,分配给中国15%,菲律宾、荷属东印度、英属远东殖民地各5%。[2]表面上是美国鉴于索赔国的压力而做出的决定,实则是以此掩人耳目,为进一步缓和赔偿做准备。

进入1948年,柏林危机爆发,美国加紧执行马歇尔计划,以巩固在欧洲的势力范围。在中国,蒋介石政权的节节败退,使美国树立非共产主义的东方支柱的设想近乎落空。杜鲁门在与底特律银行总经理道奇交谈时指出:"中国革命的进展同日本重要性的增长是不可分割地联系

---

① 历史学研究会编:《日本同时代史2 占领政策的转变与媾和》,青木书店1990年,第9页、第127—128页。

② 历史学研究会编:《日本同时代史2 占领政策的转变与媾和》,第127页。

在一起的。"①于是,美国不得不对其东亚战略做出重大调整,积极扶持日本作为美国的战略伙伴。

1948 年 1 月,美陆军部长罗亚尔在旧金山发表演说,声称美国对日占领目的已经实现,今后的目标是加快日本经济复兴,使其成为"对付今后远东可能发生的其他极权主义威胁的屏障"②。在上述方针的指导下,1948 年 3 月 10 日,第二次斯特赖克报告书发表。报告将日本保留的工业生产能力提高到 1932—1936 年的平均水平,并建议除直接军需产业设施和认为在日本不能有效加以利用的其他设备外,不应当拆除任何可以有效利用的生产设备,拆迁总额削减为 16.48 亿日元(1939 年价格),只相当于鲍莱赔偿计划的 67%。随后,5 月公布的约翰斯顿报告(即德雷珀报告),主张可以把日本的工业生产能力维持在 1937 年以后的水平,甚至军需产业亦可留下,再次大幅度缩减赔偿金额至 6.62 亿日元,并且强调削减赔偿将促进日本复兴,但尚难以根除生产萧条和通货膨胀的恶性循环,所以还必须提供类似马歇尔"欧洲复兴计划"那样的强有力的复兴援助。1948 年 10 月 9 日,美国国家安全委员会根据凯南的报告,通过了《关于美国对日政策的建议》(NSC13/2 文件),该文件正式表明美国东亚战略的基础逐渐从中国转向日本,美国对日政策的重心已由战后的非军事化和民主化转向经济复兴,战后美日关系发展方向已经失去敌对性转而成为盟友。12 月 14 日,麦克阿瑟提议停止实施拆迁。1949 年 5 月 6 日,美国国家安全委员会通过 13/3 号文件,决定停止实施赔偿计划,取消 1947 年 4 月确定的按国分配原则。事实上,赔偿问题就此被搁置起来,直到美国缔结对日和约。这样,从 1947 年底第一艘载有赔偿物质的轮船开往中国开始,到 1950 年最后一批拆迁设备运往菲律宾时止,日本拆迁赔偿物资约为 1.65 亿日元(1939 年价格),其中中国获得 8 935

① 信夫清三郎编,天津社会科学院日本问题研究所译:《日本外交史》(上下册),商务印书馆1992 年,第 753 页。

② 大藏省财政室编:《昭和财政史:从终战到媾和》第 1 卷,东洋经济新报社 1984 年,第 64—66 页。

万日元,印尼为 1 903 万日元,菲律宾为 3 132 万日元,英属远东殖民地为 2 546 万日元。这一时期日本拆迁赔偿金额仅相当于鲍莱最终赔偿计划的 6.7%。[1]

(三)从 1949 年下半年到 1951 年 9 月,美国积极推动对日片面媾和,最终签署"旧金山和约",确定了劳务赔偿的原则。

1949 年 10 月,中华人民共和国成立,标志着美国"扶蒋反共"政策的彻底失败。朝鲜战争的爆发,东西方冷战在东亚发展成为"热战",中国被作为美国远东遏制战略的重点,日本则成为美国的亚洲工厂和战略基地。为了在亚洲全面遏制中国与苏联,美国积极谋求构筑半月形包围圈,整合日本与东南亚的关系,把日本作为防御链条上的重要一环。1949 年 12 月 30 日,杜鲁门总统与美国国家安全委员会举行会谈,通过了"亚洲形势报告",决定了"构建自由主义国家联合体"的政策,指出美国要强化与日本、冲绳和菲律宾的关系,给予必要国家以经济、军事、政治援助,在亚洲成立若干集体安全保障组织,与亚洲非共产主义国家合作构建地区联合体,抵御共产主义的侵略。[2]

1949 年 9 月,美英法三国外长就对日媾和问题达成一致意见,表示媾和后不对日本实行监督和要求苛刻的赔偿,以此作为日本留在资本主义阵营的条件。1950 年 11 月,美国向远东委员会成员国提交了"对日媾和七原则",其主要内容有三点:(1)小笠原群岛和琉球群岛应置于美国托管之下;(2)日本为自身安全考虑,向美军提供设施;(3)和约签字国放弃对日本的全部赔偿要求。[3]

美国在日本赔偿问题上的"不赔偿主义"态度,引起中国与东南亚国家的极大不满,菲律宾、印尼等国纷纷坚决要求赔偿。菲律宾参议员普里米西亚斯说:我不愿意与那些在占领时期打我耳光的人握手。他们应

---

[1] 大藏省财政室编:《昭和财政史:从终战到媾和》第 3 卷,东洋经济新报社 1976 年,第 163 页。

[2] The Senator Gravel (ed.), *The Pentagon Papers*, Vol. 1, Beacon Press, Boston, 1971, pp. 37—40.

[3] 大藏省财政室编:《昭和财政史:从终战到媾和》第 20 卷,东洋经济新报社 1982 年,第 263 页。

当首先赔偿其对我国人民和我造成的损失，然后我才愿意和他们握手。[1]日本赔偿问题成为缔结媾和条约的主要障碍之一。美国不愿失去东南亚，否则将"陷入重大的政治混乱，其影响会波及全球"，亦担心切断中日传统贸易往来后，日本失去出路。所以，能否以东南亚各国相对满意的方式解决赔偿问题，事关日本能否改善与各索赔国的政治、经贸关系，其直接影响着美国东亚战略的成败。于是，美国对东南亚国家做出了一定的让步，但拒绝了其现金赔偿的要求，同时劝说日本接受"劳务赔偿"的形式。

1951 年 9 月，片面的"旧金山对日和约"签署。该条约第 14 条的战争赔偿条款的内容如下："兹承认，日本应对其在战争中所引起的损害及痛苦给盟国以赔偿，但同时承认，如欲维持可以生存的经济，则日本的资源目前不足以全部赔偿此种损害及痛苦，并同时履行其他义务。因此：日本愿尽速与那些愿意谈判而其现有领土曾被日军占领并曾遭受日本损害的盟国进行谈判，以求将日本人民在制造上、打捞上及其他工作上的服务，供各该盟国利用，作为协助赔偿各该国修复其所受损害的费用。此项办法应避免以增加的负担加诸其他盟国。当需要制造原料时，应由各该盟国供给，避免以任何外汇上的负担加诸日本。"[2]于是，日本战争赔偿以"旧金山对日和约"的签署而暂时告一段落，此后，赔偿问题便是在日本与各索赔国之间的讨价还价中展开的。

二、美国对日赔偿政策的评价

如何分析与评价战后初期美国关于日本的战争赔偿政策呢？作者认为，美国的日本赔偿政策，从属于美国的东亚战略，是其自身国家利益的根本体现。而且，美国作为对日赔偿政策的主要决策者与主导者，出于私利，未能代表盟国彻底追究日本的战争赔偿，负有不可推卸的责任。

---

[1] 宋成有等著：《战后日本外交史：1945—1994》，世界知识出版社 1995 年，第 246 页。
[2] "旧金山对日和约"，《国际条约集》(1950—1952)，世界知识出版社 1959 年，第 340—341 页。

同时,该政策是对日本的极大宽待、"消极援助",为日本对东南亚展开
"赔偿外交",重返东南亚设下伏线,抑或创造了条件;另外,美国操纵下
的赔偿政策,也是对东南亚等受害国权益的侵犯,在日本与东亚各国之
间埋下了一颗苦果。以下拟从这四个方面展开具体论述。

　　首先,美国对日赔偿政策无论如何演变,其始终是以美国的国家利
益为根本出发点,服务于美国东亚战略的。战后初期,美国的东亚政策
是战时政策的延续,目的在于防范日本军国主义,使之今后不再成为美
国的威胁,加之有中国这一远东最大的盟友和最佳基地,日本在美国远
东战略中并不占有重要地位。因此,美国对日本制定了撤走本土绝大部
分工业设施充作赔偿的严厉方案,旨在消除军事敌人与经济对手,确立
在东亚地区的霸权。

　　随着美苏冷战的展开与东亚国际形势的变化,美国为了对抗苏联,
遏制中国,决定扶植日本作为美国的主要盟友。1947 年 3 月 17 日,麦克
阿瑟在东京宣布:美国占领日本领土的军事政治阶段已经完成,余下的
事情是帮助日本恢复经济和外贸,并宣称"我们必须与日本媾和的时刻
已经到来"①。在这一方针指导下,美国出尔反尔、一反先前的严厉姿态,
陆续抛出赔偿方案,一再削减日本的战争赔偿,直至出台"无赔偿"政策。
"旧金山和约"中规定了劳务赔偿,这固然是各受害国力争的结果,但主
要是美国欲借赔偿使日本与东南亚结合,纳入其东亚战略,遏制共产主
义势力。早在 1947 年 7 月,三部协调委员会第 381 号文件认为:日本在
1950 年左右达成经济自立后,在不危及美国的利益并为索赔国坚持的条
件下,可以考虑日本有限实施产品赔偿计划。② 毫无疑问,美国利益被摆
在了最优先的位置。而且,就在美日对菲劳务赔偿达成一致的同月,即
1951 年 6 月,美国向日本提出"美日经济合作计划",明确地确立了在以

---

① John Gunther, *The Riddle of Mac Arthur*. New York : Harpers and Brothers, 1950,
　　p. 66.
② 美国国家档案馆:RG353, Records of the SWNCC and the SANACC, 1944—1949, 第 59 箱。
　　引自冯昭奎等著:《战后日本外交》,中国社会科学出版社 1996 年,第 103 页。

美国为中心的西方阵营共同防务生产体系之中日本与东南亚的关系,即美日经济合作计划的目的是使日本与东南亚结合,把日本的工业力量最大限度地用于增加东南亚的原料生产和增强其工业力量,使日本与欧洲及其他南半球各国一样,参加美国的紧急筹措计划。[①] 因此,在占领时期,事实上美国主导制定了日本战争赔偿的方针与政策,使战后日本的对外政策一开始就深深地打上了美国的烙印。

其次,美国作为日本的单独占领者、赔偿政策的主导者,从妈至终未能充分代表二战反法西斯盟国,特别是东南亚等亚洲受害国家,惩治日本的战争犯罪行为,追究其战争责任;而是在冷战形势下匆匆签署片面媾和条约,结束占领状态,法律上使盟国失去了迫使日本实施赔偿的强制手段,应该说这是美国的失职行为。进而,美国可以放弃本国对日索赔的权利,但不能为了自身利益,置其他盟国的利益于不顾,甚至威逼利诱、胁迫有关国家放弃对日赔偿的要求或权利,[②]这不能不说美国是把一己私利建立在牺牲广大盟国特别是亚洲受害国家利益基础之上,是强权政治的典型表现。关于日本的战争赔偿问题,应该说无论在职责上,还是在道义上,美国都负有不可推卸的责任。因此,有关国家追究日本的战争赔偿责任时,不仅要针对日本,而且有必要追究美国的"战争赔偿"责任。正如澳大利亚学者加文·麦考马克所述,"有关日本战争责任和战争赔偿问题,因为盟军(美国)和日本是共同策划的,因而,根据关于'事后共谋'之责任的法律,1945 年 8 月以后,盟军和日本都应对日本战争犯罪承担责任。这是极其重要的法律,但不被一般人了解。根据此法,美国(及西方等国)应同日本一起分担从军慰安妇之类战争犯罪的问题"[③]。

---

① 《美国对外关系文件集　1951》第 6 卷,第 887—888 页。

② 1951 年初,美国国务院外交政策顾问杜勒斯访问日、菲、澳等国,其中对菲律宾的赔偿要求,杜勒斯一方面威胁如果菲律宾强索赔偿,将使共产主义征服日本,实际上并不符合菲的利益,另外又表示愿意给予菲以更多美援作为补偿。

③ 加文·麦考马克著,郭南燕译:《虚幻的乐园——战后日本综合研究》,上海人民出版社 1999年,第 286 页。

再次,赔偿政策是对日本的宽待、"消极援助",为日本尽量减少赔偿创造了条件,也为日本充分利用赔偿重返东南亚奠定了基础。

美国推动的对日片面媾和,不但没邀请遭受日本侵略的中国、朝鲜,而且印度、缅甸等国也拒绝参加,实际上等于大大缩小了日本赔偿的对象范围与赔偿金额。其中,"旧金山和约"的赔偿条款,有如下几点需要注意:一是赔偿条款以领土是否被日本占领作为限制条件,把苏联、英国、法国、加拿大、澳大利亚、荷兰、新西兰等许多对日作战及提出赔偿要求的国家排除在外,亦即无形中剥夺了他们的受偿权利,而使日本的赔偿对象仅限于东南亚各国。二是众所周知,获得赔偿是反法西斯盟国理应享受的当然权利,而支付赔偿是法西斯战败国日本必须履行的责任和义务,赔偿本身具有强制性。而协商谈判与劳务赔偿形式的规定,避免了对日本工业设备的强制拆迁,也使战争赔偿的性质发生了变化,使索赔国与赔偿国的权利与义务关系变成了平等协商关系,实际上等于将战争赔偿的主动权交给了日本,减小了索赔国的索赔权限,为日本通过劳务的形式进入东南亚创造了条件。正如吉田茂在回忆中指出的,"劳务赔偿"只是一种象征性赔偿,战败国日本不仅有了充分发表自己意见的自由,而且必须由它同请求赔偿的国家磋商赔偿的具体办法。① 三是条款虽然肯定了日本负有战争赔偿的义务,但是并未规定赔偿数量和起止期限,并且决定赔偿额及赔偿方式的主要因素不是日本在战争中给受害国造成的损害与痛苦的范围、程度,而是以不损害维持日本"可以生存的经济"为限度。这就为日本故意拖延赔偿或谈判时间,尽力缩减赔偿提供了机会,也为日本开展"赔偿外交",重返东南亚奠定了基础。

最后,这一政策严重损害了广大盟国特别是东南亚等亚洲受害国理应获得的赔偿权益,直接影响了这些国家战后的复兴与经济发展。更为重要的是此种消极政策,使"日本一直认为和约上的规定只不过是对反对'无赔偿媾和'原则国家的一种安慰,其真正意义在于使日本经济与东

---

① 吉田茂:《十年回忆》第 3 卷,世界知识出版社 1965 年,第 101—103 页。

南亚结合"①,从根本上日本把经济利益、商业利益摆在了赔偿责任、战争反省之前。这就一定程度上造成了日本对侵略战争缺乏深刻的认识,在日本与东南亚等亚洲国家的关系上,历史地、人为地留下了诸多难题,长期成为日本与东亚各国发展关系的障碍。1995 年即二战结束 50 周年,日本学者金子道雄撰文痛切地指出:"日本统治阶层必须切实负起这项重任。他们如果认为把赔偿问题暧昧化是自己的功劳,那就大错而特错了","如果不解决赔偿问题,亚洲的战后问题将无法结束"。②

综上所述,日本的战争赔偿政策,本应是战败国日本为了弥补发动侵略战争所造成的损害和痛苦而向反法西斯盟国支付赔偿及补偿的方针、措施,但是在日本战败后被美军单独占领的条件下,却被作为美国对日占领政策的一部分,纳入美国的东亚战略。随着冷战的展开,该政策由严厉的惩罚性拆迁赔偿最终演变为象征性的劳务赔偿,万变不离其宗,其不外乎是美国国家利益在对日政策上的一个体现,是一种极端的利己主义政策。以此为代表,日本的对外政策中投下了美国浓重的影子,直接关系着日本外交的自主性,其影响一直至今。赔偿政策客观上也是对日本的"消极援助",有利于日本经济的恢复和重建,也为日本通过"赔偿外交"重返东南亚奠定了基础。然而这是对广大亚洲受害国家权益的严重侵害,由此亦导致了日本对战争责任的消极认识,与此相关的历史问题至今仍然现实地影响着 21 世纪日本与亚洲国家的关系,甚至可以说其在一定程度上决定着日本能否真正回归亚洲。那么,对于日本,此种政策能否说是"幸运",值得世人深省。

---

① 张健:《战后日本的经济外交 1952—1972》,天津人民出版社 1998 年,第 109 页。
② 金子道雄:《日本的战争赔偿责任》,《抗日战争研究》1995 年第 3 期,第 14 页。

第二章　日本靖国神社问题与美国的政策

　　靖国神社问题是日本历史认识中的重要问题之一，近些年多次发酵，变成日本与中韩等国间的政治障碍，事实上也成为日美关系中难以回避的外交问题。在靖国神社问题的发生、发展以及演变过程中，美国始终是一个不可忽视的重要因素，甚至可以说靖国神社问题本身就是美国一手接生的"怪胎"。战后以来美国在靖国神社问题上到底采取了何种政策？是东亚国际关系史中一个值得深入研究的课题。关于美国对靖国神社问题的态度与政策，目前国内外虽有一些零散的新闻报道、时评等，但缺乏系统深入的研究，存在一些空白。① 本章拟通过有关解密文

---

① McCain Clinches，"Democrats Fight On The Rise of Japan's Neo-Nationalists：What It Means to the United States"，Council on Foreign Relations，November 21，2002. Albert Milbank，"Japan's History Problem"，*Washington Post*，Aug. 17，2006. Mark Selden，"Japan，the United States and Yasukuni Nationalism：War，Historical Memory and Future of the Asia Pacific"，*Japan Focus*，September 10，2008. 日本共産党「靖国史観とアメリカ」、日本共産党中央委員会出版局、2005 年；メル・ボーン「アメリカから見た靖国問題」、『祖国と青年』2001 年 8 月号；天川由記子「アメリカを驚かせた『靖国参拝』『BSE』『米軍基地再編問題』」、『週刊文春』2006 年 10 月 26 日号；「アメリカでも噴出した靖国批判」、『Newsweek』2006 年 10 月 4 日；及川正也「靖国問題で変わり始めたアメリカの思惑」、『潮』2006 年 1 月号；廉德瑰：《"大国"日本与中日关系》，世纪出版集团、上海人民出版社 2010 年；刘柠：《靖国问题"软着陆"与美国因素》，载《南风窗》2006 年 9 月（下）；乔林生：《麦克阿瑟曾想火烧靖国神社》，载《环球时报》2006 年 4 月 24 日等。

件、政府报告以及当事人回忆等资料,阐明战后半个多世纪以来不同时期美国对靖国神社问题的具体态度与基本政策,分析其发展演变的根本原因,以思考靖国神社问题对亚太国际关系的影响。

一、战后初期美国的政策与态度:从"压制"到"改造"(1945—1952年)

靖国神社问题在不同时期表现出的问题点有所不同,从1945年日本战败投降到1952年"旧金山和约"签署,这一时期该问题主要表现为靖国神社的存废问题。单独占领日本的美国,作为靖国神社问题的主导者,其政策经历了一个由"全面压制"到"不彻底改造"的过程。

1941年太平洋战争爆发后,美国人亲自领教了日军拼死顽抗的战斗精神,于是,开始研究日本军国主义的根源。1944年美国战后计划委员会(PWC)提出了一份名为《军政府在日本帝国、泰国和满洲国》的报告。该报告指出:"靖国神社等新的神社并非我们所认为的宗教。其崇拜军国主义英雄,培育了攻击性的国家主义精神,这样的神社违反信教自由,应当关闭……"[1]在战争尚未结束的1945年,应美国陆军部指示,美国曾拍摄过一部名为《认识你的敌人日本》的影片。影片中解说道:"天皇对于日本人来说是最神圣的神,其一人独掌政治、宗教大权。日本人相信战死之后英灵可以被供奉于靖国神社,对于日本人,最高荣誉就是战死后被供奉靖国神社,连天皇亦前往俯首参拜,故日本人与其投降,莫如选择战死。"[2]战时美国已清楚地认识到,靖国神社实际上完全沦为日本军国主义用以愚弄和笼络国民、煽动其效忠天皇、慷慨赴死的御用工具。

1945年8月15日,日本战败投降。9月6日,美国总统杜鲁门批准

---

[1] Committee on Post-war Programs, "Military Government in the Japanese Empire, Thailand and Manchuria", 1944. American National Archives.

[2] 中村直文、NHK取材班『靖国—知られざる占領下の攻防』、日本放送出版協会、2007年、15頁。

了三部协调委员会制定的 SWNCC150/4 号文件,即《投降后初期美国的对日政策》。该文件指出:"必须完全解除日本武装,实现非军事化。凡军国主义者的权利和军国主义影响,都必须从日本的政治、经济和社会生活中彻底清除。凡显示军国主义精神和侵略思想的机构,都必须坚决压制",而且,"在占领日本的同时,要立即宣布宗教信仰自由,且不准打着宗教旗号,搞超国家主义和军国主义的组织及运动"①,矛头直指靖国神社。

战争结束时,靖国神社事务的负责人是日本陆军大佐美山要藏。他很清楚,随着占领的开始,陆海军省的解散只是时间问题,所以他打算抓紧进行靖国神社祭祀,合祀战死者。于是,在盟军进驻日本前夕的 8 月 26 日,美山暗访了前首相东条英机。东条就靖国神社的处理问题指示:"靖国神社要永久存续,天皇亦理应参拜。"②美山将他们会谈的内容传达给了陆军大臣。然而,麦克阿瑟已经口头命令驻日盟军总部(GHQ,简称盟总)对敌谍报部绍普准将逮捕东条英机。9 月 10 日,自杀未遂的东条被捕入狱。两天后,100 名美国大兵开进靖国神社。当时,以对敌谍报部为中心的盟总军官们,主张烧毁靖国神社,从精神上彻底解除日本的武装。③

在日本陆海军省策划举行靖国神社临时大祭时,盟总对敌谍报部的绍普准将不赞成让日本举办大招魂祭。围绕靖国神社的处理问题,盟总内部发生意见分歧。最后大家统一意见,决定视大招魂祭的情况后再做处理。1945 年 11 月 20 日,在盟总的监视下,靖国神社举行了临时大祭,这是日本战败后的第一次,也是最后一次由国家主持的临时大祭。裕仁天皇和币原首相为首的政府各级官员以及陆海空军代表参加,参拜者达

---

① Senate Committee on Foreign Relations and the Department of State, ed. , *A Decade of America Foreign Policy Basic Documents 1941—1949* , pp. 627 – 633. 細谷千博等編『日米関係資料集 1945—97』、東京大学出版会、1999 年、28、30 頁。

② 美山要藏「美山要藏日記」、中村直文、NHK 取材班『靖国—知られざる占領下の攻防』、81 頁。

③ 中村直文、NHK 取材班『靖国—知られざる占領下の攻防』、111—112 頁。

到 3 万人。为了给盟总留下良好印象,军人们穿着西服入列参拜。祭祀也改变了过去对战死者逐一审查的手续,凡是战死者都予以供奉。招魂者从过去的 30 万人一举超过 200 万人。此后,一直到 20 世纪 50 年代初,喧嚣的靖国神社参拜活动暂时宣告停止。

美国国务院率先在国内公开宣布了废止国家神道,全面压制日本军国主义、极端国家主义的方针。按照该方针,麦克阿瑟命令负责教育和宗教事务的民间情报教育局(CIE)起草制定有关指令。时任宗教科科长邦斯在 2005 年接受日本 NHK 电视台采访时回忆道:"靖国神社是国家按特别意图创立的特殊神社,是所有的人前往参拜战死者的场所,我也未必打算留下它",不过,"所有宗教应该平等对待,总之,日本应该确立信教自由"。①

当时,靖国神社的责任人横井时常权宫司考虑到,因为大家都认为靖国神社是战争中心,原封不动保留是不可能的,如果按照原有状态继续下去的做法被盟总驳回的话,那就坏了。于是,横井利用盟总尊重信教自由的心理,决定以纯宗教的姿态维护靖国神社。至于名字无所谓,庙也好,宫也罢,或者干脆是靖国庙宫。1945 年 11 月 26 日,横井初次拜访盟总宗教科,提出了靖国神社由国家神社变为宗教庙宇的方案。邦斯认为这是个很好的想法。此时,美国政府、宗教界等也就靖国神社的处置问题提出各种各样的改革方案,有的认为应该变成"国营纪念碑",也有的主张改为"无宗教色彩的追悼设施"等,不一而足。

1945 年 12 月 15 日,盟总发布麦克阿瑟第 448 号指令,即所谓的"神道指令",宣布废止国家神道,实行政教分离。② 这道政教分离令将国家神道推下了至高无上、唯我独尊的神坛。根据信教自由,靖国神社与其他宗教一样享受同等待遇,同时脱离国家管理作为宗教法人得以存续。

---

① 中村直文、NHK 取材班『靖国—知られざる占領下の攻防』、28 頁。
② 「昭和 20 年 12 月 15 日連合国軍最高司令官総司令部参謀副官発第 3 号(民間情報教育部)終戦連絡中央事務局経由日本帝国政府ニ対スル覚書」、大原康男『神道指令の研究』、原書房、1993 年、57—68 頁。

1946 年 4 月,靖国神社接到盟总新通告,那就是不允许昭和天皇参拜靖国神社。此时,靖国神社的横井正在积极筹划要将临时大祭上招魂的战死者"合祀",这需要天皇前往参拜。这一通告无疑是对靖国神社的一个重大打击。根据 2005 年美国公开的机密档案,原来是天皇自己决定不去参拜靖国神社。当然并非天皇不想去参拜,而是为了稳妥推进自己的计划罢了。当时的国际背景是,围绕日本占领政策和东京审判,苏联、中国、澳大利亚等国批评美国,要求对日采取严厉态度。美国方面也为了避免天皇参拜靖国神社成为外交问题,遂通知日本政府和靖国神社禁止天皇参拜。①

"神道指令"发布之后,盟总宗教科考虑彻底调查靖国神社的情况,看是否仍旧残存军国主义因素。结果出现各种意见,有的认为"靖国神社是危险的",有的认为"在神道指令的条件下,不允许靖国神社存在下去"。1946 年 9 月,盟总通告禁止"合祀"祭。进而,11 月 13 日盟总又发布了关于靖国神社的新指令(SCAPIN1334),指出靖国神社是军国主义神社,不承认将国有土地转让给神社。② 另外,在中国、苏联等要求撤掉神社军国主义因素的情况下,靖国神社内纪念日军侵略战争的 13 米高的大石灯笼一度被用水泥抹平,美国占领结束后才又恢复原样。

为了消除军国主义神社的形象,靖国神社方面与盟总多次交涉。为了维持靖国神社,横井千方百计提出多种构想,曾考虑将靖国神社一带变成以学生为中心的娱乐街,设立剧场、音乐厅、美术馆,建成像上野公园那样有博物馆、电影院的地方。日本战争遗孤也成立遗族会,向盟总递交请愿书,希望盟总体谅遗族的心情,以宽大慈悲为怀,妥善处理靖国神社。

---

① NHKスペシャル『終戦 60 年企画　靖国神社:占領下の知られざる攻防』、2005 年 8 月 13 日。
② CIE/ APO 500 /(SCAPIN 1334)MEMO RANDUM FOR :IMPERIAL JAPANESE GOVERNMENT /THROUGH:Central Liaison Office, Tokyo/SUBJECT:Disposition of State-Owned Land Used by Religious Institution, 13 Nov. 1946, AG 502, Box28/6—9.

　　1951 年 9 月,盟总承认了对靖国神社国有地的转让,至此靖国神社得以留存下来。美军为何没有烧毁或者废止靖国神社,一种说法是麦克阿瑟征询了罗马天主教教廷驻日代表兼梵蒂冈代理公使比特神父的意见后,中止了烧毁靖国神社的计划。比特神父的建议是:"基于自然之法,哪国都有对殉国者表示敬意的权利和义务,其不论战胜国还是战败国,乃平等之真理……如若烧毁靖国神社,此举将成为美军历史上极不光彩的污点。"①

　　真正原因究竟何如? 盟总的一份机密文件《关于靖国神社的将来的见解》中提出,"应该保留靖国神社,废止恐怕反而会增加事端"。上述文件出自参与调查靖国神社的盟总宗教科邦斯科长的部下伍达德调查官。他在未发表的手记中指出了没有废止靖国神社的理由,即首先可以预想到数百万遗族将表示反对,进而盟总担心自己被批判为在尊重信教自由方面制造败举,而且,随着时代变化,情况与先前已大为不同。正如邦斯在接受日本 NHK 电视台采访中表示:"继续制裁日本,已不符合我们的愿望,那时的日本,正按照我们的期望在行动。"②那就是随着东西冷战的激化,美国大幅度改变了非军事化的占领政策,正在将日本建造成"共产主义的防波堤",压制靖国神社已经不符合美国的亚太政策了。因此,正是由于美国虎头蛇尾式的对日政策,靖国神社得以留存,为日后靖国神社问题的发酵埋下了祸根。

二、冷战时期美国的政策与态度:从"沉默"到"放任"(1952—1991 年)

　　从 1952 年"旧金山和约"签署到 1991 年冷战结束,靖国神社问题主

---

① 袖井林次郎『マッカーサーの二千日』、中央公論社、1974 年、223 頁;小堀桂一郎『靖国神社と日本人』、PHP 研究所、1998 年、132 頁。

② NHKスペシャル『終戦 60 年企画　靖国神社:占領下の知られざる攻防』、2005 年 8 月 13 日。

要表现为内政层面的靖国神社"国家护持"运动与外交层面的"正式参拜"问题。身为日本唯一盟友的美国,此际变成了靖国神社问题的旁观者,一直保持着"沉默""放任"的态度,采取了"不介入"的政策。

改造后的靖国神社虽降为一般性宗教团体,但供奉的战争亡灵并未撤除,更重要的是日本没有对战争进行彻底反省。于是,随着1951年9月"旧金山和约"的签订,美军占领时代宣告结束,日本恢复独立主权,各种祭拜靖国神社的活动相继死灰复燃。靖国神社摇身一变,成为少数右翼势力为军国主义招魂、为侵略战争翻案的政治舞台。

由浦安会、自民党报答英灵协议会、日本遗族会等团体牵头,要求重新对靖国神社实行国家化管理。同时,为了冲破宪法禁区,他们鼓吹"非宗教论",称首相参拜靖国神社不违反宪法。1960年"靖国神社国家护持"运动进入高潮,日本遗族会在全国范围内发起签名活动,短短三个月内征集到295万人签名。[1] 1963年年底日本再次发动要求国家护持靖国神社的全国签名活动,签名人数一时高达660万人。[2] 从1969年到1973年,日本自民党还先后五次向国会提出以实现国家管理为主要内容的《靖国神社法案》,但遭到社会舆论的谴责和在野党的反对而最终成为废案。

此外,在东京审判结束后,日本右翼势力就猖狂地为东条英机等甲级战犯鸣冤叫屈,将他们塑造成"护国英雄""殉国之士",并为其树碑立传。进而,1978年10月17日,右翼势力利用秋祭的机会,正式把东条英机等14名被远东军事法庭判处死刑的甲级战犯的灵位,以所谓"昭和殉难者"的名义偷偷塞进靖国神社。据已故前任宫内厅长官富田朝彦的笔记介绍,昭和天皇对合祭甲级战犯感到不快,此后就没再参拜过靖国神社。[3] 于是,右翼势力下一步的目标转变为实现日本首相正式参拜。

日本首相参拜靖国神社有一个由私人身份逐渐向正式参拜发展的过程。所谓正式参拜,即在参拜时书写自己的政治身份,使用公费购买

① 田中伸尚『靖国の戦後史』、岩波書店、2002 年、80 頁。
② 小堀桂一郎『靖国神社と日本人』、PHP 研究所、1998 年、189—192 頁。
③「昭和天皇、A 級戦犯靖国合祀に不快感」、『日本経済新聞』2006 年 7 月 20 日朝刊。

参拜时的祭祀用品,携带随员,乘坐公车。① 1951 年 10 月,吉田茂首开日本独立之后首相参拜靖国神社的先河。迄今为止,战后除片山哲、鸠山一郎、石桥湛三等 18 位之外,②其余 15 位首相(表 2-1)都参拜过靖国神社。他们起初是以私人身份一般在每年 4 月或 10 月的春秋祭期间前往参拜。1975 年 2 月,自民党议员藤尾正行发表"表敬法案",第一次提出了"正式参拜"的概念,旨在实现天皇、首相与外国来宾等参拜的制度化。该法案最终未能提交国会,但拥护靖国神社的势力,转而改变路线以推进首相"正式参拜"。1975 年 8 月 15 日,在日本战败投降 30 周年之际,三木武夫首相原打算以"自民党总裁"身份前去参拜,后权衡再三,还是以私人身份前往,但他开创了在 8 月 15 日这个敏感日子参拜的先例,在日本政界引起了首相参拜靖国神社是否违宪的讨论。靖国神社问题的焦点,也由"法案问题"变为"参拜问题"。1985 年 8 月 15 日,二战结束 40 周年,主张"战后政治总决算"的中曾根康弘,在出席"全国战殁者追悼会"之后,竟带领内阁成员正式参拜靖国神社。此举不仅遭到周边受害国的强烈反对,也在日本国内引发了多起参拜靖国神社违宪诉讼③。

表 2-1　战后参拜靖国神社的日本首相

首相	任期(年)	次数	参拜时间
东久迩稔彦	1945	1	1945 年 8 月 18 日
币原喜重郎	1945—1946	2	1945 年 10 月 23 日、11 月 20 日
吉田茂	1946—1947 1948—1954	5	1951 年 10 月 18 日、1952 年 10 月 17 日、1953 年 4 月 23 日、1953 年 10 月 24 日、1954 年 4 月 24 日

① 步平:《日本靖国神社问题的历史考察》,载《抗日战争研究》2001 年第 4 期,第 175 页。

② 日本战后在任内未参拜过靖国神社的首相有片山哲、芦田均、鸠山一郎、石桥湛山、竹下登、宇野宗佑、海部俊树、宫泽喜一、细川护熙、羽田孜、村山富市、小渊惠三、森喜朗、福田康夫、麻生太郎、鸠山由纪夫、菅直人与野田佳彦。

③ 就中曾根正式参拜靖国神社问题,在九州、大阪和播磨引发 3 起诉讼案件,虽最终均败诉,但大阪高等法院判决认为正式参拜很大程度上有违反宪法第 20 条第 3 款从事宗教活动的嫌疑,公费支出购买祭品也有违反宪法第 20 条第 3 款和第 89 条(公款不可用于支持宗教组织)的嫌疑。

首相	任期	次数	参拜时间
岸信介	1957—1960	2	1957年4月24日、1958年10月21日
池田勇人	1960—1964	5	1960年10月10日、1961年6月18日、1961年11月15日、1962年11月4日、1963年9月22日
佐藤荣作	1964—1972	11	1965年4月21日、1966年4月21日、1967年4月22日、1968年4月23日、1969年4月22日、1969年10月18日、1970年4月22日、1970年10月17日、1971年4月22日、1971年10月19日、1972年4月22日
田中角荣	1972—1974	6	1972年7月8日、1972年7月17日、1973年4月23日、1973年10月18日、1974年4月23日、1974年10月19日
三木武夫	1974—1976	3	1975年4月22日、1975年8月15日、1976年10月18日
福田赳夫	1976—1978	4	1977年4月21日、1978年4月21日、1978年8月15日、1978年10月18日
大平正芳	1978—1980	3	1979年4月21日、1979年10月18日、1980年4月21日
铃木善幸	1980—1982	8	1980年8月15日、1980年10月18日、1981年4月21日、1981年8月15日、1981年10月17日、1982年4月21日、1982年8月15日、1982年10月18日
中曾根康弘	1982—1987	10	1983年4月21日、1983年8月15日、1983年10月18日、1984年1月5日、1984年4月21日、1984年8月15日、1984年10月18日、1985年1月21日、1985年4月22日、1985年8月15日
桥本龙太郎	1996—1998	1	1996年7月29日
小泉纯一郎	2001—2001	6	2001年8月13日、2002年4月21日、2003年1月14日、2004年1月1日、2005年10月17日、2006年8月15日
安倍晋三	2006—2007 2012—2020	1	2013年12月26日、2014年12月26日、2015年12月26日、2021年4月21日

资料来源:靖国神社编:《靖国神社百年史事历年表》,靖国神社,1987年,参见田中伸尚:《靖国战后史》,岩波书店,2002年,第113页。

　　在长达数十年的冷战期间,美国没有与日本再就靖国神社问题展开过交涉。1953 年 11 月 19 日时任美国副总统尼克松访问日本时,吉田茂曾建议他去参拜靖国神社,但遭到尼克松的拒绝。一般日本人认为靖国神社将原敌国日本战死的士兵称颂为英灵,而且它也是一个民间性的宗教设施。① 美国当局没有就靖国神社参拜问题公开发表什么看法或意见,对日本喧嚣一时的靖国神社护持运动也保持了"沉默",但是显然沉默并不意味着赞同或支持。

　　对于日本合祀甲级战犯,一定程度上美国也清楚其意味着什么。一手主导合祀甲级战犯的原靖国神社宫司松平永芳战前是日本海军军人,战后也曾任陆上自卫队队员,他在回忆时表示:"我在就任宫司前就认为不否定'都是日本不好'的东京审判史观,日本就不可能实现精神复兴。"②合祀甲级战犯目的就是要否定东京审判,进而否定"战后体制"。根据美国国家档案馆公开的资料,1979 年 4 月 20 日,有关媒体曝光靖国神社秘密合祀二战甲级战犯后,美国驻日大使馆就此事发表了题为《靖国神社合祀二战战犯》(*YASUKUNI SHRINE HONORS WAR CRIMINALS*)的声明。由于条件所限,上述文件原文未能查证。然而,根据当时的有关媒体报道,美国当局对中曾根康弘的正式参拜也显示出"困惑"和"疑虑",③只是没有公开正式表态。在 1985 年《外交》杂志(*FOREIGN AFFAIRS*)的一篇文章中提到中曾根首次正式参拜靖国神社的行为引发了广大亚洲国家的谴责,尤其是中国。这主要是由于"许多亚洲人担心日本新政治行动将导致重整军备。对他们来说,日本给他们带来的侵略历史记忆难以忘记",但是"美国对自身的安全承诺和信心仍然很高,日本重整军备也是不可能的"。④ 在中曾根鼓吹"日本是美国

---

① 田中伸尚『靖国の戦後史』、岩波書店、2002 年、75 頁。
② 赤澤史郎『靖国神社』、岩波書店、2005 年、189 頁。
③ 田桓编著:《战后中日关系文献集(1971—1995)》,中国社会科学出版社 1997 年,第 547—549 页。田中伸尚『靖国の戦後史』、170 頁。
④ "New Stirrings in Asia", *Foreign Affairs*, 1985, http://www.foreignaffairs.com/articles/40547/ alan-d-romberg/new-stirrings-in-asia[2016 - 09 - 20]。

不沉的航空母舰"的氛围下,美方实际上对日本首相参拜也采取了"放任"的态度。

即使是 20 世纪 80 年代后期以及 90 年代,美国基本上对靖国神社问题也不大关心,以美国《华盛顿邮报》对有关靖国神社问题的报道为例(表 2-2)亦可窥见一斑。在 1988 年到 2000 年 13 年间《华盛顿邮报》的新闻报道中,词条"靖国神社"(YASUKUNI)共出现 13 次,年均 1 次;然而进入 21 世纪之后,从 2001 年到 2015 年的 15 年间,词条"靖国神社"出现次数增加到 135 次,年均 9 次。如表 2-2 所示,美国媒体对靖国神社的明显关注,是在 21 世纪小泉与安倍参拜靖国神社之后,而在冷战期间甚至是包括冷战结束之初的 90 年代,美国基本上不太关心靖国神社问题。

表 2-2 《华盛顿邮报》对靖国神社问题的报道次数(1988—2015 年)

年度	报道次数	年份	报道次数
1988	1	2002	6
1989	2	2003	0
1990	0	2004	6
1991	1	2005	25
1992	2	2006	21
1993	0	2007	6
1994	1	2008	4
1995	0	2009	0
1996	1	2010	1
1997	3	2011	0
1998	0	2012	2
1999	0	2013	15
2000	2	2014	38
2001	8	2015	3

资料来源:《华盛顿邮报》(*The Washington Post*)主页,http://pqasb. pqarchiver. com/ washingtonpost/ results. html? num = 25&datetype = 7&QryTxt = yasukuni&&sortby = CHRON[2016—09—20]。

　　究其原因,自"旧金山和约"生效后,美国结束对日占领,表面上失去了对日继续进行民主化改造的理由。虽然日本国内围绕靖国神社问题产生了国家护持的讨论,甚至首相不断进行参拜活动,但此时在靖国神社问题上,美国已经收手,该问题表面上好像已变成日本国内的政治问题。在不干涉他国内政的原则下,美国对于靖国神社问题没有直接发表意见。更重要的是,随着冷战的全面展开,日本这个昔日最危险的敌人变成了最重要、最友好的盟友,出于对抗社会主义阵营的东亚战略,美国不但停止了清算日本的战争罪行,而且还打算将日本建造成"共产主义的防波堤"。在这种情况下,美国为了维护日美安全体制,不愿再追究日本的历史责任,不希望在靖国神社问题上得罪日本人,以免在日本引起反美的民族主义情绪。即使是七八十年代,当日本崛起为经济大国后,在美日关系不断强化的情况下,靖国神社问题作为历史问题的范畴,本身具有特殊性,其地位与作用显然无法与美日同盟相提并论,其重要性也无法与日美间的经济摩擦问题相比。加之,如美国国会调研报告指出的那样,在靖国神社问题上,美国已长时期缺乏与日本的交流与互动,美国国民与政府对靖国神社性质与参拜问题的本质并没有深刻的了解与认识,对参拜问题的反应十分迟钝……美国国内很少对靖国神社问题进行讨论或表示反对。① 因此,美国对靖国神社问题采取"沉默"与"放任"的政策也就不足为奇了。

三、冷战后美国的政策与态度:从"警惕"到"警告"(1991 年—　　)

　　从 1991 年冷战体制崩溃到 21 世纪日本外交安全政策的调整,靖国神社问题主要表现为因日本首相正式参拜而引发的外交纠纷问题。作为世界上唯一超级大国的美国,此际成为靖国神社问题的参与者,在对日的不断"警惕"中,终于放弃了"不介入"政策,史无前例地对日本公开

---

① Emma Chanlett-Avery and Mark E. Manyin, "Japan-U. S. Relations: Issues for Congress", Congressional Research Service Reports, March 31, 2006, The Library of Congress, p. 16.

进行了"警告"。

中曾根正式参拜之后,日本首相的参拜活动一度有所收敛。1996 年
7 月 29 日,时任首相桥本龙太郎在 59 岁生日当天参拜了靖国神社,时隔
11 年成为又一个正式参拜靖国神社的日本首相。中国、韩国、新加坡与
朝鲜等国表示了遗憾与抗议。翌日,美国驻日大使馆也发表了题为《桥
本龙太郎参拜靖国神社》的声明,①但并没有公开批评日本,美国基本延
续了冷战时期的"不介入"政策。

进入 21 世纪,小泉一意孤行的参拜行动,导致美国态度改变,美方
公开显示出"警惕"态度。2001 年 4 月小泉出任首相,连续六次参拜靖国
神社,其参拜活动规模之大、频率之高,都达到了历史上的顶点。一时
间,靖国神社问题备受世人瞩目。2005 年布什总统在接受日本 NHK 电
视台采访时,被问到在与小泉首相的会晤中是否会谈及参拜问题,布什
答道:"如果他想谈,我也乐意谈。"同时,他一再强调小泉首相是一位聪
明的外交家,暗示其不需要外界的建议。他表示,中日之间的关系要比
参拜靖国神社更加复杂,他敦促中日韩之间应共同克服战争所遗留的不
良影响,而美国在其中扮演的角色就是适当提醒美国盟友为平复过去创
伤而做出努力。同时,小布什在接受韩国 KBS 电视台采访时也希望各
方从历史中走出来,共同向前。② 美国国防部长拉姆斯菲尔德也曾表示:
"我们最好把这个问题留给那个地区的人们自己去解决吧,他们不需要
我们的建议。"③在 2005 年 7 月白宫记者会上,当有记者问及美国对日本
参拜供奉有二战甲级战犯的靖国神社的态度时,时任白宫发言人麦克莱
伦表示,该地区确实存在敏感议题,但美国并不会就日本领导人参拜一
事做出任何评论。用美国前亚太事务助理国务卿库尔特·坎贝尔的话

---

① *Japan Database*,December 22, 2010. American National Archives.
② "Interview of the President by NHK Television",Japan,November 8, 2005. http://www. whitehouse. gov/ news/releases/2005/11/20051108-5 [2016—09—20].
③ "Press Availability with Secretary Rumsfeld and Minister Najib following the Bilateral Meeting atSingapore", June 04, 2006. http://www. defenselink. mil/transcripts/transcript. aspx? transcriptid=10[2016—09—20].

说，"今天，在美国人中，关于小泉首相靖国参拜的是非判断问题，意见没有分歧。意见的分歧在于，美国是否应该就此问题向日本挑明我们的看法"①。此种看法应该说代表了美国主流的意见。

从 2005 年起，美国一些国会议员首先站出来批评或反对日本在靖国神社问题上的错误言行，可以说是美国对日本的"警惕"或间接性"警告"。2005 年 7 月 15 日，众议院国际关系委员会主席亨利·海德提出了"191 号决议案"，议案以 399：0 的表决结果顺利通过，这一决议旨在再次确认东京审判的结果，尤其是对日本领导人"反人类罪"的判决。② 10 月 20 日，海德致信日本驻美大使加藤良三，抗议小泉及 100 多名日本议员参拜靖国神社。2006 年 4 月，海德致信众议院议长，提出 6 月访美的小泉首相如果想在美国国会发表演讲，就必须承诺停止参拜靖国神社，信中说到："靖国神社供奉的东条英机乃二战甲级战犯，曾经策划袭击珍珠港。如果小泉首相在当年罗斯福总统对日宣战演说之地演讲后，再继续参拜，这会让美国人感到是侮辱。"③此事最终导致小泉在美国国会发表演讲的计划泡汤。9 月 14 日，美国众议院国际关系委员会首次举行"日本历史问题听证会"，发言议员对日本政府领导人及高官参拜靖国神社表示强烈反对，认为参拜活动"如同在德国给希姆莱、鲁道夫·赫斯或者赫尔曼·戈林之流的坟墓献花"④。

与此同时，美国部分政界的前任或现任高官及前总统也对靖国神社问题提出疑问与批评。2006 年 2 月，前美国国家安全委员会亚洲事务高级部长迈克尔·格林在东京指出，日本若想从根本上改善中日关系，就必须解决靖国神社问题。同一时间，美国前副助理国务卿薛瑞福在美国

---

① 刘柠：《靖国问题"软着陆"与美国因素》，载《南风窗》2006 年 9 月（下），第 74 页。

② Emma Chanlett-Avery and Mark E. Manyin, "Japan-U. S. Relations：Issues for Congress", Congressional Research Service Reports, March 31, 2006, The Library of Congress, p. 16.

③ "US Lawmaker Concerned About Japan PM Shrine Visits", Reuters News, May 17, 2006.

④ Yuki Tatsumi, "Japan's Relationship with Its Neighbors：Back to the Future?" Hearing Before the House of Representatives, September 14, 2006. http://commdocs. house. gov/ committees/intlrel/ hfa29883. 000/ hfa29883_0f. htm [2016－09－20]。

企业研究所举办的研讨会上,也敦促日本能够采取更多有利于促进日中互信的措施,建议围绕靖国神社等历史问题建立中美日三方对话,以便让美国"就某些问题澄清其立场"①。同年 6 月,美国驻日大使托马斯·希弗考察了靖国神社,并指出:"任何美国人参观了靖国神社都不会舒服,这里的历史宣传令人不安。"②7 月 12 日,他在 TBS 电视台的采访中再次表示:"靖国神社游就馆的历史观令人困惑⋯⋯我不能理解,它是错误的。"③2006 年 12 月,时任总统布什的父亲、美国前总统老布什访问中国期间,也公开批评小泉参拜靖国神社是"否定历史",指出日本"不应撕开(历史的)伤口,应该努力使其愈合",敦促日本应慎重处理靖国神社问题。④ 在历史问题上,美国前总统批判日本极其少见。作为美国共和党的重镇,老布什的看法不仅代表个人观点,也反映了共和党党内对靖国神社问题的主流看法。

2013 年 12 月 26 日安倍正式参拜靖国神社后,美方迅速表态,通过舆论、外交等手段直接对日施压,敲打安倍。其实早在安倍参拜之前,美国政界已就靖国神社问题对其进行过警告。同年 10 月 29 日,原助理国防部长、哈佛大学教授约瑟夫·奈在东京出席"新时代的日美同盟"研讨会时,告诫安倍不要参拜靖国神社。⑤ 美国前副国务卿阿米蒂奇也曾在日本媒体撰文指出,日本应尽量少做给自己减分的事,"每个国家都有权利以适当形式对战争阵亡者表示敬意,并提出客观真实的历史解释。但某些不经大脑或者是无意中走嘴的发言,还有参拜靖国神社等问题都会

---

① 邹德浩、曹鹏程:《美国设想就历史问题构建中日美三边对话》,载《环球时报》2006 年 2 月 24 日,第一版。
② Norimitsu Onishi, "U. S. Needs Japan's Diplomacy, but Tokyo Isn't Talking", www. nytimes. com/2006/06/25/weekinreview/25onishi. html[2016-09-20]。
③ 毎日新聞「靖国」取材班『靖国戦後秘史 A 級戦犯を合祀した男』、角川ソフィア文庫、2015 年、90 頁。
④ 参见《老布什批参拜靖国神社是否认历史 要日慎重处理》,中国网,http://www. china. com. cn/international/txt/2006-12/15/content_7511294. htm [2016-12-15]。
⑤《说话 日本首相安倍晋三不要参拜靖国神社》,载《国际金融报》简讯,2013 年 10 月 30 日第 1 版。

成为政治问题"①。有消息称美国政府也曾私下里对安倍进行过警告,不希望安倍参拜靖国神社引起日本同周边国家的矛盾。② 而且,就在安倍参拜靖国神社两个月前的 10 月 3 日,时任美国国务卿克里与国防部长哈格尔访问日本,作为部长级官员首次向东京千鸟渊战殁者公墓献花致哀,实际上是向日本政府明确传达了美国不认可参拜靖国神社的意向。

　　然而,安倍没有采纳美国建议,高调参拜了靖国神社,此时美国已不再"沉默",公开"警告"日本。12 月 26 日当天,美国驻日大使馆发表声明指出:"日本是美国重要的有价值的盟友。但是,对于日本领导人采取激化与邻国紧张局势的行为,美国政府表示失望。美国希望日本及其邻国能就敏感的历史问题找到'建设性'的解决方案,加强双边关系,并以合作姿态推进地区和平稳定。美国将关注日本首相对过去的反省和对日本和平决心的表现。"③随后,美国国务院发言人普萨基重申:虽然日本是美国具有价值的盟友,但是美国对日本首相安倍晋三参拜靖国神社,可能加剧日本与邻国的紧张关系而感到失望。27 日,美国国防部长哈格尔取消了原计划与日本防务大臣的电话会议,以示对安倍参拜的抗议。④30 日美国务院副发言人玛丽·哈夫再次表明,美对日本首相安倍晋三参拜供奉第二次世界大战甲级战犯的靖国神社感到失望。2014 年 1 月 4 日,日防卫大臣小野寺五典与哈格尔通电话时,哈格尔表示:"日本为改

①《外媒:美国前助理国务卿撰文狠批日本外交》,2013 年 10 月 25 日,http://news. takungpao. com/world/focus/2013-10/1990673. html [2017-01-06]。

② 瀬口清之「安倍総理の靖国参拝の波紋と日米中韓関係〈2014 年 2 月 24 日~3 月 7 日米国出張報告〉」、キヤノングローバル戦略研究所、2014 年 3 月 28 日。

③ Embassy of the United States Tokyo, Japan: Statement on Prime Minister Abe's December 26 Visit to Yasukuni Shrine, December 26, 2013, http://japan. usembassy. gov/e/p/tp-20131226-01. html [2016-12-15].

④ "Abe grossly misjudge U. S. reaction before making Yasukuni visit", *The Asahi Shinbun*, December 28, 2013. https://ajw. asahi. com/article/behind_news/politics/AJ201312280043 [2016-12-15].

善与周边各国的关系而采取行动非常重要"①,敦促日本改善与反对安倍参拜的中韩两国的关系,这也是美国部长级官员首次谈及安倍首相参拜靖国神社问题。同年3月6日,美国驻日大使肯尼迪在 NHK 电视节目的采访中,就安倍参拜靖国神社也表示:"这种恶化地区形势的行为,是非建设性的。"②

2016年12月29日,稻田朋美在陪同首相安倍结束访问珍珠港的"和解之旅"之后,以国防大臣身份首次参拜了靖国神社,美国旋即表态,批评了稻田的做法。当地时间28日,美国国务院发言人就稻田参拜靖国神社指出:"历史问题应采取促进'治愈与和解'的做法",批评了稻田的参拜行为。另一名政府人士也担忧地表示,正值日美首脑刚刚结束对夏威夷珍珠港的历史性访问,所以令人"非常遗憾"。③同样,前一天的12月28日,复兴相今村雅弘也刚参拜完靖国神社。从美国来看,日本政府大臣们的参拜行为无异于给日美两国首脑的珍珠港访问泼了一桶冷水。美国 NBC 电视台网络版在报道中指出:"这有可能断送首相安倍晋三与总统奥巴马对珍珠港历史性访问的意义。"④其实,早在2016年8月3日稻田出任国防大臣时,美国国务院副发言人多纳在记者招待会上,就新任防卫大臣稻田朋美是否在8月15日参拜靖国神社问题上做出的暧昧表示发表意见:"用治愈与和解的方法处理历史问题是十分重要的。

① "Readout of Secretary Hagel's call with Japan's Minister of Defense Itsunori Onodera", U. S. Department of Defense, Release No:NR-004-14, January 04,2014, http://www. defense. gov/releases/ release. aspx? releaseid=16461 [2016-12-15].
②「ケニデイ米駐日大使、靖国参拝「建設的でない」」、『日本経済新聞』2014年3月7日付、http://www. nikkei. com/article/DGXNASDE06009_W4A300C1PP8000/ [2017-01-05].
③「米政府、稲田氏の靖国参拝批判 『非常に残念」」、『東京新聞』2016年12月30日、http://www. tokyo-np. co. jp/s/article/2016122901000690. html[2017-01-05].「稲田防衛相の靖国参拝 米『和解への取り組み望む』国務省がコメント」、NHK NEWS WEB、2016年12月30日、http://www3. nhk. or. jp/news/html/20161230/k10010824541000. html[2017-01-05].
④《详讯:美政府人士暗批日防卫相参拜靖国神社》,共同社华盛顿12月29日电,2016年12月30日,http://china. kyodonews. jp/news/2016/12/132279. html[2017-01-05].

这是我们对靖国神社问题的立场。"①美方公开表达了不期望稻田继续参拜靖国神社，激化与中韩等周边邻国关系的立场，这也成为她放弃在 8 月 15 日战败日参拜的重要原因之一。

美国之所以放弃消极的"不介入"政策，公开对日本进行警告、批评，其背后存在着多方面的原因。

首先，靖国神社问题事关历史认识问题，其不仅涉及日美两国之间是否能够实现真正和解，而且其与国际公理道义产生冲突，是对美国主导下建立的国际法理体系、战后国际秩序以及美国国际威信的挑战。美国国会调查局提出的报告明确指出：安倍"无视美国的建议，贸然参拜靖国神社，有可能一定程度上损害日美两国间的信赖关系"，而且，安倍首相的历史观"恐怕也与美国对二战以及战后对日占领的认识相悖"。② 进而，这种扭曲历史观背后隐藏的政治意图、政策取向，也有可能威胁到亚洲甚至是世界的和平与稳定。

其次，因靖国神社问题而引发的外交纠纷，导致日本软实力丧失，国际声誉、国际地位相对下降，事实上不仅中韩两国表示抗议，菲律宾、新加坡、印尼、澳大利亚、俄罗斯与德国等国，也对安倍的参拜行为进行了批判。③ 其直接影响到盟友作用的发挥，影响到日美同盟的效力，也影响到美国亚太主导权的有效维持，这显然是美国不愿意看到的。

再次，靖国神社问题直接恶化了日本与中韩的关系，进一步加剧了中日因钓鱼岛问题产生的对立，也直接妨碍了东北亚朝核问题的解决。美国不愿意卷入中日之间的冲突，也不希望东亚地区安全形势进一步恶化，这显然不符合美国的利益，也不是美国亚太战略的目标，所以就安倍参拜靖国神社问题采取了与过去不同的政策。

---

① 「米国：稻田防衛相の靖国参拝懸念、国務省副報道官」、『毎日新聞』2016 年 8 月 5 日、http://mainichi. jp/articles/20160805/k00/00m/030/142000c［2017-01-05］。

② Emma Chanlett-Avery, William H. Cooper, Mark E. Manyin and Ian E. Rinehart, "Japan-U. S. Relations: Issues for Congress", Congressional Research Service Reports, February 20, 2014. p. 5.

③ 2013 年 12 月 29 日共同社电，内田雅敏『靖国参拝の何が問題か』、平凡社、2014 年、18 頁。

此外,在美国看来,特别是因靖国神社问题而日韩关系交恶,直接导致其盟友间的不睦,阻碍着亚太再平衡战略的实施,妨害了美国主导盟友共同构建东亚安全网的努力,影响到其"联合"制衡中国的战略,美国已经不可能也不愿意再保持沉默了。

总而言之,战后半个多世纪以来,靖国神社问题在不同时期表现出不同特点,先后分别表现为靖国神社存续问题、国家护持问题以及首相或大臣的正式参拜问题。美国对靖国神社问题的态度与政策,也经历了一个由"全面压制"到"妥协性改造"、由"沉默"到"放任"、由"警惕"到"警告"的发展过程,美国扮演的角色也经历了一个由主导者、旁观者到参与者的转变过程,其整体上服从于美国的外交战略,本身是美国对日政策与东亚外交发展演变的一个典型表现。需要指出的是,靖国神社问题不只是一个简单的错误历史认识问题,更是一个否认国际公理正义、挑战战后国际秩序的问题。对于当前依旧存在的靖国神社问题,美国对当年的自私行径应该负有一定责任。特别是在日本社会、政治右倾化的形势下,靖国神社问题所反映出的日本政府否认历史、修宪扩军的政策倾向,令人担忧。作为盟国的美国,应该在靖国神社等问题上更加积极地有所作为,否则难以摆脱"绥靖"日本之嫌,最终也有可能损害美国自身的国家利益。

第三章　日本修宪问题与美国的政策^①

　　2012 年安倍晋三第二次上台执政后,将修改宪法作为最大政治抱负,稳步推动着日本的修宪进程。日本修宪动向引起国际社会的广泛关注,其中美国在这一问题上的政策成为焦点。美国对日本修宪的政策是美国对外政策的具体展现。一般而言,所谓对外政策,是指基于国家利益和目标,而为政府官员设计的超出国界的明确或隐晦的行为指导方针。^② 对外政策为对外行为提供指导,其既可体现为抽象的基本原则或立场,也可体现为具体的行动或态度。作为对日政策的一部分,美国对日本修宪的政策体现为美国在这一问题上的原则、立场或基本态度。

　　美国作为日本的唯一盟国和有着特殊影响力的国家,在日本修宪问题上到底采取何种政策,是一个值得深入研究的课题。目前,在国内外相关研究中,美国的立场往往作为影响日本修宪的外因而有所提及,但根据外交档案、政府报告和国会记录等资料,发现自日本宪法起草颁布

---

① 本章与张立猛合作撰写。

② Mark R. Amstutz, *International Conflict and Cooperation: An Introduction to World Politics*, Boston: McGraw-Hill College, 1999, pp. 174 – 175; Frederic S. Pearson and J. Martin Rochester, *International Relations*, 4th edition, Now York: McGraw-Hill, 1998, p. 127.

到修宪运动的发生、发展的演变过程,都与美国有着密切关系,本章拟分析美国对日本修宪的政策,分析其形成演变的原因,探讨其产生的客观影响。

一、杜鲁门至艾森豪威尔政府的引导政策(1946—1961 年)

从杜鲁门至艾森豪威尔政府时期,美国积极引导日本修改宪法、重整军备,甚至期待日本通过修宪实现海外派兵,配合其在亚洲的行动。美国对日本修宪的引导政策,与日本国内图谋修宪的保守势力相互呼应,使日本逐步突破宪法限制,实现了重新武装。

早在日本新宪法草拟之际,作为起草制定者,美国就采取了实用主义态度,根本未期待日本长期固守新宪法,甚至将修宪视为不可避免的情况。1946 年 9 月,美国的日本事务局代局长博顿在讨论根据日本宪法草案第九条保留陆海空军的可能性时明确讲道:"美国的态度应该是,日本非军事化和士兵复员应取决于盟国之间的协议而非日本宪法,日本宪法随后可能会被日本人自己修改","无论宪法第九条措辞如何,有关日本军事编制的决定都应根据和平条约以其他国际协定来确定。"[1]美国的这种态度在宪法审查问题的表态中也得到体现。1946 年 10 月,远东委员会通过的 FEC—031/40 号决议指出,在日本宪法生效之后日本国会和远东委员会双方应在不早于一年、不晚于两年的时间内对新宪法进行审查。[2] 美国就此表明:"美国政府欢迎远东委员会根据 FEC—031/40 号文件对日本宪法进行审查","美国政府认为,日本人民有责任在合适

---

[1] Memorandum by the Acting Chief of the Division of Japanese Affairs (Borton) to the Director of the Office of Far Eastern Affairs(Vincent), September 30, 1946, Foreign Relations of the United States, 1946, The Far East, Volume VIII, p. 323.

[2] Memorandum by the Assistant Secretary of State (Hilldring) to SWNCC, October 24, 1946, Foreign Relations of the United States, 1946, The Far East, Volume VIII, p. 347.

或必要的时候修改宪法"。①

新宪法生效不久,美国就准备引导日本修宪。1948 年 4 月,美国东北亚事务局局长艾利森直言不讳地指出:"我一直觉得日本宪法中关于不保留任何防卫力量的规定不现实。"②同年 6 月,国务院政策研究室主任乔治·凯南亦表示,"日本新宪法是一部相当好的宪法,但它的一些缺陷正变得越来越明显"③。显然,凯南所说的"缺陷"就是指宪法第九条。

为了引导日本修宪,美国政府积极讨论从操作层面推进工作。1949年 3 月,美国参谋长联席会议在发给国防部长福莱斯特的备忘录中提出,"为了维护国内安全,保持抵御外侵的防卫能力,现应制定有限武装日本的计划,应探讨如何修改日本宪法,以便最终允许日本武装力量进行防卫"④。1950 年 12 月,美国联合战略调查委员会在报告中也指出,为了美国的军事利益,应及早采取步骤引导日本增强防卫能力,"对日本而言,为了使这类努力有效,就要修改日本宪法"⑤。面对美国的修宪要求,日本保守势力主动回应,修宪运动掀起第一次高潮。1950 年 8 月,吉田内阁组建警察预备队,违背宪法原则,走上再军备道路。1951 年 1 月,众议员中曾根康弘向美国特使杜勒斯提出建议,明言修改宪法、组建

---

① Memorandum by the Assistant Secretary of State for Occupied Areas (Saltzman) to the United States Representative on the Far Eastern Commission (McCoy), December 3, 1948, Foreign Relations of the United States, 1948, The Far East and Australasia, Volume VI, p. 913—914.

② Memorandum by the Chief of the Division of Northeast Asian Affairs (Allison) to Mr. Maxwell M. Hamilton, April 30, 1948, Foreign Relations of the United States, 1948, The Far East and Australasia, Volume VI, p. 743.

③ Memorandum of Conversation, Prepared in the Canadian Department for External Affairs, June 3, 1948, Foreign Relations of the United States, 1948, The Far East and Australasia, Volume VI, p. 804.

④ Memorandum by the Joint Chiefs of Staff to the Secretary of Defense (Forrestal), March 1, 1949, Foreign Relations of the United States, 1949, The Far East and Australasia, Volume VII, Part 2, p. 671.

⑤ Report by the Joint Strategic Survey Committee to the Joint Chiefs of Staff, December 28, 1950, Foreign Relations of the United States, 1950, East Asia and the Pacific, Volume VI, p. 1389.

军队。①

　　美国政要通过各种方式,不断引导日方修宪。1951 年 2 月,特使杜勒斯在访日期间表示:"美国不能强迫日本承担军事义务,除非日本解决了宪法问题,能够正式、公开地承担这些义务。"②杜勒斯表面上在谈美日安全责任分担问题,但矛头直指日本宪法。1953 年 10 月,总统艾森豪威尔指出,虽然宪法剥夺了日本拥有军事力量的权利,但日本必须对自身防卫负责的时机已到来。③ 同年 11 月,副总统尼克松在访日时宣称,规定放弃战争的宪法是错误的,呼吁日本重新武装。④ 美国正副总统接连向日本施压,表明了美国期待日本修改宪法、重整军备的立场。在美国引导下,日本开始宣传修宪、解释宪法,加速发展武装力量。1952 年吉田茂设置保安厅,将警察预备队升级为保安队。1953 年自由党和改进党分别设置宪法调查会,开始讨论修宪方案。1954 年日本进一步突破宪法规定,将保安队升级为自卫队。

　　日本修宪的步伐并未令美国满意,1955 年 8 月,国务卿杜勒斯在与外相重光葵会谈时指出,当美国遭受攻击时日本是否会支援,值得怀疑。他还强调:"当日本有了足够的武装力量、适宜的法律框架以及修改过的宪法时,情况就不一样了。"⑤翌年 3 月,杜勒斯访问东京时表示,"宪法对日本造成了严重的法律和心理障碍","一个国家的发展从未被宪法限制所阻碍,宪法必须根据国家需要调整,而非相反。"⑥在美国或明或暗的引

---

① 中曽根康弘『天地友情——五十年の戦後政治を語る』、文藝春秋 1996 年、140—142 頁。

② Memorandum by Mr. Robert A. Fearey of the Office of Northeast Asian Affairs, Tokyo, February 5, 1951, Foreign Relations of the United States, 1951, Asia and the Pacific, Volume VI, Part 1, p. 857.

③ Editorial Note, Foreign Relations of the United States, 1952 - 1954, China and Japan, Volume XIV, Part 2, p. 1523.

④ 五百旗頭真編『日米関係史』、有斐閣、2008 年、185 頁。

⑤ Memorandum of a Conversation, Department of State, Washington, August 30, 1955, Foreign Relations of the United States, 1955—1957, Japan, Volume XXIII, Part 1, pp. 101 - 102.

⑥ Memorandum of a Conversation, Tokyo, March 18, 1956, Foreign Relations of the United States, 1955—1957, Japan, Volume XXIII, Part 1, p. 160.

导下,日本保守势力迅速行动,积极谋求修宪,大张旗鼓扩充军备。1955年11月,自由党与民主党合并为自由民主党,将修改宪法写入党纲。1956年6月,鸠山内阁设立宪法调查会。翌年6月,日本召开首次国防会议,颁布《防卫力量整备计划》,加快发展防卫力量。

在引导修宪的基础上,美国也希望日本通过修宪实现海外派兵。1958年7月,美国海军作战部长伯克在关于修改《美日安全条约》的备忘录中指出:日本应按照宪法程序,随时准备派遣武装力量参加集体安全行动,抗击对自由亚洲的侵略,但"只有日本宪法被修改之后,这种行为才会被日本当局认为合法"①。同年9月,美国国务院和国防部举行美日安全合作问题联席会议,国务院法律顾问贝克尔直截了当地说:"我们希望日本能够修改宪法,允许其在国外使用军队。"②在美国的引导下,以岸信介为代表的日本保守势力,借机迎合美国,全力推动修宪。1958年8月岸信介内阁召开首次宪法调查会议,推进修宪讨论。1960年5月岸信介强行通过新《日美安全条约》。岸信介内阁倒台后,日本修宪运动陷入低潮。

作为《日本国宪法》的起草制定者,美国为何又引导日本修宪? 原因在于美国全球战略的需求和对日政策的转变。在占领日本初期,美国实行严格的民主化和非军事化改造,力求通过制宪永久地解除日本的战争能力。但随着冷战的爆发与展开,美国迅速转变对日政策,由削弱转为扶植,旨在推动日本重新武装,提升防卫能力,甚至在必要时能将军队派出国门配合其在亚洲的军事行动。然而,宪法严重束缚了日本发展军事力量,宪法的规定内容与美国的政策目标发生了直接抵触。因此,为了清除宪法障碍,美国积极引导日本修改宪法,重新武装,以配合美国的东亚安全战略。

---

① Memorandum by the Chief of Naval Operations for the Joint Chiefs of Staff on Revision of the Japanese Security Treaty, July 31, 1958, p. 899, Declassified Document Reference System.
② Memorandum of Conversation, Washington, September 9, 1958, Foreign Relations of the United States, 1958—1960, Japan; Korea, Volume XVIII, p. 64.

二、肯尼迪至里根政府的放任政策(1961—1989 年)

从肯尼迪至里根政府时期,美国对日本修宪的政策由引导转变为放任,即不再直接引导日本修宪,对宪法问题在表面上表现出理解尊重的态度,实际上却支持日本通过"解释宪法"等手段绕过规制,增加财政支援,扩充军备力量。在美国的放任政策下,日本修宪运动波澜不惊,军费开支节节攀升,协防能力持续增强。

在评估修宪形势的基础上,美国开始调整政策。1963 年 5 月,美国国务院情报研究局在一份备忘录中提出,"鉴于公众对修宪运动的广泛反感,修改宪法第九条是不可能的",虽然修宪能使军队在日本国内取得更明确的地位,并可能消除其他防卫行为的法律障碍,但这些只有在付出极其高昂的政治代价之后才可能实现。[①] 基于此前引导日本修宪的失败教训,美国不再积极引导日本修宪,转而实行更为现实的放任政策。在美国新政策的影响下,首相池田勇人放弃了修宪念头,1964 年 7 月日本宪法调查会"最终报告书"中未提出结论性意见,修宪势力暂时偃旗息鼓。

在防卫力量问题上,美国希望日本能通过间接解释宪法,增强军力。1967 年 9 月,美国国务卿腊斯克在与外相三木武夫会谈时表示,"我们理解宪法和政治问题妨碍了日本在防务方面进行更多的参与,但当前日本若能增强防卫能力,事实上这非常重要,将给美国留下良好印象"[②]。面对宪法对日本的限制,美国不再引导日本直接修宪,甚至对日本面临的宪法障碍表示"理解",转而支持其解释修宪,以间接手段规避宪法约束。1967 年 11 月,美国在一份关于日本防务态势的报告中提出,"对日本军队发展进攻性能力的宪法限制,仍是一个主要政治和心理障碍,但已完

---

① Research Memorandum, May 3, 1963, pp. 6 - 7, Declassified Document Reference System.

② Memorandum of Conversation, September 14, 1967, p. 3, Digital National Security Archive, Japan and the United States Diplomatic, Security, and Economic Relations, 1960 - 1976.

成很多工作,而且通过宪法解释还可以做更多事情"①。于是首相佐藤荣作强调加强防卫力量是在和平宪法下符合国情的必要举措。② 随着经济实力的增强,从 1961 年到 1972 年间日本先后通过了三次"防卫力量整备计划",军费投入不断增加。

在海外派兵问题上,美国面对宪法对日本的限制,一面表现出接受的态度,一面希望日本对美国加大财政支援。1967 年 11 月,美国总统约翰逊与首相佐藤在谈到越南战争时指出,宪法禁止日本向东南亚派遣军队,日本没能像韩国那样向越南派兵,"我们理解日本的行为",但"我们希望日本能够在财政上提供帮助,特别是鉴于因宪法而不能派兵的状况"。③

美国也希望通过强化双边军事合作,间接削弱宪法限制。1972 年 2 月,总统尼克松在对外政策年度报告中指出,日本在防务方面受到宪法、政治等因素的制约,但日本正计划增强常规防卫能力,这反映出日本正在提升自立性并愿意承担更多责任,伴随这一很受欢迎的趋势,美国可以巩固自身军事设施并缩减在日驻军。④ 不难看出,美国期待日本分担更多安全责任,已不再将修宪作为扩军的前提。对于美国的政策意图,日本政府主动回应。1976 年 10 月,日本制定新《防卫计划大纲》,进一步推动防卫建设。1978 年 11 月,日美政府签署《日美防卫合作指针》,明确了两国联合作战的主要内容。

随着冷战形势再趋紧张,美国支持日本大力发展军备,但对修宪问题仍持谨慎态度。1981 年 5 月,总统里根与首相铃木善幸发表联合公

---

① The Defense of Japan, November 8, 1967, p. 3, Digital National Security Archive, Japan and the United States Diplomatic, Security, and Economic Relations, 1960—1976.

② 「第 57 回国会参議院会議録」第 4 号、昭和 42 年 12 月 29 日、47 頁。

③ Memorandum of Conversation, November 15, 1967, pp. 2—3, Declassified Document Reference System.

④ Richard Nixon, Third Annual Report to the Congress on United States Foreign Policy, February 9, 1972. http://www. presidency. ucsb. edu/ws/index. php? pid = 3736&st = Japan&st1 = constitution.

报,指出"日本将会主动依照宪法和基本国防政策,进一步努力提高在日本领土以及周边海域、空域的防御能力……总统对首相的声明表示理解"①。同日,国防部长温伯格与铃木举行会谈时表明,他并没有试图解释日本宪法,任何建议都不会违背宪法。② 1983 年 11 月,里根总统在接受日本富士电视台采访时又表示:"我承认你们存在一些宪法问题,但一个强大的日本、一个能够组织更多自我防卫的日本将是整个地区稳定的一个重要因素……因此,我们非常感谢日本在增强自身防务方面所做的努力。"③美国表面上对日本依宪行事的立场表示尊重,但实际上是间接鼓励日本加强防卫能力,架空宪法。在美国的表面放任、间接支持下,日本修宪运动掀起第二次高潮。1980 年法务大臣奥野诚亮再次提出修宪主张,1982 年首相中曾根提出"战后政治总决算",1983 年自民党将修宪确立为党的基本方针。1986 年日本军费突破了不超过 GNP1% 的限制。

美国对日本修宪采取放任政策源于多方原因。首先,直接修宪面临着诸多难以克服的困难。和平宪法在日本国内长期拥有强大的民意基础,因反对修宪而引发的社会运动时有发生。以社会党为代表的革新势力主动顺应民意,坚定捍卫宪法,与以自民党为代表的保守势力进行了长期不懈的斗争,成为直接修宪的又一大障碍。此外,保守势力内部对修宪方案的分歧、修改宪法所需的复杂法律程序等,都使直接修宪显得遥不可及,这些困难促使美国放弃引导日本直接修宪,转而采取间接支持的放任政策。其次,间接手段也可适当满足美国的战略需求。在表面尊重理解的基础上,美国意识到可以通过支持日本解释宪法、渐进扩军、

---

① Joint Communique Following Discussions With Prime Minister Zenko Suzuki of Japan, May 8, 1981. http://www. presidency. ucsb. edu/ws/index. php? pid=43793&st=Japan&st1= constitution.

② Memorandum for the Record, May 12, 1981, p. 3, Digital National Security Archive, Japan and the United States: Diplomatic, Security, and Economic Relations, 1977—1992.

③ Interview With Nobutaka Shikanai of Fuji Television of Japan on the President's Trip to Japan, November 7, 1983. http://www. presidency. ucsb. edu/ws/index. php? pid = 40734&st=Japan&st1=constitution.

强化合作等手段架空和平宪法,来实现美国的政策目的。再次,美日关系的复杂变化减弱了美国对日本修宪的关注度。60年代以后,日本经济快速崛起,两国贸易摩擦加剧。与之相应,美国国内"敲打日本"的呼声抬头,反对日本修宪的声音增大,促使美国以更加审慎的态度对待日本修宪问题,放任政策得到长期延续。

三、布什至特朗普政府的推动政策(1989年——　　)

伴随着冷战体制崩溃,美国在深化美日同盟的同时,改变放任态度,开始积极推动日本修宪,鼓励日本海外派兵、解禁集体自卫权,也支持日本通过下位法架空宪法,甚至支持其直接修宪。在美国的推动下,日本的修宪运动接连掀起新高潮,并不断取得新突破。

在冷战结束之际,日本修宪问题在美国引起新的关注。关于日本修宪,美国国内一直存在不同意见,有意见反对日本修宪,担心影响亚洲稳定;有意见则要求推动日本修宪,以解除宪法束缚,深化美日同盟。海湾战争爆发后,日本"只出钱不出人"的行为引起美国不满,推动日本修宪成为美国主流的政策基调。

美国推动日本通过修改下位法,达到间接修宪的目的。1992年7月,就传统基金会报告提出敦促日本修宪的建议,老布什总统回答记者道:"我们向日本致敬,感谢他们前几天在国会所做的一切,他们在向这个基金会所提倡的立场前进。"老布什还表示:"日本人有宪法问题,有敏锐的历史感,他们会解决的,我会站在他们这边给予支持。"①在美国政策影响下,日本修宪运动进入快车道。1992年6月日本以海湾战争为契机,强行通过《联合国维和行动合作法案》,为海外派兵开辟了道路。1999年5月日本国会审议通过《周边事态法》,进一步为行使武力松绑。同年7月日本修改《国会法》,在参众两院设立宪法调查会。

---

① The President's News Conference With Foreign Journalists, July 2, 1992. http://www.presidency. ucsb. edu/ws/index. php? pid＝21186&st＝japanese＋constitution&st1＝.

美国继续推动日本渐进扩军,深化美日同盟,来稀释宪法的制约作用。1995年2月,美国国防部发布《美国在东亚和太平洋地区的安全战略》报告。该报告认为,由于宪法限制,日本长期只专注于本土防卫和1 000海里内的海上航道防卫,而渐进式的国防建设可使日本更加安全,也可加强后冷战时代的双边安全。① 在美国的授意和支持下,1995年11月日本颁布新《防卫计划大纲》,推进现代化的质量建军,开始突破专守防卫的局限,强化日美安保体制。1997年9月,日美修订《日美防卫合作指针》,两国军事合作进入新阶段。

进入21世纪后,美国推动日本修宪的意愿愈显强烈。2000年10月,总统候选人小布什的支持者阿米蒂奇发表报告《美国与日本:迈向成熟的伙伴关系》。该报告建议美国应欢迎日本解禁集体自卫权,敦促其落实《日美防卫合作指针》,建立有事法制。② 2001年1月,智库兰德公司发表《美国与亚洲:面向新的美国战略和军事态势》专题报告。该报告指出:"美国应支持日本成为正常国家,允许日本参与集体防卫",也"应支持日本在自身防卫中发挥更大作用,例如修改宪法"。③ 在美国推动下,日本保守势力以"9·11"事件为契机,掀起又一轮修宪浪潮。2001年10月,小泉内阁通过"反恐三法案",为海外派兵铺平了道路。2003年6月,小泉内阁又通过"有事三法案",成为"日本政治史上划时代的事件"。

为加速修宪进程,美国政要在各种场合频频向日本传递意图。2007年4月,美国众议院外委会主席汤姆·兰托斯在与首相安倍举行会谈时表示:"日本应在安全领域发挥与其大国地位相称的作用,强烈支持安倍首相的修宪主张。"④2012年4月,东京都知事石原慎太郎在华盛顿的研

---

① Department of Defense, United States Security Strategy for the East Asia-Pacific Region, February 1995, p. 25.

② "The United States and Japan: Advancing Toward a Mature Partnership", INSS Special Report, October 11, 2000, p. 3—4.

③ "U. S. Strategy for a Changing Asia", The United States and Asia: Toward a New U. S. Strategy and Force Posture, January 1, 2001, p. 47, p. 50.

④ 「同盟強化妨げ　米は改憲歓迎「反対まったくない」」、『産経新聞』2012年4月25日。

讨会上提出废除宪法议题时,美国原国防部助理理查德·劳利斯表示,"日本宪法是美军占领时期的产物,日本有权利和自由进行修改"。原国防部日本事务官员吉姆·奥尔则进一步强调,"美国完全不会反对"日本修宪。① 在美国的持续推动下,日本修宪运动逐渐升级。2006 年 12 月安倍内阁通过《防卫厅设置法修正案》,将防卫厅升级为防卫省,对宪法第九条禁止拥有军队造成直接冲击。2007 年 5 月又强行通过《国民投票法》,解决了修宪的法律程序问题。2007 年 8 月,日本国会正式设立宪法审查会,开始履行修宪的相关职能。2012 年 4 月,自民党公布"日本宪法修改草案",主张明确自卫权、设立国防军。

随着美国亚太战略的展开,美方积极推动日本行使集体自卫权,"掏空"宪法。2013 年 2 月,美国国会研究部在一份关于美日关系的研究报告中提出,日本宪法第九条是美日开展有力合作的最突出、最根本的限制,禁止日本行使集体自卫权原则是密切两国防务合作的障碍,因此,美国官员非常欢迎安倍在修改宪法解释和允许日本参与集体自卫方面的立场。② 2014 年 4 月,国防部长哈格尔在访日时明确表态,美国支持日本为解禁集体自卫权而修改宪法解释,并对日本的做法表示"欢迎"。③ 同月访日的奥巴马总统与首相安倍发表联合声明称,"美国欢迎并支持日本对于行使集体自卫权相关事项的讨论"④。在美国的推动下,日本的修宪更加有恃无恐。2013 年 12 月安倍内阁通过《新防卫计划大纲》《中期防卫力量整备计划》和《国家安全保障战略》。2014 年 7 月安倍以内阁决议的形式解禁了集体自卫权。2015 年 9 月日本国会强行通过"新安保法

---

① 「同盟強化妨げ 米は改憲歓迎「反対まったくない」」、『産経新聞』2012 年 4 月 25 日。
② Emma Chanlett-Avery, Mark E. Manyin, William H. Cooper and Ian E. Rinehart, "Japan-U. S. Relations: Issues for Congress", Congressional Research Service Reports, February 15, 2013, p4, p17.
③ 「集団的自衛権の行使容認 米国防長官、首相に支持明言」、『日本経済新聞』2014 年 4 月 6 日朝刊。
④ 外務省「日米共同声明:アジア太平洋及びこれを越えた地域の未来を形作る日本と米国」、2014 年 4 月 25 日。http://www.mofa.go.jp/mofaj/na/na1/us/page3_000756.html.

案",集体自卫权成为法定事实。

解禁集体自卫权之后,美国依然不遗余力地推动日本直接修宪。2016 年 2 月,美国国会研究部发表了题为《美日同盟》的研究报告。该报告指出,"虽然日本在 2015 年 9 月通过了新的安全立法,但一些法律因素仍然限制了日美开展更有力的合作,最突出、最根本的(限制因素)是日本宪法第九条"①。2017 年 12 月,特朗普政府公布新的《国家安全战略报告》认为,美国的盟友和伙伴能放大美国的力量,能延展美国的影响。因此,美国将在印太地区加强与日本、澳大利亚和印度等国的合作,加强长期的军事关系,"鼓励发展一个强大的防卫网络"。② 无疑,进一步推动日本修宪扩军,已成为美国利用盟友"放大自身力量"的途径之一。对日本保守势力而言,妄图凭借美国的"政策东风",一鼓作气实现直接修宪的夙愿。2017 年 5 月,首相安倍公布了修改宪法的具体目标,提出将于 2020 年实施新宪法。2018 年 1 月,安倍发表施政演说,再次提出推动国会加快修宪的讨论进程。

对于日本修宪,美国之所以由"消极放任"转为积极推动,主要原因在于,随着国际形势转变和美国战略调整,日本在美国对外战略中的地位提升,美国期待日本在更大范围内和更深层次上提供支持,但和平宪法依然制约着日本发挥更大作用。首先,在全球战略层面,美国需要日本在世界范围内配合行动,维持其全球霸权。冷战后,美国谋求建立由其主导的单极世界,接连发动海湾战争、阿富汗战争、伊拉克战争,不断介入各种国际争端。为获得日本的有力支持,将美日同盟向全球层面拓展,美国积极推动日本摆脱宪法束缚,实现海外派兵,解禁集体自卫权。其次,在东亚安全战略中,美国期待日本摆脱宪法束缚,分担更多责任。美国反复强调日美同盟是美国亚洲安全政策的基石,日本是美国在亚洲最重要的地缘战略支点。无论是介入南海争端,还是解决朝核问题,抑

① Emma Chanlett-Avery and Ian E. Rinehart, "The U. S.-Japan Alliance", Congressional Research Service Reports, February 9, 2016, p4.

② National Security Strategy of the United States of America, December 18, 2017, pp. 45 – 47.

或是处理地区其他安全事务,美国都希望得到日本的支持。再次,在应对中国发展方面,美国希望日本能展现其对中国更强的制约力量。中国的快速发展改变着东亚地区的国际格局,影响到美国的全球霸权。美国欲有效制衡实力快速增长的中国,仅凭自身已显力不从心,因此力求推动日本破除宪法羁绊,"放大自身力量",对中国形成更大牵制。此外,冷战后日本社会趋于整体保守化,革新政党衰微,护宪势力渐弱,美国认识到日本修宪的国内阻力已显著减弱,推动日本直接修宪或已可行。

总而言之,修宪问题本是日本内政,然而由于美国既是日本宪法的起草制定者,又是日本修宪的始作俑者,也是日美同盟的主导者,于是日本修宪问题成为美日关系中一个不可回避的外交问题。日本和平宪法颁布至今半个多世纪,在不同历史时期美国对日本修宪采取了不同政策,即从引导政策到放任政策,再到推动政策,其整体上服务于美国的外交战略,是美国东亚政策和对日政策的一个缩影。正是基于和平宪法的独特渊源与美日之间的特殊关系,可以说美国政策对日本修宪产生着举足轻重的影响。在美国政策影响下,日本修宪运动由弱变强,从间接解释修宪到准备直接明文修宪,日本修宪似乎已经呈现一种不可逆转的态势。

毋庸置疑,对于日本修宪,美国无论是引导,还是放任,抑或是推动,其根本目的都是要将日本纳入美国全球战略的轨道,为其外交政策服务。不管日本能否成功修宪,美国都不想让日本摆脱其控制,也不想让日本重走军国主义老路。然而,鉴于日本当政者否认历史、美化侵略,意欲摆脱战后体制的现实而言,修宪扩军后的日本对于美国来说也未必是个福音。美国能否有效地将修宪后的日本规制在和平国家的轨道上,也颇令人怀疑。失去和平宪法制约的日本,或将给东亚地区以及世界和平前景带来不容低估的风险。

第四章 池田勇人的对华观与中日关系

池田勇人作为当代日本著名的政治家,曾任职于大藏省,长期活跃在战后日本的政治前沿,是日本战后体制的重要创建者之一。被称为"半导体推销员"的池田,在首相任内打出了"国民收入倍增计划",成为日本走向经济大国的主要推手,给世人留下了"经济型宰相"的深刻印象。

其实,在 20 世纪 60 年代上半期,即邦交正常化之前围绕中日关系的国际舞台上,既没访问过中国大陆,也没到访过台湾的池田,却积极地扮演了一个活跃的"外交家"角色,奔忙于东西方之间,直接领导并参与了日本的对华决策。无须说,池田时期的中日关系,确实取得了新的发展,对池田发挥的积极作用,应给与一定的评价。然而,当深入研究当时池田本人的对华观就会发现,其中包含着多重政治意图,甚至是看似矛盾的意识取向,而其不变的"两个中国"的政策追求,却对中日关系的发展产生了不容忽视的消极影响。

本章拟通过解读近年日本外务省等有关机构相继公开的一些外交档案或内部资料,旨在分析池田对华观的真相以及日方的政策目标,跳出政治人物评价上或主观武断的贬斥、或单纯感情溢美的简单轮回,以求深化对中日关系的研究与认识。

一、"对华自主论"的真相

池田上台后改变了前任首相岸信介紧密追随美国、敌视中国的态度,高调打出了"对华自主"的姿态,在对华政策中表现出了一定的"自主性"。

1960 年 7 月 19 日,池田在组阁后的记者招待会上公开表明:"对中共的政策,不必采取与美国同样的态度。"①从中可以看出,池田故意与美国保持距离的用意。随着中日关系的缓和以及贸易的发展,1962 年 5 月 12 日,池田内阁会议决定对华贸易采取延期付款的方式。面对美方的警惕和反对,池田经常对亲信说:"应该与美国合作的地方,我们合作;现在美国也该听听我们的意见了吧。"其后 6 月 2 日,池田在大阪的参议院选举游说演说中进一步表明:"我认为,日本的(对中)贸易政策,最终应该由日本自己决定。即使美国说三道四,我们也要按照自己的信念去做。以往不用说,是比较消极了。"②同年 11 月"廖高协定"签署后,有美国记者质疑池田,与共产主义斗争与对华交易不矛盾吗? 池田直率地批判了美国僵化的政策,他说:"在亚洲封锁'斯大林主义'与日本阻断对华贸易是完全不同的问题","西欧感觉不矛盾,日本也感觉不矛盾,好像只有美国认为这矛盾。"③

长期以来的"对美协调派"池田,为何要推动"对华自主"政策呢? 其背后有着深刻的政治、经济背景,其中一个重要的考虑,就是要从长远角度建立与中国的关系。

首先,池田将"对华自主"作为安抚国民反美情绪的手段,以稳定自民党政权和国内秩序。追随美国、强行通过"日美安全条约"的岸信介,被风起云涌、声势浩大的"反安保"运动赶下了台。日本国民强烈反对美

---

① 石川忠雄、中岛岭雄、池井优编:《战后史料 中日关系》,日本评论社 1970 年,第 183 页。
② 古川万太郎:《中日战后关系史》,原书房 1988 年,第 202 页。
③ Embassy Tokyo to Secretary of State, 1962. 12. 6, no. 1394, RG84, TE, box 85, NA.

国的干涉和控制,要求实现中日两国的邦交正常化,建立一个真正独立自主的和平国家。在规模空前的安保斗争余韵未消之际登台亮相的池田,为了弥合国内的政治分歧,以恢复国内治安,进而赢得大选的胜利,稳固保守政权的统治,不得不适当修正岸信介"亲美"的外交路线,表现出一定的"对华自主"。

其次,日本"对华自主"的政策,无疑是其提高对美外交自主性的最为有效的一个途径,也是构建日本外交框架的一个重要支点。从池田首席秘书官伊藤昌哉撰写的回忆录中的一段对话,可以窥视出问题之所在。1961年正月以后,宫泽喜一得悉池田要访美的消息,前来问询伊藤,"总理是想去美国吗?""好像是那样","当然也可以去,不过对中共的政策还没落实下来就去吗?那不成了藩王拜见皇帝了吗?""当了总理大臣,去听听美国的想法也不是什么坏事,何况美国不也换了肯尼迪了吗……",伊藤虽嘴里这样回答,心中却想宫泽确实有眼力,一下子就看到点子上了。①

池田不仅想借对华政策提高外交自主性,而且随着日本经济的高速发展以及国力的增强,其本身怀有更大的外交"宏愿"。1961年11月,池田访问印度,对主张"不结盟运动"的尼赫鲁说:"……看起来日本像是进行追随美国的外交,然而日本外交不是对美一边倒,作为亚洲的一员,也积极考虑与亚非各国进行合作。"②进而,一年后的1962年11月池田访问欧洲六国时,如其秘书伊藤指出的那样,池田有一个雄心勃勃的计划,那就是他要表明:"自由主义各国应以北美(美国和加拿大)、欧洲、日本及亚洲这三根支柱为中心,日本与美国联手,然后,到日本与欧洲联手之时,就能开创维护世界和平之路。"③池田很清楚,"日美欧三大支柱"的宏伟计划,关键是需要从眼前的"中日问题"做起。

再次,更为重要的,打开中日关系,进行"对华自主"外交,恐怕是池

---

① 伊藤昌哉:《池田勇人的生与死》,至诚堂1966年,第127页。
②《池田总理亚洲各国访问》第2卷,外务省外交史料馆,缩微胶卷A'0357。
③ 伊藤昌哉:《池田勇人的生与死》,第153页。

田基于长远角度的战略性选择。1963 年 5 月 7 日,池田对到访的国民党政府秘书长张群说:

"中国民众不管什么主义,只要生活改善了就好……与 10 年、20 年前相比,中共当政以来,生活水平改善了。大众生活比其他国家不算好,可是比以前要强。这个民众亲身体会到了。"①

"中国大陆,在国民政府时代经济状况十分惨淡,可是中共执政后,有了很大程度的改善,所以,政权稳定了。"②

至于对国民党反攻大陆的说法,1963 年 9 月 18 日,池田在会见美国赫尔斯特集团报刊的总编时表示:"中共三五年不会有变化,台湾反攻大陆的政策没有事实根据,近乎空想。"③"考虑到将来日本与中共的关系以及国际舆论,长期来看,中共将得到联合国代表权,中华民国政府也将不得已而失去联合国席位。"④所以,鉴于中国国力的增强和国际地位的不断提高,池田认为"日本最后必将承认中共",而且"池田相信,不久的将来,很快就会实现。"⑤

进而,出于重大国际和地区安全问题的解决,池田亦希望改善与中国大陆的关系。在美国大规模介入越战之前的 1964 年 4 月,池田就对尼克松副总统表明:"我认为南越问题,没有美国和中共的相互谅解,是不可能解决的。为了本地区的和平与稳定,必须与中共对话,美国也应该知道这一点。""美国只要是对中共采取现在这样强硬的态度,就不可能给亚洲带来真正的和平与稳定,希望美国像对待苏联所显示出的宽容和忍耐那样,去和中共接触。美国和中共当然不可能友好和睦地相处,但是完全不来往,是危险的。"⑥

① 《张群秘书长访问池田总理》,1962 年 5 月 7 日,外务省外交史料馆。
② 伊藤昌哉:《池田勇人的生与死》,至诚堂 1966 年,第 175 页。
③ 林金茎:《梅与樱:战后日台关系》,塞玛尔出版社 1984 年,第 172 页。
④ 《总理访美第二次预备会》,外务省外交史料馆,1998 年公开史料。
⑤ 伊藤昌哉:《池田勇人的生与死》,第 178 页。
⑥ 美国局北美科:《池田总理会见尼克松前副总统记录》,1964 年 4 月 10 日,外务省外交史料馆,缩微胶卷 A'0401。

另外,从多边外交平衡的角度来看,池田必须考虑为日本的将来留有适当余地。处于冷战最前沿的日本也不得不盘算着,一旦冷战烟消云散,夹在中美两个大国之间的日本,外交处境该当如何。池田很清楚,尽管中美两国尖锐对立,但是背后多年来断断续续一直在波兰华沙(1958年前在日内瓦)保持着大使级的谈判关系。日本是否会被甩下的危机感,始终萦绕不去。这从1963年退职的原驻美大使朝海浩一郎的话中明显地体会得到,"某天早晨,一觉醒来,美中是不是已经握手了。我每天为此心神不安"①。此话虽显夸张,但确切地反映了日方当时的某种心态。历史最终证明,美国的"越顶外交",还是印证了朝海的担心。

最后,不否认池田对华或许怀有历史好感或战争愧疚,然而另一方面,池田更是将这种所谓的"特殊关系"作为追求日本"自主"政策的挡箭牌。中日古代长期的友好交往史和近代以来的日本侵华史,是两国外交中无法回避的、深刻的历史背景。1960年1月,池田在担任岸信介内阁的通产大臣时曾表示:"中日两国有着悠久的历史,深厚的关系,应努力打开中日关系","为此,有必要先从日方开始做起。"②同时,鉴于美国对中日接近动向的担心,1961年6月,池田首相访问美国,在与肯尼迪总统的会谈中强调:"日本人的认识与美国不同,由于历史、地理上的关系,再加上战争给对方添了麻烦,所以对中国人有亲近感",③希望美方理解中日重开贸易的举措。

然而,池田的所谓"对华自主论",是审慎的、有限的"自主",始终是在与美国的协调,甚至是追随的基本路线下展开的,并没有脱离美国东亚战略的政策框架。正如他在组阁后的记者招待会上显示出追求自主倾向的同时,也严厉批判了中立态度,表示出与美国等国"联手"的方针。他指出:"我在六七年前就主张与中共友好相处,但很不容易搞好。外交不仅仅是对中共的政策,首先重要的是提高自由国家对日本的信赖。为

---

① 田久保忠卫:《战略家尼克松》,中央公论社1996年,第101页。
② 石川忠雄、中岛岭雄、池井优编:《战后史料 中日关系》,日本评论社1970年,第143页。
③《总理访美(中共问题)》第1655号,1961年6月20日,外务省外交史料馆。

此,必须搞好日本内政。在取得自由国家信赖的同时,成为不为中共所愚弄,不受人操纵的国家。"

当记者问及:"在外交政策中有亲西欧外交和中立外交,你如何看待中立政策时?"池田语气强硬地答道:"我不采取中立政策,我要与自由主义国家联手合作。"①矛头直指日本社会党提倡的"非武装中立"路线。

原本,池田政权建立后,主张积极开展对华政策的外务省亚洲局中国科曾提议,中日之间可以召开大使级协商或互派部长级官员。但是,考虑到对美关系,池田认为为时尚早,没有接受。② 池田不仅通过外务省正规的外交渠道,而且他本人也多次向美国政府有关人士强调,没有对华谋求政治接触,只是开展民间贸易,是在美国冷战战略的框架下推进对华外交的。

1962 年 10 月 2 日,池田对来访的美国原驻日大使墨菲表示,日本清楚中共的意图,中日贸易不可能大幅度增长,希望美国政府不要担心。③从池田访美前日本外务省当局制定的政策方案中,更是清楚地表示了与美国"保持一致"的立场。

亚洲局的《对中共方针(案)》(第一方案,1961 年 3 月 3 日)在阐述了"中国在联合国的代表权问题"和"中日关系"之后,就"对美关系"指出,"对美预先通报以上方针的同时,劝说美国放弃向联合国大会递交暂缓审议的方案,并且今后也要保持密切的联络和磋商。"④

1961 年 3 月 17 日,外务省美国局参事官提交的政府文件《日本的中国政策》也明确指出:

"(1) 长期目标

……日美的中国政策,在将台湾留在自由世界且扩大与中共交流的

① 石川忠雄、中岛岭雄、池井优编:《战后史料 中日关系》,日本评论社 1970 年,第 183 页。
② 亚洲局中国科:《对中共政策(方案)改订》,1961 年 1 月 8 日,外务省外交史料馆。
③《自由亚洲东京大会出席者招待情况报告》,外务省外交史料馆,CD 号 16,编号 04—598—12。
④ 亚洲局:《对中共方针(方案)》,1961 年 3 月 3 日,《日本中共关系杂集》第 4 卷,外务省外交史料馆,缩微胶卷 A'0356。

基本立场上是一致的。然而完全不同的是,美国与中共尖锐对立,国府在美国的军事庇护下,日本根据内外情况,不能采取刺激中共的行动,对国府也没有强大的影响力。因此,日本对中国政策不得不采取低姿态,这是今后应该进一步与美方协商的基本问题。

（2）当前对策

① 在联合国大会上,即使是弃权,也要事前和美方协调立场;

② 谋求与中共扩大人事交流、接触面（要事前通报美国）。"①

由此可见,池田的"对华自主",不仅贸易上要对美"协调",政治上更是紧密"追随"美国的大政方针。

二、"推动中日贸易论"的界限

池田推进对华外交的空间有限,政治上必须与美国保持"一致",而其"自主"的追求主要体现在贸易方面,即在"政经分离"的原则下,一定程度上促进了中日之间的民间贸易。

1960年7月,池田组阁后,表示了与中国"大力发展文化、经济交流"的意愿。8月27日,周恩来与来访的日中贸易促进会专务理事铃木一雄的会谈中提出了"中日贸易三原则",即政府协定、民间合同和个别照顾,并且重申了改善中日关系的"政治三原则":第一,日本政府不能敌视中国;第二,不能追随美国,搞"两个中国"的阴谋;第三,不要阻碍中日关系向正常化方向发展。② 11月15日,中日有关公司签署了重开贸易的第一号合同,中止了两年半的中日贸易以"友好贸易"的形式迅速恢复和发展起来。

1960年12月19日,池田在众议院预算委员会的发言中进一步明确

---

① 美国局参事官:《日本的中国政策》,1961年3月17日,《日本中共关系杂集》第4卷,外务省外交史料馆,缩微胶卷 A'0356。
②《周恩来递交的铃木一雄与周恩来会谈记录（包括8月27日的贸易三原则）》,1960年9月10日。石川忠雄、中岛岭雄、池井优编:《战后史料 中日关系》,日本评论社1970年,第259—260页。

指出:"关于政府间的贸易协定,若以承认中共的形式进行,我现在还没有下决心这样做。然而,只要不是正式恢复外交关系,而是具体加强贸易,或按照国际惯例那样,即使不承认该国,也可以在特定的有关领域,如邮政、气象等方面进行协商,我是赞成的。问题是如果不涉及是否承认中共的问题.我想促进两国间的对话还是可以的。在贸易上,我还是希望中日之间以积累的方式进行。"①

1961 年 1 月 30 日,池田在第 38 届国会的施政方针演说中强调:"关于促进与苏联等社会主义各国的友好关系,尤其是改善中日关系极其重要。改善与中国大陆的关系,特别是推动贸易发展,是我国欢迎的,向这个方向努力,是我们本年度的一个课题。"②同年 4 月 10 日,池田下令撤销了易货贸易制度,促使 1961 年中日贸易比上一年翻了一番还多。1962 年春,池田对其好友、著名的实业家冈崎嘉平太表示:"有没有更为周全的大规模贸易方式? 希望好好想想。"③同年 5 月,池田亲任议长,主持召开了最高出口会议,决定中日贸易以延期付款的方式支付。5 月底,冈崎拟定了一个扩大中日贸易的新方案,即所谓的"冈崎构想"。该构想得到了池田的认可,成为其后"LT 贸易"的基本框架。全文内容如下:

"为了使今后的中日贸易步入正常轨道并逐渐扩大,当前与中方可按如下初步方案所示的方式进行交涉。

(1)当前向中国出口其最希望要的硫酸铵等化肥、农药(根据情况也可以是钢材),而从中国进口其容易生产出的大豆、水银、炼铁用煤炭、铁矿石、中药等。进口可采用 2 到 3 年的延期付款。

(2)日本进出口银行对日方出口单位进行融资。

(3)为了日方进出口交易以及必要场合下进行价格调整,组成一个集团,在这个集团名义下与中国进行交易(不限于所谓的友好商社)。中方也以这个集团为交易对象。

---

① 第 37 届国会参议院预算委员会会议录第 3 号,1960 年 12 月 19 日,国会会议录检索系统。
② 第 38 届国会众议院大会会议录第 3 号,1961 年 1 月 30 日,国会会议录检索系统。
③ 日中经济协会编:《中日备忘录 11 年》,日中经济协会 1975 年,第 39 页。

（4）进出口价格原则上按照国际市场价格即 FOB 来定。但必要的场合下，可采取不同的价格，集团内就进出口物资进行调整。

（5）以延期付款进口的物资，这个集团在日本国内销售后可以作为出口货款或用来与进出口银行进行结算。

（6）日方集团的代表与中方公司之间以书面形式就此方式签订合同。日方以松村谦三为合同保证人。

这个初步方案成功的话，仿效此案扩大两国贸易，日方一般的商社、厂家加入，打开过去这种僵化的局面。"①

1962 年 9 月 7 日，在收到中方的邀请函后，池田对松村谦三说："我的立场上是必须面向美国。因此，松村君，你能不能成为我面向中国的另一副面孔。中国方面的事，都委托你了！"②9 月 14—19 日，松村代表团访华，双方就签署贸易协定达成共识。松村在回忆池田时说："我以个人身份去中国的时候不多。现在说来，这绝对不只是按我个人的想法去做的。所有事情都事前和池田总理商量了，如'请谈到这个程度'、'希望不要深入到那个问题以上'一样，一切都是事前协商后访问中国的。"③应该说，松村很好地扮演了池田的"传声筒"或"另一个面孔"的角色。11 月 9 日，廖承志与高碕达之助分别代表双方在北京签署了《中日长期综合贸易备忘录》，即"LT 贸易协定"。12 月 27 日，中日双方贸易团体又签署了"中日友好贸易议定书"。"LT 贸易"与"友好贸易"成为推动中日贸易发展的"两个车轮"。1963 年 8 月，池田又顶住台湾和国内反对势力的压力，批准了仓敷公司使用进出口银行资金，以延期付款方式向中国出口维尼纶成套设备的合同，这成为战后中日经济关系发展史上的一个标志性事例。

1964 年 1 月，中法建交。同年 4 月，松村访华，双方决定互设常驻机构；9 月，中日互派了常驻记者。新中国成立以来，中日双方第一次互设

① 《冈崎构想》，1962 年 6 月，外务省外交史料馆，CD 号 16，编号 04—598—1。
② 古川万太郎：《中日战后关系史》，原书房 1988 年，第 204 页。
③ 松村谦三：《让人惋惜的池田君》，《怀念池田勇人先生》，创巳堂 1967 年，第 20 页。

常驻机构和互派记者,建立了"半官半民"的沟通渠道。

池田调整日本政府政策,积极推进对华贸易,除了经济现实主义的考虑之外,也是缓和国内政治对立的有效手段,还有着"了解中国"、"教育中国"以及"离间中苏"的政治企图。

首先,经济利益是"推动中日贸易论"的原动力。中日重开经贸合作,可以说是池田"国民收入倍增计划"的自然延伸。池田执政后,打出了"宽容与忍耐"和"低姿态"的口号,旨在将国民的目光逐渐由政治上意识形态的安保斗争引向提高国民生活水平的经济领域。"国民收入倍增计划"就是池田内阁提出的基本的政策运营方针。为了扩大出口,保持进出口贸易的均衡,在美国、欧洲和东南亚三个海外市场需求低迷的情况下,中国自然成为池田和日本商界眼中颇具魅力的市场。

当然,在池田看来,比起现下规模有限的贸易,无疑是要着眼于未来的中国。1962 年 10 月 6 日,池田在与记者会谈时表示:

"不应过高评价'对中国的贸易',松村访华很清楚地说明了这一点。想着昔日的大陆贸易,'再做一次梦'是不可能的。与中共的贸易额,最高时是五年前的 6 千万美元。今后即使再努力,也不会达到这个程度。而且,中共方面想从日本购买的有各种各样的东西,可是日本从中共购买的东西,究竟有什么呢?……从经济方面来看,为何只对中共采取延期付款的措施呢? 只是,要预先考虑到中共贸易的将来。"①

与西欧国家竞争中国市场,也是池田积极主张"推动中日贸易"的一个主要动机。随着英、法相继承认中华人民共和国,中国大陆与西欧国家的贸易不断攀升。日本经济界对大陆市场会不会被欧洲国家夺去,十分焦虑。② 池田接受了友好商社和业界有关团体的建议,决定对华贸易实行延期付款方式,与"欧洲站齐"为原则,推动对华贸易。

其次,推动对华贸易也是弥合日本国内政治分歧的现实手段。由于

---

① 《朝日新闻》,1962 年 10 月 6 日晚报,第 1 版。
② 吉村克己:《池田政权 1575 天》,行政问题研究所 1985 年,第 191 页。

安保斗争,日本政界保守与革新势力对立,保守政党内也发生了分裂。知识分子阶层也离开保守政党,受其影响,国民也发生动摇。① 以社会党为代表的革新势力,积极主张恢复中日邦交,中国问题也成为日本国内政治的主要争论点。奉行"低姿态"的池田,为了摆脱安保斗争后遗症,对内恢复国会的正常运转,巩固民主政治,对外开展"经济外交",以促进"倍增计划"的实现,于是,恢复与扩大对华贸易成为这一阶段"一举两得"的现实选择。

再次,通过贸易渠道,了解中国的实际情况,进而促进两国政治关系的发展。1958 年中日关系中断后,日本政府深感有关中国大陆以及新中国对日政策方面的信息严重不足。1962 年 11 月,池田在访欧时与法国总统戴高乐会谈时曾说:"作为日本,政治上的问题是另外一码事,为了清楚地了解中共的实情,想在经济方面进行一定程度的交流。这样美国也许不大欢迎,可是这与法律上承认中国不是一回事。"②继而,池田在与法国外长德姆维尔的会见中,深入探讨了亚洲问题。他认为中印边境冲突"不会进一步发展为重大事件",不应把中国视为直接的威胁,"日本为了了解中共的实情,制定对社会主义国家的政策,与其说经济上,实际是考虑在政治层面促进一点贸易活动"。③池田明确表示了推进对华贸易的政治意图。

同时,池田欲借助中日贸易渠道,进一步拉上美国共同改善与中国大陆的政治关系。1963 年池田在与肯尼迪举行首脑会谈时,曾向美方提议通过中美互派记者来改善两国关系,日方愿当中间人。当年 11 月肯尼迪遇刺身亡,但是池田并没有就此断念。翌年 4 月松村访华时,池田私下嘱托他,希望和周恩来谈一下中美交换记者的事。然而,周恩来对此极其消极,没有正面回应,只是回答:"这次就谈中日之间的记者交换

---

① 吉村克己:《池田政权 1575 天》,第 31 页。
②③ 欧亚局:《池田总理访欧之际关于中国问题的会谈要旨》,1962 年 11 月,外务省外交史料馆,缩微胶卷 A'0363。

吧。"①从中可以看出池田重视贸易活动的政治效果，但没有跳出承认国民政府的政治局限。

最后，"教化中国""离间中苏"也是池田对华开展经贸活动的一个政治目的。20世纪50年代后期，中国在"大跃进"、人民公社和社会主义总路线等"左倾"政策的错误指导下，经济出现了严重困难，于是1961年1月中共八届九中全会正式通过了对国民经济实行"调整、巩固、充实、提高"的八字方针，对外则坚持独立自主、反对霸权的外交方针，增进与爱好和平的国家的友谊与合作。1963年9月，池田对美国驻日大使赖肖尔表示，贸易是教给中国当今世界现实的最好手段，有必要从根本上重新思考自由主义世界对中国的贸易战略。② 1964年4月，池田对到访的法国外长德姆维尔再次强调："应该与中共进行贸易。必须通过贸易告诉中国民众自由经济的优越性。"③同月10日，池田对美国副总统尼克松就日本的"示范或教化作用"做了进一步的解释。池田的主张，可以说也是一定程度上继承了吉田茂的对华进行"逆渗透"的思想。他说：

"汉族是经济观念很强的民族，将来他们会逐渐清楚民主主义要比共产主义好。因此，日本与中共进行贸易，有教育性的意义。美国也应理解这种想法，而且基于世界领袖的立场来看，若是实行过于排他性的政策，就不好办了。"④

"离间中苏"是池田推进对华贸易的一个重要的政治战略目的。进入60年代，随着中苏关系的恶化，社会主义阵营内部出现动摇。深信"经济可以成为外交武器"的池田，不仅仅从经济利益的角度，而且将对华贸易赋予了国际政治的含义。池田1962年11月访欧时，在与德国总理阿登纳的会谈中言称："中日贸易问题，对于日本来说，无论是在国内，

---

① 古川万太郎：《中日战后关系史》，原书房1988年，第217—218页。
② Tokyo to SecState, 942, Sep. 23, 1963, Box 3958, SNF 1963, RG 59, NACP.
③ 伊藤昌哉：《池田勇人的生与死》，至诚堂1966年，第175页。
④ 美国局北美科：《池田总理会见尼克松前副总统记录》，1964年4月10日，外务省外交史料馆，缩微胶卷 A'0401。

还是国际上,都是极其重要的问题。据说吉田前首相从多年前就曾考虑,自由主义各国通过促进与中共的贸易,以离间苏联和中共,并向西欧各国的主要政治家表达了这种想法,想努力争取去实现。然而,由于达赖斯的反对未能实现。就中共问题,我基本上与吉田前首相意见一致,此际若对中共采取灵活的态度,中共很有可能向自由主义阵营靠近一步。"①

在池田"推动中日贸易论"的指导下,双方贸易得到了恢复与发展,实现了"LT 贸易",设立了常驻机构,并且互派了记者。然而这种所谓的"半官半民"的贸易,在性质上说到底还是"民间贸易"。

在高碕达之助赴华签约之前的 1962 年 10 月 17 日,通产大臣福田一代表政府会见了高碕,以口头与书面两种形式传达了"统一见解",再次强调了本次使节属于民间的性质,不要谈论政治问题等。② 池田从始至终也一直是坚持在"政经分离"的原则下,与中国大陆开展民间贸易。"LT 贸易"签署实施后的翌年 10 月 18 日,池田在第 44 届国会施政方针演说中依然强调指出:

"去年以来,我们与中国大陆之间正常的民间贸易取得了进展,但是这始终是在政经分离的原则下进行的。我们原本就没想改变与我国有着正常外交关系的国民政府之间的关系。当然,今后我打算要进一步密切与国民政府之间的关系。"③

中日双方之所以能够比较顺利的实现"LT 贸易",实际上是中方做出了妥协,采取了较为现实灵活的态度。中方只在表面上坚持了"政治三原则",而事实上是默认了"政经分离"的原则。"LT 贸易"签署前的1962 年 9 月松村访华,共同发表了"周恩来与松村会谈纪要",很大程度上是中日双方达成了政治上的"共识"。内容如下:

① 欧亚局:《池田总理访欧之际关于中国问题的会谈要旨》,1962 年 11 月,外务省外交史料馆,缩微胶卷 A'0363。
② Reischauer to Rusk, October 17, 1962, CDF, 493.9441/10-1762, RG59, NA.
③ 第 44 届国会众议院会议录第 3 号,1963 年 10 月 18 日,国会会议录检索系统。

"周恩来总理、陈毅副总理与自民党顾问松村谦三在 16、17、19 日三天中举行了友好且直率的会谈。中方再次表明坚持政治三原则、贸易三原则、政经不可分原则的同时,认为这些原则继续有效。中日双方,表明了进一步促进、发展贸易的愿望。中日双方一致认为,应该采取渐进积累的方式,实现包括政治关系和经济关系在内的两国关系的正常化。"①

日方回避对政治性原则发表意见,只是同意发展民间贸易。继而,"LT 贸易"签署当天,国务院副总理兼外交部长陈毅在对日本记者的谈话中表示:

"这次协定可以说是民间协定,也可以说是政府协定。原因在于中方的当事人是政府责任人,日方也是自民党的责任人,业界代表也与日本政府有着密切的联系。将其进一步扩展为政府间的贸易,困难不在于中方,而在于制造两个中国阴谋的美国,日本也与蒋介石保持外交关系,未能断绝。这一点,我们也可以充分理解。

签署的贸易备忘录与约定的数字是有限的。然而,松村说通过经济积累而进行政治积累,向两国正常化的方向发展。这个很重要。"②

显然,中日双方对"LT 贸易"的认识存在差距,有着不同的解读。至于设置的常驻机构和记者,则不享受外交官待遇,不能悬挂国旗,不能进行政治活动,亦不能上电视或广播,甚至也包括不能出席禁止核武器大会等等,活动被严格限制在民间的贸易范围之内。

正是由于中日贸易被限制在民间贸易的范围之内,所以,严格控制的延期付款的适用条件和日本进出口银行贷款的适用范围等,限制了中日正常贸易的规模及其交易对象;也正因是民间贸易的定位,故中日贸易一直受到来自日本国内外政治上的干扰或阻挠,第二次"吉田书简"的出台就是一个明显的例证。其直接导致了大日本纺织公司出口维尼纶

① 石川忠雄、中岛岭雄、池井优编:《战后史料 中日关系》,日本评论社 1970 年,第 269 页。
② 石川忠雄、中岛岭雄、池井优编:《战后史料 中日关系》,第 271 页。

成套设备、日立造船出口万吨货轮等合同的失效。民间贸易对政治做出了"让步",暴露了池田"中日贸易论"或曰对华"经济外交"的界限。

三、"一个中国论"的幌子

"一个中国论"仅仅是池田口头上的外交辞令,而"两个中国论"才是池田对华观的本意。有关"两个中国论"或"一中一台论"的主张,池田不仅与此前的几任日本首相并无本质区别,更是扮演了一个积极的"推销者"角色。

池田出任首相后,在 1960 年 10 月 21 日的第 36 届国会上公开表明,"希望在尊重相互立场、互不干涉内政的原则下,逐渐改善与中国大陆的关系。特别是欢迎重开以往处于中断状态的中日贸易"①。打着"互不干涉内政"的幌子,池田却追随美国,积极提出有关中国的联合国代表权"重要问题"议案,以达到继续阻挠中华人民共和国恢复联合国合法席位的目的。实际上是举着"一个中国论"的招牌,为下一步逐渐制造"两个中国"做着准备。

中华人民共和国建立后,我国声明中央政府是代表全中国的唯一合法政府,要求联合国驱逐国民党政府,恢复中国在联合国的合法席位。然而,在美国的主导下,从 1951 年起联合国通过了中国联合国代表权问题"暂缓讨论案"。进入 60 年代,随着亚非独立后的发展中国家相继加入联合国,支持中国恢复联合国合法席位的国家越来越多,1960 年 10 月该法案仅以 8 票之差的微弱多数得以通过,面临着被否决的窘境。该案一旦被否决,就有可能出现台湾的国民党政府被驱逐出联合国的局面,而日本也将面临如何处理包括是否承认中华人民共和国在内的一系列问题。

在美英商讨是坚持"暂缓讨论案",还是实行由大陆和台湾"两个国

① 第 36 届国会众议院会议录第 3 号,1960 年 10 月 21 日,国会会议录检索系统。

家"来继承联合国中国议席的"继承国家"方案时,1961 年 6 月,随同池田一同访美的日本外相小坂善太郎向美国国务卿腊斯克提示了"重要问题"议案,即把中国恢复在联合国的合法席位作为"重要问题",需获得大会三分之二的多数赞成才能通过。腊斯克当场欣然接受。这个方案是小坂召集外务省干部,几乎是不分昼夜极其秘密地商议了约 4 个月,最后由审议官岛重信(后出任外务次官)起草的两个方案之一。即"第一方案,根据联合国宪章第 18 条第 2 款将其作为重要问题;第二方案,继承国家方案,即像英国领地下的印度以及巴基斯坦独立一样,让中华人民共和国(北京)和中华民国(台北)各自独立"①。

而且,为了保证"重要问题"议案顺利通过,池田积极响应肯尼迪提出的以同意蒙古加入联合国为条件换取非洲国家支持的主意。为了说服坚决反对蒙古加入联合国,且不承认蒙古是独立国地位的蒋介石,池田在极其隐秘的情况下,亲自致信蒋介石,劝其不要对蒙古加入联合国行使否决权,这对蒋介石同意蒙古加入联合国起了决定性的作用。② 同年 12 月第 16 届联大上,日本与美国等五国共同提案,通过了"重要问题"议案,中国恢复联合国合法席位又被推迟了 10 年。

此时,池田只打算与中国大陆推进经贸文化交流,并没有准备马上承认中华人民共和国,"承认中国"是他主张的"两个中国论"前提下的长期目标。1961 年 6 月,池田访美,他在与肯尼迪总统会谈中明确表明:"绝对不能把台湾交给社会主义方面",现下难以承认中共政权,因为日台之间有和平条约,国内舆论也不会理解承认中共的问题。所以,"希望自由阵营的多数国家要确保台湾,因国府与中共都强烈主张一个中国,故而若能确保国府的席位,中共就不会加入联合国"③。

进而,池田也强调在谋求制造"两个中国"的目标下,阻止大陆恢复合法席位的同时,渐次推进"台湾地区国家化",制订积极的现实应对之

① 小坂善太郎:《亲身经历的战后政治》,牧羊社 1981 年,第 162—163 页。
②《朝日新闻》,1961 年 12 月 2 日,第 1 版。
③《总理访美(中共问题)》,1961 年 6 月 20 日,外务省外交史料馆,缩微胶卷 A'0361。

策。他认为:"大陆 6 亿居民在联合国没有代表是不现实的","只要蒋介石在,就可放心,不会有何问题。然而其继承人蒋经国继位之后,从其经历来看,恐有国共合作之可能。台湾人口有 900 万,但其中 700 万是本岛人(台湾出生),他们希望自由、和平。暂缓讨论案应付一时,并非得策。为了提高台湾地位,应采取积极措施。"①

6 月 26 日,池田接着访问了加拿大。在与加拿大总理约翰·迪芬贝克的会谈中,迪芬贝克说:"我认为中共应该加入联合国,只是,得必须保障台湾的地位。"池田答道:"日本与国民政府、中共之间,都有特殊的关系,在日本国内的立场上,不能提两个中国论。加拿大不妨可以向大家提出倡议。"②随后,在同年 11 月池田访欧时,他与法国总统戴高乐会谈时,再次重申:"日本若提两个中国,只能是激怒中共和台湾双方,故不能提此主张,然而将来,作为现实问题,就有必要以两个中国的方式来解决吧。"③

其实,在池田访美 3 个月前的 3 月 17 日,日本外务省美国局参事官就已经制定了《日本的中国政策》方案。其内容也印证了池田的主张。该文件内容如下:

"对中国政策的长期目标是,为了稳定日本的国际环境,与中共建立外交关系的同时,将台湾留在自由世界。

(1)维持日美安全体制是前提。无须说对中国政策要站在民主主义国家的基本立场上。

(2)分离台湾,即'两个中国'与中共的对日三原则正好矛盾,因此不宜公开声明。

(3)日本正式的立场是'因中国存在两个政权,所以作为邻国,顺应

---

① 《总理访美(中共问题)》,1961 年 6 月 20 日,外务省外交史料馆,缩微胶卷 A'0361。
② 外务省审议官:《池田总理·加拿大迪芬贝克总理关于中国在联合国代表权问题的会谈》,1961 年 6 月 26 日,外务省外交史料馆,缩微胶卷 A'0362。
③ 欧亚局:《池田总理访欧之际关于中国问题的会谈要旨》,1962 年 11 月,外务省外交史料馆,缩微胶卷 A'0363。

此种现实状况,处理其国际关系'。'因日本所处的特殊立场,其应采取的路线也与其他有关各国不同。'

（4）作为分离台湾的具体政策,美国考虑从国府到台湾人的政府而渐进推进,认为联合国托管、联合国管理下的人民投票等缺乏现实性且很危险。总之,对美协调是必要的。能把台湾留在自由世界的,只有靠美国的军事力量。

……"①

池田在政治上通过联合国代表权问题安抚了台湾之后,1962 年便大力推进与中国大陆的贸易谈判,签署了"LT 贸易协定"。紧接着于 1963 年 8 月,顶住各方压力,促成了仓敷公司成套设备出口中国大陆。日本"接近大陆"的动向,招致国民党政府的反对。同年 9 月池田"反攻大陆近乎空想"的发言,10 月 7 日"周鸿庆事件"的发生,一举激怒了蒋介石,台湾撤回驻日大使和高级官员,停止从日本采购物资,日台矛盾迅速激化。于是,为了缓和日台关系,安抚蒋介石的情绪,同年 10 月 30 日,池田派大野伴睦副总裁赴台参加蒋介石诞辰庆典之际,向国民政府说明了有关情况。1964 年 1 月 21 日,池田在第 46 届国会众议院大会施政方针演说中重申了与中华民国的外交关系,做了"左右逢源"的解释。

"最近,我对与我国有着传统亲善关系的中华民国政府之间产生的一些争论,感到十分遗憾。我们的方针已经非常明确,那就是继续维持与中华民国政府友好的外交关系,与中国大陆在政经分离之下,在民间层次上发展日常贸易。我希望中华民国政府早日了解我国的真意。

中国大陆与我国一衣带水,在辽阔的国土上生活着 6 亿多民众,这是俨然存在的事实。另外,关于中共政权,是在联合国等方面存在的国际性问题。基于此种认识,我与国民诸君欲慎重地展开现实的政策。"②

在随后 1 月 23 日众议院大会答辩中,池田再次表明:

① 美国局参事官:《日本的中国政策》,1961 年 3 月 17 日,《日本中共关系杂集》第 4 卷,外务省外交史料馆,缩微胶卷 A'0356。
② 第 46 届国会众议院会议录第 3 号,1964 年 1 月 21 日,国会会议录检索系统。

"必须根据世界舆论的动向,慎重处理中共问题。众所周知(双方)有和平条约,我们承认中华民国政府为正式的政府,这一事实不能忘记。另外,如我在施政方针演说中所言,也承认中共政权存在的事实。"①

为了统一口径,应对国会答辩,1964年3月,池田就"对中国的基本政策"分别推出了政府和自民党的"统一见解"。3月5日政府发表了"关于中共问题外务省的统一见解"。

"(1)对中国的基本政策。(日本)政府认为,与国府之间维持正规的外交关系,同时在政经分离的原则下与中国大陆之间维持贸易等事实上的关系,是切实基于现状的、有利于维护我国利益的政策。……

(2)中共的侵略性。

(3)联合国中国代表权问题和与中国的邦交正常化问题。我国的基本态度是,中国代表权问题并非是国府与中共哪一个代表中国的简单的形式问题,因为是事关亚洲以及世界和平的重要问题,应进行充分地实质性审议,得出世界舆论认可的解决方策。"②

3月26日,自民党出台"关于中国问题自民党的统一见解",重申了上述思想,强调不赞成承认中共的"一个中国"政策。

"(1)我党对中国政策的基本内容是,与国民政府维持正规的外交关系,与中共在政经分离的原则下进行民间的经济、文化交流。

(2)联合国的中国代表权问题,要根据世界舆论的动向,基于国家利益基础之上,尊重现存条约,慎重处理。

(3)社会党、共产党所言的'一个中国',因否认国府,视中共为唯一的正统政府,欲与其缔结和平条约、恢复邦交,这当然意味着与国府断绝邦交,所以我党不能赞成。

(4)要充分警惕中共的对日思想工作。

(5)基于政经分离的原则,在民间层次上推进、扩大中日贸易。

① 第46届国会众议院会议录第4号,1964年1月23日,国会会议录检索系统。
② 石川忠雄、中岛岭雄、池井优编:《战后史料 中日关系》,日本评论社1970年,第296页。

（6）社会党和共产党所说的'恢复中日邦交'，是旨在破坏日台和平条约和日美安全条约的、扰乱国内的工作。"[1]

并且，1964年2月23日，池田还委托前首相吉田茂带着他的亲笔信以个人身份访台。吉田与蒋介石进行了三次会谈，不仅在政治上再次确认了承认"一个中国"中华民国的正统地位，而且在经济上也对台做出了一些具体让步。吉田茂回国后，在得到池田认可的情况下，以寄发张群书信的形式确认了吉田与蒋介石的会谈内容，是为"吉田书简"，即"第二次吉田书简"。"吉田书简"主要有两封，4月4日第一封的内容是同意有关"中共对策要纲"的内容。"要纲"的具体内容是：

"（1）为了使中国大陆6亿民众与自由主义各国和平共存，并扩大其与自由主义国家的贸易，促进世界和平与繁荣，重要的是将中国大陆民众从共产主义势力的统治下解放出来，加入自由主义阵营。

（2）为达到上述目的，日本与中华民国将具体提携合作，实现两国的和平与繁荣，通过向中国大陆民众显示出自由主义体制的具体表率，引导大陆民众反对共产主义政权，将共产主义势力驱逐出大陆。

（3）当中华民国政府根据中国大陆的状况以及世界形势的变化，客观上认为政治七分军事三分的反攻大陆政策确实可以成功之时，日本将不反对反攻大陆，并对此给予精神和道义上的支持。

（4）日本反对所谓两个中国的构想。

（5）日本与中国大陆的贸易限于民间贸易，日本政府千万不能采取类似于经济援助中国大陆的政策。"[2]

5月7日的第二封则确认了停止日本向大陆出口成套设备的事。内容包括如下两点：

"（1）关于向中国出口成套设备的融资应以纯粹的民间方式进行一事，将遵照贵方意愿进行研究。

---

[1] 石川忠雄、中岛岭雄、池井优编：《战后史料 中日关系》，日本评论社1970年，第298页。
[2]《中国对策纲要案》，1964年2月26日，外务省外交史料馆，编号04—609。

(2) 无论如何,不考虑本年中使用日本进出口银行贷款向中共出口日纺的维尼纶成套设备。"①

台湾当局接到"吉田书简"后,遂于 6 月 26 日派遣魏道明为新任"驻日大使"。7 月 3 日,大平正芳外相访问了台湾。8 月 12 日,张群访日,池田在 20 日的会谈中进一步补充指出:"日本没有承认中共的意思,中共即使加入联合国,日本也当然不会承认中共。中国即使加入联合国,日本也不认为中共是真正维护和平的国家。"②

池田之所以在口头上还坚持着将中华民国政府视为唯一合法政府的"一个中国论",是池田政经分离原则或"政治台湾""经济大陆"路线的必然体现,无须说是基于内外认识和压力的现实主义判断。

首先,奉行对美协调或追随政策的池田的行动,不会摆脱美国支持台湾的战略框架。美国在支持台湾、封锁大陆的情况下,尽管一定程度上容忍了池田在贸易上推进与大陆的关系,实施事实上的"两个中国"政策,但是始终警惕日本借助贸易推进政治关系,防止其承认中华人民共和国。1962 年 9 月 26 日,美国负责远东事务的助理国务卿哈里曼在华盛顿日美协会的演说中公开提醒日本:"共产主义国家方面,会要求政治上的让步。希望日本意识到这种危机,在贸易上不要被政治目的所利用。"③特别是,1964 年 1 月法国承认中华人民共和国后,美国表示"遗憾"的同时,同月访日的美国国务卿腊斯克向日本施压,明确告诉日本外相大平,"重要问题"案依然有效,希望继续坚持维护台湾在联合国的地位和不承认中国大陆的立场。④

其次,如上所述,台湾和中国大陆均强烈反对"两个中国论"。池田

---

① 《吉田茂发给张群的信件》,1964 年 5 月 7 日,外务省外交史料馆,缩微胶卷 A'0395。

② 《池田总理与张群秘书长第 2 次会谈要旨》,1964 年 8 月 20 日,外务省外交史料馆,缩微胶卷 A'0395。

③ 经济局东西通商科:《关于最近中日贸易关系美国政府方面的见解》,1962 年 10 月 7 日,外务省外交史料馆,缩微胶卷 E'0212。

④ MemCon, Jan. 26, 1964, Box 250 [1 of 2], NSF, Lyndon B. Johnson Library, Austin, Texas, US.

出于日本与台湾的外交和经济关系,亦出于西方阵营一员的战略立场,不得不顾及国民政府对日本与大陆关系的反对态度。至于所谓的"蒋介石恩义论",尽管池田对巴基斯坦总统阿尤布·汗都曾提起过,①但这应该说不是一个主要因素。

此外,"两个中国论"与中国大陆主张的"政治三原则"相悖,池田基本上是在长期视野下认识中国大陆的,即使承认中国大陆,也是在"两个中国论"的前提下考虑的,当时还没有打算与台湾断交而承认中华人民共和国的"一个中国论"的意图。面对中国极左思潮下的内外政策以及贫穷落后的现实社会经济状况,池田主张还是继续维持现状。1964 年 1 月 29 日,池田在众议院预算委员会上声明:"关于戴高乐总统与中共建交,国际上有各种议论,国内的意见也未必统一。我现在的考虑是,立即承认中共,不是英明决断,而是极其武断、极其荒唐之举。"②

最后,"安抚台湾"也是池田稳定政局,追求连任的需要。日台关系的紧张,造成自民党内的"亲台派"反对池田的声音高涨,以岸信介、佐藤荣作和贺屋兴宣等人为首的"亲台派"积极行动,谋划支持台湾的同时,网罗反池田势力,欲借机推翻池田政权。为了寻求 1964 年 7 月自民党总裁选举中获得连任,池田不得不采取一些行动,缓和日台关系,以稳固政权内的亲台势力,亦不给党内反池田势力以可乘之机。

总而言之,池田运用政治或经济手段,在大陆与台湾之间寻找着平衡,举着"一个中国论"的牌子,而目的是欲实现事实上的"两个中国论"。"一个中国论"只是表象,"两个中国论"才是池田对华观的核心和真意。"对华自主论"和"推进中日贸易论"都是围绕"两个中国论"展开的。"对华自主论"主要体现在"推进中日贸易论"上,而"推进贸易论"的界限就是政治上承认中华人民共和国,这正是池田"战略上承认而战术上不承认中共"的具体体现。池田对台主张"一个中国论",同样是旨在让台湾

---

① 《池田总理与阿尤布·汗总统会谈要旨》,1961 年 11 月 18 日,《池田总理亚洲各国关系》第 2 卷,外务省外交史料馆,缩微胶卷 A'0357。

② 第 46 届国会众议院预算委员会会议录第 2 号,1964 年 1 月 29 日,国会会议录检索系统。

"民族自决""台湾地区政权化",以实现政治上的"两个中国"。然而,事实证明,池田的"两个中国论"与此前日本政府的主张没有本质性的区别,同样找不到出路。如若不从"两个中国论"的思维切换到承认中华人民共和国的"一个中国论",是不会有解的。

第五章　佐藤政府的对华观与中日关系

　　佐藤荣作是日本战后任职时间较长的首相，从 60 年代中期到 70 年代初，在长达 7 年零 8 个月的任期中，中日关系经历了从中华人民共和国建国到中日复交约 20 余年间所谓"最后的冬天"，佐藤一般也被认为是继其兄岸信介之后的又一个"追随美国""亲台反华"的典型。

　　当我们深入研究中日关系的发展历史就会发现，不仅在佐藤之前中日关系存在波动反复、"冷暖交替"的曲折过程，而且在佐藤政权时期，他的对华观及其政策并非一成不变，也经历了一个由"向前看"的积极论，到消极的"慎重论""亲台反共"论，再到追求"中日复交"的过程，尽管始终没有跳出"两个中国论"的窠臼，但佐藤不同于岸信介等"亲台派"，实际上在中国大陆与台湾之间追求着所谓的某种程度的平衡。

　　本章拟通过有关外交档案、国会会议录和个人日记等原始材料，揭示战后国际政治转型时期以首相佐藤荣作为代表的日本政府的对华观的内容、变迁过程及其作用，以探讨号称"对美自主派"的佐藤，为何推行了追随美国、敌视中国的政策，从而进一步思考政治家个人观念、意识形态和国内外环境等因素对中日关系和日本外交政策的影响。

一、积极的"政经不可分论"

佐藤荣作作为池田之后日本自民党内最具实力的人物之一,实际上并不是一个所谓顽固的"亲台派"。他不是自民党内右翼团体"素心会"(1960年成立)的成员,也没有加入"日华合作委员会"(1957年成立)和"反共参谋部"(1964年前后成立)等组织,而是与岸信介、贺屋兴宣等亲台人物始终保持着一定距离。在上台前,佐藤曾相当积极地表现出改善中日关系的想法。长期致力于中日友好的自民党政治家宇都宫德马先生曾说:"佐藤最初想当'日本的戴高乐',所以对中国问题相当积极。"①

1964年5月14日,时任池田内阁科技厅兼北海道开发厅长官的佐藤,与赴日出席中国经贸展览会的中国国际贸易促进委员会主席南汉宸在佐藤事务所举行了秘密会谈。会谈中,佐藤对南汉宸说:"我希望在政经不可分原则下发展中日关系。本次中国经贸展览会,我若是通产大臣,就可以参加剪彩仪式了。现在的通产大臣,无论如何也不会有这样的勇气。"②反对池田的"政经分离",认同中方一直坚持的"政经不可分"原则,可以说这在当时日本自民党保守派中是相当积极的主张。由此,南汉宸高度评价了佐藤,认为"佐藤荣作先生,是一位有先见之明的政治家"③。

佐藤对华的积极姿态,并非一时心血来潮。面临1964年新一届自民党总裁选举,1964年1月15日,佐藤指定爱知揆一牵头,秘密成立了由政治家、记者、年轻官僚和学者组成的政策研究班子。该班子以佐藤姓名的第一个字母命名为"S工作组",为其竞选总裁和首相,研究制定政策构想。此后,包括佐藤执政时期的国会施政方针演说、国会质询答辩、重要政治问题的国会发言、外访演说、选举演讲等,几乎所有重要的正式

① 日本现代评论社编,孙雷门等译:《昭和宰相列传》,天津人民出版社1985年,第333页。
② 田川诚一:《中日交流与自民党的领袖们》,读卖新闻社1983年,第28—29页。
③ 竹内静子:《南汉宸的40天》,《经济学家》第42卷第23号,每日新闻社1964年,第28页。

发言和声明在起草阶段都要经过"S工作组"的研讨。[①]

"S工作组"向佐藤提出的最初的报告书中指出:"新政权需要明确从池田政权继承什么,又将提出何种新的政策课题,不能像以往那样通过经济实力的发展,得到国际社会认可,而是作为世界中的日本,应以在国际上也能获得广泛评价为目标。"并且,作为最重要的课题,报告列举了"中共(中国)问题"。该报告对未来佐藤政权的定位,表现出重视政治的思路。

同年5月5日,第一次讨论报告书交到佐藤手里,经过共同讨论,佐藤本人的意见和愿望也纳入其中。在多次修改、压缩后形成了一份全文约2万字、由12项内容组成的政策报告。在总裁选举前两周的6月27日,整理后的报告作为佐藤的政策宣言,以"面向明天而奋斗"为题发表。"S工作组"报告书原案的"外交"部分指出:"面对变动的国际形势,我国从新的角度,进一步重新探讨外交政策的时期已经来临。"日本外交的基本方针为:

(1)发扬和平宪法精神,对任何体制的国家都要坚持和平共存路线;

(2)通过联合国努力加强裁军和控制军备,强烈呼吁防止核扩散;

(3)积极发挥亚洲与欧美之间的桥梁作用,努力解决亚洲的南北问题;

(4)特别是对中国政策(中共与国府)是"最重要的外交政策",要从根本上进行重新研讨;

(5)推进经济外交。[②]

并且,"对中国政策"与"冲绳问题"分别专门设置栏目。特别是对华政策,"S工作组"从始至终进行了讨论,一致认为有必要改变日本的中国政策,在池田内阁找不到解决方向的情况下,这将成为下届政权最大的课题。由此可以看出,佐藤之所以提出"政经不可分"论的背景。然而,

---

① 楠田实编:《佐藤政权2797天》上卷,行政问题研究所1983年,第46—47页。
② 楠田实编:《佐藤政权2797天》上卷,第58页。

工作组也一致认为这个问题不是日本单独能够解决的，问题在于改变的过程该当如何。这亦预示了佐藤上台后对华政策"突变"背后国际环境因素的重要性。该报告书的"对中国政策"内容如下：

"当前基本方针：

希望中共采取和平共存的路线，以政经分离为原则，在经济、文化、交通、记者、人员交流等所有可能的领域，加深中日之间的接触。

以进出口银行融资的形式满怀信心地推进与中共的经济合作。对中共不采取封锁政策。

对于国民政府，为了台湾的民生稳定，积极推进经济合作。

将来的方向：

若没有实际控制中国本土并代表 7 亿人民的中共政府加入到国际社会，就不会实现真正的裁军和国际经济关系的调整。基于这一立场，希望中共政府能够早日加入国际社会。

中美关系的调整对亚洲和平与发展具有重大意义。为中美关系的改善及其正常化，日本要做好准备，可以发挥桥梁作用。

向中国呼吁在亚洲设立无核区。"①

从上述内容可以看出，佐藤欲在继承池田路线的基础上，进一步推进经济关系，同时寻求改善"政治"以及安全关系，表现出比池田上台时更为积极的发展中日关系的意愿。同年 7 月，佐藤竞选总裁失败后，仍继续通过本派议员久野忠治与中方的廖承志协商，双方共同策划于当年 11 月在缅甸首都仰光安排周恩来与佐藤举行会谈。廖承志对久野忠治说："佐藤同意政经不可分原则，日本今后的对华政策将会是向前看的方针吧。"②因此，中方对未来的佐藤政权抱有很大期望。

① 楠田实编：《佐藤政权 2797 天》上卷，行政问题研究所 1983 年，第 59 页。
② 田川诚一：《中日交流与自民党的领袖们》，读卖新闻社 1983 年，第 32 页。

二、消极的"慎重对应论"

1964 年 10 月,池田罹患癌症,无奈辞去首相职务。佐藤自己也没料到在参选总裁失败后 4 个月,居然接替池田出任首相。11 月 9 彐,佐藤组阁上台。如同日本政局的骤变一样,当佐藤得到政权后,他的对华态度业已"悄然"中发生了变化,由此前的积极的"向前看"逐渐转变为消极的"慎重论"。

佐藤在组阁当天的首相讲话中表示:"自民党的现代化、纠正社会发展弊病、稳定物价、制订以日韩问题、中共问题为中心的外交政策等,内外问题堆积如山,需要按照国民的意愿,运用其聪明才智,首先去解决这些问题。……外交上,面对变动的国际形势,我要向国内外明确表明,推行和平共存的外交。"①翌日,佐藤在记者招待会上表示要继承"池田路线",虽表现出重视中共的姿态,强调了不受"恩义论"约束的主张,但实际上也流露出了佐藤固有的"两个中国论"认识。其发言内容如下:

"中共问题是日本当前外交的基本问题,也是赋予佐藤内阁的重要问题。……(然而)中共存在很大问题。中国有两个国家,但双方都坚持说'只有一个中国',此际外国能说有'两个中国'吗,那是干涉内政吧。

幸运还是不幸呢,日本与国民政府签署了媾和条约。(但是)我并不认为蒋总统在战争结束时表示的好意能够约束日本国民的走向。非常感谢蒋总统,但不能以这样的感情论来处理该问题。"②

11 月 21 日,佐藤在第 47 届国会的施政方针演说中,明确了日本政府当前的方针。他指出:

"日本政府以往与中华民国政府之间保持着正式外交关系,与中国大陆以政经分离为原则,在民间层次上进行着贸易等方面事实上的接触。我认为,即使是中共进行了核试验的现在,这一基本方针也没有改

① 楠田实编:《佐藤政权 2797 天》上卷,行政问题研究所 1983 年,第 41 页。
②《朝日新闻》,1964 年 11 月 10 日晚报,第 1 版。

71

变,而且必须说中国问题的重要性进一步增强。今后,我要视国际形势的推移,慎重、严肃地处理该问题。"①

由此可见,尽管佐藤强调中国问题的重要性增加,但是并没有提出积极处理中国问题的思路,反而是由上台前主张的"政经不可分",退回到"政经分离"的老路上,在政治和经济方面均表现出慎重、消极的姿态。

于是,10月20日,日本政府拒绝了彭真代表团入境。佐藤解释为,这是基于"政经分离原则"做出的判断。② 在台湾问题上,佐藤的认识与池田同样,在口头上说着"一个中国论",而实际上在推进着"两个中国"的政策。在同年12月初召开的第19届联大上,日本追随美国,继续以"重要问题"的方式反对中国加入联合国。佐藤不愿意承认台湾归属的事实,也不愿看到因中国恢复联合国合法席位而驱逐台湾的结果。他在国会答辩中强调:

"日本的立场,能明确表示的是,在旧金山和约中放弃了台湾、澎湖列岛的领土权,这一点是清楚的。这是条约义务,说明了那种情况。至于其他的,我们不应说什么。"③

"迄今为止所谓中国只有一个,实际上有两个政权,而且日本与国民政府缔结了条约,因此,承认中共而立即驱逐国府的形式,无论如何难以接受。并且,若说难以接受,这本身就具有非常重大的意义。这种意义上,日本的态度不得不慎重。"④

佐藤首次访美后,日方对华态度变得更加审慎。1965年1月12—13日,佐藤与美国总统约翰逊进行了首脑会晤。会谈中佐藤指出:"关于中国问题,重要的是不能把国府从联合国驱逐出去,那样的话中共就不会加入。"⑤但是,他在与美国国务卿腊斯克的会谈中,亦表明了对现有对

① 石川忠雄、中岛岭雄、池井优编:《战后史料 中日关系》,日本评论社1970年,第330页。
② 第47届国会众议院会议录第4号,1964年11月24日,国会会议录检索系统。
③ 第47届国会参议院预算委员会会议录第3号,1964年12月9日,国会会议录检索系统。
④ 第47届国会众议院外务委员会会议录第3号,1964年12月17日,国会会议录检索系统。
⑤《第一次约翰逊总统·佐藤首相会谈要旨》,外务省外交史料馆,CD号1,编号01—535—1。

策的担心。佐藤指出：

"中国问题已经进入一个微妙的阶段。日本的立场，至少本届联大上尽力防止驱逐国府。然而，支持北京的国家一直增加，可支持国府的国家不断减少。我担心日本支持的美国这个立场，将会超过预想而很快崩溃。……若中国加入联合国，与其建交的国家增加，日本国内要求政府承认中共的压力，就会变得相当强烈而难以控制。我本人想尽量将这种事态往后拖。"①

言外之意，就是如日本外相椎名悦三郎在 1964 年 12 月 3 日赴美参加联大时对腊斯克讲的那样，"一旦世界上多数国家承认中共加入联合国，日本国内舆论也将难以控制，无论如何我国也将采取同样态度"②。佐藤虽反对驱逐台湾，但也将根据今后的国际形势处理中国问题。

对待中国大陆的问题上，佐藤对约翰逊表示："日本有必要与中共开展贸易。苏联已大体稳当些了，可是中共还不行，当前中共问题是个棘手的问题。"③约翰逊则"强调美国坚决支持中华民国的政策，认为中共对邻国的好战政策以及扩张主义压力威胁了亚洲和平，对此深表忧虑"④。进而，佐藤在日美协会等团体主办的晚餐会上，附和了美方的论调，强调了"中国威胁"。他说：

"对于中国的侵略倾向，我们与美国同样抱有不安之感，甚至恐怕还超过美国。由于中国最近进行了核试验，我们对中国政府政策的不安进一步增强。……我们十分理解并同意美国防止中国军事进入邻近地区的政策。"⑤

① Memorandum of Conversation，January 11—14，1965. DCD 1999，no. 3244. 转引自池田直隆著《日美关系与"两个中国"》，木铎社 2004 年，第 176 页。
②《椎名大臣·腊斯克国务卿会谈记录》，1964 年 12 月 8 日，《椎名外务大臣访美关系一件》，外务省外交史料馆，缩微胶卷 A'0362。
③《第一次约翰逊总统·佐藤首相会谈要旨》，外务省外交史料馆，CD 号 1，编号 01—535—1。
④《日美共同声明》（佐藤·约翰逊），1965 年 1 月 13 日。石川忠雄、中岛岭雄、池井优编：《战后史料 中日关系》，日本评论社 1970 年，第 337 页。
⑤《朝日新闻》，1965 年 1 月 15 日晚刊，第 1 版。

　　此外,就中国成功试爆核武器等情况,佐藤与美方交换了有关信息,要求美方为日本提供"核保护伞"。1月12日,佐藤在日记中写道,他认真"听取了CIA(美国中央情报局——笔者)约一个半小时的说明。这些都是U2高空侦察机以及卫星拍摄的照片。出乎意料,照得非常清楚。有关人员就苏联、中共的地上设施,进行了详细说明。实在让人震惊"①。在同日与约翰逊的会谈中,佐藤说:"尽管中共(中国)进行了核武装,但是日本不进行核武装,就是要依靠与美国的安全条约,希望美国始终能够保证保护日本。"约翰逊当即表示,"我可以保证"②。翌日,佐藤与美国国防部长麦克纳马拉会谈时进一步表示,一旦日本与中国发生战争时,"期待美国立即进行核报复"。

　　鉴于国际社会动荡的形势,佐藤对美声明,将继续与台湾维持正式外交关系,坚持"政经分离"原则下与大陆开展民间贸易的基本政策。佐藤的对华政策实际上采取了维持现状、静观待变的态度。正如其在访美回国后的1月25日的新年国会施政方针演说中所言:

　　"毋庸多言,在当今国际政治中,中国问题具有极大的重要性。特别是中国,历史上也好,地理上也好,对于我国,该问题影响巨大、非常重要。因此,我相信,作为我国,不能胡乱地急于下结论,应从自主的观点上慎重对应。"③

　　在"静观"大陆的同时,佐藤强化了与台湾的关系。随着日立造船向中国大陆出口货船契约生效期限的临近,是否使用日本进出口银行融资,即是否受"吉田书简"约束的问题摆在佐藤内阁面前。1965年2月6日,官房长官桥本登美三郎对记者表明:"不能以进出口银行融资进行延期付款的形式对中共出口的'吉田书简',与佐藤内阁无关。"④对此,5日刚刚会见过"国府魏大使"的佐藤,则认为"无视吉田书简的问题,报纸上

① 伊藤隆监修、佐藤荣作:《佐藤荣作日记》第2卷,朝日新闻社1998年,第223页。
②《每日新闻》,2008年12月22日早刊,第6版。
③ 第48届国会众议院会议录第4号,1965年1月25日,国会会议录检索系统。
④《日本经济新闻》,1965年2月7日。

姑且不论,不要激怒台湾为好。"①于是,佐藤在 2 月 8 日国会答辩中否定了桥本的说法,认为:吉田书简"不是直接的,但还是有约束","国民政府方面对此抱有期待,这样的事实,我们不得不承认"。② 此后 4 月,日本决定对台湾提供 1 亿 5 千万美元的贷款。

进而,佐藤政府积极准备配合美国的亚洲政策,以抑制中国影响的扩大。1965 年 6 月 22 日,日本与韩国在东京正式签署《日韩基本条约》,建立外交关系,形成以《日美安全条约》为轴心的所谓"日韩命运共同体"。8 月 27 日,佐藤对访日的美国原副总统尼克松说,"日本对印度尼西亚,以及对老挝、柬埔寨的政策是,防止这些国家百分之百地纳入中共的体系"③。

佐藤不赞同美国的对华全面封锁政策,而是在"政经分离"的原则下,贯彻了"遏制与接触"的思想,即在经济上控制与中国大陆的大型设备交易,只维持一般程度的贸易外,也在政治上寻求保持一定的接触。如前所述,原准备的佐藤与周恩来在缅甸会晤的计划,因国内外形势的变化取消后,翌年的 1965 年 4 月 17—19 日,印尼首都雅加达召开亚非会议十周年纪念大会之际,佐藤派自民党副总裁川岛正次郎与周恩来举行了会谈。日方提议两国政府通过驻瑞士总领事进行接触的建议,周恩来则主张由更高一级的外交人员(外务大臣、总理)进行接触。并且,周恩来就中日关系提出了三点意见:"(1)我们还要看一看。(2)日本政府对台湾表现友好,敌视新中国,我们随时都可以批评。(3)我们对中日关系仍然寄予希望,不是绝望。……在促进中日关系方面,我们一向是采取主动的。"④就本次会谈,佐藤认为:"取得了一定成果。"⑤川岛回国向佐

---

① 伊藤隆监修、佐藤荣作:《佐藤荣作日记》第 2 卷,朝日新闻社 1998 年,第 235 页。
② 第 48 届国会众议院预算委员会会议录第 8 号,1965 年 2 月 8 日,国会会议录检索系统。
③ 北美局:《佐藤首相·尼克松前副总统会谈要旨》,1965 年 8 月 27 日,外务省外交史料馆。
④ 中共中央文献研究室编:《周恩来年谱(1949—1976)》中卷,中央文献出版社 1997 年,第 725—726 页。
⑤ 伊藤隆监修、佐藤荣作:《佐藤荣作日记》第 2 卷,朝日新闻社 1998 年,第 265 页。

藤汇报后,佐藤主张:"首先没做什么本身就是成功。"①

此外,尽管佐藤本人不太积极,但还是通过自民党亲华派中的宇都宫德马、藤山爱一郎和松村谦三等人与中国保持着沟通渠道,并且还主张日本可以在中美之间发挥"桥梁作用"。1966年1月6日,在松村谦三准备访华之前,佐藤在日记中写道:

"因为能够和中共对话的只有松村了,我拜托,希望他为了亚洲的和平、国际社会的和平,主动发挥作用。"②

"(翌日)会见了哈里曼,听取了美方关于和平工作的汇报,进而,就美国对中共的态度交换了意见;此外还阐明了松村谦三的桥梁论,以及有关行动的情况。哈里曼很感兴趣,表示可以和松村先生见见面。因此,和松村先生多方联系,可是还是担心产生误解,哈里曼和松村会面一事只好作罢。"③

"文化大革命"全面爆发后,1966年8月,在佐藤的指示下,原外相小坂善太郎、原通产相福田一、原厚生相古井喜实、原防卫厅长官江崎真澄等8人组成的自民党议员访华代表团访问了中国。在中日无邦交时代,这种规模的访华团本身就有着重要的象征意义。佐藤在国会上曾指出:

"所谓文化大革命,这是中国的内政,我们不能说什么。作为日本首相,需要慎重,严戒妄加批评。……衷心希望邻国早日恢复平静,……走上繁荣之路。"④

"文化大革命的趋势难以预测。因中共的动向对亚洲以及世界和平有重要影响,所以我们要充分用心、密切关注事态发展。政府遵照过去方针,在政经分离原则下慎重对应。"⑤

由此可见,当时的情况下,佐藤只是希望政治上双方保持一定接触,

---

① 伊藤隆监修、佐藤荣作:《佐藤荣作日记》第2卷,朝日新闻社1998年,第267页。
② 伊藤隆监修、佐藤荣作:《佐藤荣作日记》第2卷,第364—365页。
③ 伊藤隆监修、佐藤荣作:《佐藤荣作日记》第2卷,第365页。
④ 第55届国会众议院预算委员会会议录第15号,1967年4月27日,国会会议录检索系统。
⑤ 第55届国会众议院会议录第3号,1967年3月14日,国会会议录检索系统。

贸易上进行适当交易，而不愿深入发展两国关系。中日双方在"静观"与"看一看"的情况下，两国关系没有取得进一步的发展。

佐藤的对华认识之所以由"向前看"的积极姿态转变为慎重的消极，原因出自国内外多方面，最主要的是包括美国、中国在内的国际环境发生了重大改变。

首先，越南战争的升级和美国东亚战略的调整，是促使佐藤改变对华态度的最重要原因。佐藤上台前的 1964 年 8 月，北部湾事件（亦称东京湾事件）爆发，越南战争全面升级，约翰逊政府决定大规模介入越战。围绕越南问题，中美对立加剧。在肯尼迪政府时期，日本只要坚持日美安全条约，政治上承认台湾、拥护美国关于联合国"重要问题"议案，美国就一定程度上容忍了日本在"巴统协议"下与中国发展贸易的事实。然而此时，坚定的冷战斗士、"多米诺骨牌"效应的忠实信奉者约翰逊，积极要求日本代替美国部分承担地区的"责任"，援助东亚有关国家，共同维护"自由阵营"的稳定，极力反对日本任何与中国改善关系的行动。因此，佐藤不得不就此协调与美国的立场，他在 1965 年 1 月访美回国后的施政方针演说中表明，就中国问题"要根据今后形势的重要变化，经常与美国紧密地联络和协商"。此际，佐藤没有全面附和美国，但也不可能冒着损害日美关系的风险，主动去改善中日关系了。

1965 年 2 月 7 日，美军正式对北越实施大规模轰炸，越战进一步扩大。翌日，佐藤之所以否定官房长官桥本关于"吉田书简"的发言，应该说与当时形势密切相关。他在当天的日记中写道："昨天美国在越南开始大规模轰炸，而且，官房长官旧事重提，吉田书简成为问题。"[1]尽管佐藤在当天国会上说"在哪里也没有说过支持美军行动的话"，但是对"吉田书简"的表态，可以说本身也是对美方的一个回应。因为佐藤已经在美国亲口表明"十分理解并同意美国防止中国军事进入邻近地区的政策"，并且同意"为了实现世界上发展中国家的政治稳定，……要对这些

---

① 伊藤隆监修、佐藤荣作：《佐藤荣作日记》第 2 卷，朝日新闻社 1998 年，236 页。

发展中国家进一步加强经济合作","特别是对亚洲的开发和技术援助方面,日本作用增大,相当关心"。① 这也是继"吉田书简"表态后,佐藤对台湾首次提供贷款的重要背景。

其次,中国原子弹试爆成功和"文化大革命"的发生,也是造成佐藤对华转为消极的主要原因之一。中国核爆成功,对日本等西方国家造成了严重的心理冲击。尽管周恩来总理1964年10月17日致电池田首相,表明了中方"全面禁止和彻底销毁核武器"的立场,然而接替池田上台的佐藤,在11月21日首次施政方针演说中还是指责中方"无视世界趋势",以所谓"日本国民的名义,不能不表示衷心遗憾"。如日本学者所述,比起对中国核导弹开发"能力"的顾虑,佐藤首相更担心威胁日本安全的"意图",好像感到过度的恐怖。摆脱这种恐怖的唯一方法就是获得美国的"核保护伞"(扩大的核遏制),所以佐藤首先要重视对美协调。②

佐藤在要求美国承诺提供"核保护伞"的同时,也考虑从经济上"遏制"中国大陆,至少其认为为了延滞中国核导弹的开发,一定程度的技术、经济封锁是必要的。这可以说也是佐藤取消进出口银行融资以及出口对华成套设备的一个原因。他甚至一度主张,"数年前我就对哈里曼大使说过,如果加拿大、澳大利亚等国不向中共出售小麦的话,现在的中共政权可能很快就会崩溃,即使现在那种想法都没变。"③佐藤已经失去了进一步扩大对华贸易的意愿。

1966年中国正式发动"文化大革命",内政陷入混乱,外交工作也受到严重影响,实际上处于半停顿状态,其中一些对日工作的主要领导相继受到迫害。廖承志被无中生有地说成是"日本特务"而"被打倒",孙平化等自然成了"爪牙",进了"学习班"后又被下放。④ 直到1971年8月,

---

① 《日美共同声明》(佐藤·约翰逊),1965年1月13日。石川忠雄、中岛岭雄、池井优编:《战后史料 中日关系》,日本评论社1970年,第337页。
② 波多野澄雄编著:《池田·佐藤政权时期的日本外交》,密涅瓦书房2004年,第12页。
③ 北美局:《总理·腊斯克午餐会之际会谈要旨》,1966年12月6日,外务省外交史料馆,缩微胶卷A'423。
④ 孙平化:《我的履历书》,世界知识出版社1998年,第80—81页。

中日邦交正常化提上议程,中方组织赴日代表团参加松村谦三葬礼时才发现,有关同志对日本情况一问三不知。连续来访的藤山爱一郎、黑田寿男等日本朋友都强烈希望会见老朋友廖承志时,廖承志才终于被"解放"出来。当日本国际贸易促进协会关西本部专务理事木村一三看到头发全白、身躯消瘦的廖承志时,激动地猛扑向廖承志怀中,大声哭泣。[1]而中国国际贸易促进委员会主席南汉宸因与佐藤接触过,在"文革"爆发后遭到残酷迫害,被诬为"向日本出卖祖国的卖国贼",1967年1月含冤去世。得悉此事后的佐藤说:"……完全不知道南先生遭此悲运,衷心表示哀悼,也表示抱歉。"这话传到北京后,据说周恩来总理说:"是吗,佐藤那样说了,对南汉宸道歉啦。"[2]

再则,自民党内亲台派的压力,也是促使佐藤对华态度转为消极的一个重要因素。佐藤主政后,稳固政权无疑是第一要务。1965年1月的时候,在支持佐藤内阁的主流派五派(佐藤、岸/福田、石井、川岛、三木)中的成员,占了亲台组织"亚洲问题研究会"中的63%,另一方面亲华派的组织"亚非问题研究会"的77%,来自非主流派系的议员。到1966年7月,这一比例分别扩大为67%和86%,而且"亚洲问题研究会"的成员逐渐增加,而后者"亚非问题研究会"的成员却逐渐减少。[3] 佐藤决定对台提供贷款,最初就是吉田茂的建议。佐藤否定桥本的说法,维持"吉田书简"的所谓约束力,同样是面对来自岸信介、贺屋兴宣等亲台派的压力,综合权衡各方情况后的结果。

三、倒退的"和平共存论"

面对越战的扩大和中国"文革"时期强硬的"革命外交",佐藤奉行了

---

[1] 作者采访接待木村一三访华的周齐的笔记。参见吴学文、王俊彦著《廖承志与日本》,中共党史出版社2007年,第364页。
[2] 浅利庆太:《时光之中——剧团四季主宰者的战后史》,文艺春秋2004年,第67页。
[3] 添谷芳秀:《日本外交与中国:1945—1972》,庆应通信株式会社1995年,第116—117页。

"等待的政治",在"不作为"的"和平共存论"的指导下,与中国保持了一定接触,没有主动去改善双边关系,取而代之的是强化了与"自由阵营"国家与地区的关系,积极介入亚洲地区事务。佐藤"搁置"中国问题的目的,也是为了全力去解决另一个重要的政策课题"冲绳问题"。

以 1967 年佐藤访台为标志,中日关系进一步恶化,迎来了真正的"严冬"。佐藤专程访问台湾,这是继岸信介之后、时隔 10 年第二位日本首相访台。9 月 8 日,佐藤与蒋介石举行了会谈。就蒋介石的谈话内容,佐藤归结为三点:"(1) 两个中国论是错误的。(2) 否定中共;反攻大陆纯属中国内政问题,他国不用参与。(3) 眼下大混乱乃反攻大陆之良机。"①佐藤始终扮演了一个倾听者的角色,并没有具体言及对中国的政策,重申了日本以往的主张:"关于中共问题,日本现今在政经分离原则下,只是友好商社以及特定方面,与中共从事贸易。了解中国的实际状况比较困难。"②只是,翌日在送别的车上和机场,佐藤就反攻大陆一事,分别对当时的台湾外交部长魏道明和秘书长张群表明:"贵方意思,我去美国后将详细转告,可是请转告蒋总统,万望慎之又慎。"③在同日发表的"佐藤·严家淦共同声明"中,也只是强调了共同维护世界和平与地区繁荣的必要性和进一步发展多方合作的意向,应该说佐藤出于维持大陆与台湾两边的平衡,亦避免涉及具体内容,以免过分刺激中国大陆。

其实,佐藤在访台之前的记者招待会上就已经打了"预防针",他言称:

"日本的方针是,不仅与自由主义各国交往,与共产主义国家同样也要交往。与北朝鲜也正在进行实际的交往。与中国之间也一样,没有相互合作就没有亚洲的和平。这是我基本的想法。好像有看法认为,此去国府是加强反共路线,这是错误的,日本的外交路线始终是共存路线,也

---

① 伊藤隆监修、佐藤荣作:《佐藤荣作日记》第 3 卷,朝日新闻社 1998 年,第 132 页。
② 中国科:《佐藤·蒋介石会谈议事录》,1967 年 9 月 12 日,《佐藤首相访问中华民国(1967 年 9 月)》第 2 卷,外务省外交史料馆,缩微胶卷 A'0389。
③ 伊藤隆监修、佐藤荣作:《佐藤荣作日记》第 3 卷,朝日新闻社 1998 年,第 131—132 页。

希望中国知道这一点。"①

随后同年10月佐藤访问东南亚,在与印尼代理总统苏哈托会谈时也指出:"最近对北京方面有些棘手,不过不要关闭大门,即注意要防止孤立中国","总之,必须共存,共产主义也没关系。一国的意识形态是该国民族决定的。"②

佐藤的访台,遭到中国的强烈抗议。中方声明中认为"这是与7亿中国人民为敌的严重的政治挑衅,是直接干涉中华人民共和国内政的重大罪行"③。为此,中国外交部新闻司负责人9月10日宣布《每日新闻》、《产经新闻》和《东京新闻》三家报社的三名驻京记者在限期内离开中国。新闻司负责人又指出:"上述三家报社和它们的驻京记者一直替反动的佐藤政府反共反华反人民的罪恶勾当摇旗呐喊,甚至不顾我们提出的严重警告,多次在报上刊登通讯和漫画,肆无忌惮地诬蔑我国文化大革命,歪曲报道我国国内的情况,进行反华活动。特别令人不能容忍的是,他们竟然恶毒地把矛头指向全世界人民心中最红最红的红太阳我们最敬爱的伟大领袖毛主席。中国人民对此表示万分愤慨。"④佐藤却认为"这是相当严重地压制言论的措施。真是个不好对付的伙伴"⑤。

此时,佐藤为何冒着严重恶化中日关系的风险访问台湾呢?最主要的原因在于佐藤欲改变日本外交的重点努力方向,即在解决了佐藤内阁的三大外交政策课题之一"韩国问题"之后,"中国问题"继续被搁置,而"冲绳问题"则提上了议事日程,成为佐藤内阁最重要的课题。

佐藤访台的潜台词是希望台湾同意或默认日本收回冲绳。因为台湾的中华民国政府从未正式承认过冲绳归属日本,而且,在台湾盘踞着一些从事冲绳独立运动的活动家。佐藤为了顺利收回冲绳,期望台湾的

---

① 楠田实编:《佐藤政权2797天》上卷,行政问题研究所1983年,第221页。
② 伊藤隆监修、佐藤荣作:《佐藤荣作日记》第3卷,第150页。
③《廖承志办事处驻东京联络事务所抗议声明》,1967年9月8日。田桓主编:《战后中日关系文献集:1945—1970》,中国社会科学出版社1996年,第874页。
④ 田桓主编:《战后中日关系文献集1945—1970》,中国社会科学出版社1996年版,第880页。
⑤ 伊藤隆监修、佐藤荣作:《佐藤荣作日记》第3卷,第132页。

国民政府默认这一事实,或者至少停留在口头的抗议上。① 据佐藤的秘书官楠田实所述,在与蒋介石的会谈中,佐藤提出了冲绳问题。他表明从安全的角度该问题也是必须研究的问题,既是日本的问题,而且也是国府的问题、远东的问题。对此蒋介石总统反应如何,不大清楚。但是,"其后从佐藤首相步调丝毫不乱的状况来看,可以认为关于冲绳的归属问题是在极其友好的背景下解决的"②。实际上,据当时美国国务院的文件显示,对于佐藤希望收归冲绳的要求,蒋介石则表示:"日本和整个亚洲的安全都依赖这些冲绳基地,故而在安全问题解决之前,移交冲绳应该延期。"③在佐藤看来,为了收归冲绳,不可或缺的前提是必须维持与美国和台湾的友好关系。也就是,结果看到的佐藤重视台湾,鼓吹日台友好的一幕。正如佐藤的好友,也是佐藤智囊之一的东京大学教授卫藤沈吉所言,"佐藤的台湾访问,正是为了返还冲绳的谈判默默地做着准备"④。

佐藤在访问台湾、东南亚和大洋洲各国后,于 1967 年 11 月 14—15 日访问美国,与约翰逊总统进行了首脑会谈,重点讨论了冲绳问题。同时,佐藤"鉴于中共核开发的推进",再次确认了美国的核保护伞,并且指出"中共的存在,对东南亚有威胁",表明了将在力所能及的基础上,对美国的越南政策以及亚洲政策予以合作的方针。⑤ 在 15 日发表的《日美共同声明》中,明确提出了所谓的"中共的威胁",日本追随美国,显示了"敌视中国"的态度。其中一个重要原因,就是佐藤欲凭借对美支持与合作,以换取美国在收归冲绳问题上的让步。该声明指出:

---

① 卫藤沈吉:《卫藤沈吉著作集第 10 卷 佐藤荣作》,东方书店 2003 年,第 176 页。
② 楠田实编:《佐藤政权 2797 天》上卷,行政问题研究所 1983 年,第 224 页。
③ Call by Chinese Ambassador Chou Shu-Kai, Wednesday, November 8 at 3:00 p. m. BRIEFING MEMORANDUMM. Thomas A. Ainsworth to Mr. Bundy. November 7, 1967. LotFile 72D145, Box6, RG59, N. A. 转引池田直隆著《日美关系与"两个中国"》,木铎社 2004 年,第 199 页。
④ 卫藤沈吉:《卫藤沈吉著作集第 10 卷 佐藤荣作》,东方书店 2003 年,第 176 页。
⑤《佐藤首相·约翰逊总统会谈录(第一次会谈)》,《佐藤首相访美(1967 年 11 月)》,外务省外交史料馆,CD1,编号 01—534—1。

"（佐藤）首相和（约翰逊）总统，就最近的国际形势尤其是远东事态的发展，坦率地交换了意见。双方注意到中共正在开发核武器的事实，一致认为让亚洲各国不受中共的威胁影响是重要的。首相和总统还一致认为，中共最终将采取何种对外姿态，现在尚难预料，为了促进亚洲地区的政治稳定和经济繁荣，自由主义各国继续合作十分重要。进而，双方希望，从亚洲持久和平的立场出发，中共应抛弃现在的不妥协态度，谋求与国际社会的共存共荣。"①

佐藤的态度，遭到中方的强烈反对。中方指出这是"策划了共同反对中国、进一步扩大侵越战争、向东南亚推行新殖民主义和镇压亚洲革命的罪恶阴谋。"②为期5年的LT贸易到期后，变为年度贸易协议。中国坚持政治问题是贸易谈判的前提条件，在1968年3月6日双方发表的《中日备忘录贸易会谈公报》中，共同确认了"政治三原则"和"政经不可分"原则。同月31日，美国总统约翰逊宣布将不参加下任总统选举，并将部分停止轰炸北越。然而，佐藤政府在4月2日的内阁决议中仍表明："（1）欢迎和平提案；（2）外交基本方针不变；（3）灵活对待中国问题，但当前，政经分离的基本原则不变。"③尽管佐藤在施政方针演说中清楚地指出："最近国际形势，正迎来新的局面……据说中共的文化大革命也进入收场阶段。为了缓和国际紧张局势，我们期待中共拿出灵活的态度"④，但佐藤却"言行不一"，在"当前最大的外交问题是冲绳复归祖国"的情况下，紧密追随美国，以求顺利收回冲绳。

于是，1969年11月16日访问美国的佐藤，在21日与美国总统尼克松发表《日美联合公报》。公报第四项表明，日本要配合美国，积极介入

---

① 外务省：《我国外交近况》第12号，1968年版，第22—26页。
② 《美日会谈的罪恶阴谋》，《人民日报》1967年11月21日。田桓主编：《战后中日关系文献集：1945—1970》，中国社会科学出版社1996年，第885—886页。
③ 楠田实：《楠田实日记——佐藤荣作首相首席秘书官的2000天》，中央公论新社2001年，第195页。
④ 第60届国会众议院大会施政方针演说，众议院会议录第2号，1968年12月11日。国会会议录检索系统。

亚洲的紧张局势。其内容要点是：

"佐藤首相认为，韩国的安全对于日本安全至关重要。首相和总统一致期待，中共在对外关系上采取更加协调、建设性的态度。佐藤首相认为，台湾地区的和平与安全对日本安全也是极其重要的因素。双方强烈希望在冲绳施政权返还日本前，越南战争能够结束；万一不能，根据形势充分协商。佐藤首相表明，为了印度支那地区的安定，日本要谋求能够发挥的作用。"[①]

当天，佐藤在全国新闻记者俱乐部发表的演说中，表明对中国"门户开放"的立场的同时，也解释性地重申了公报中有关台湾的内容。

日方的行动严重恶化了中日关系，双方对立达到了顶点。中方严厉地批评了佐藤的言行，认为日本"已被启用充当亚洲宪兵的角色"，"经济实力已经膨胀起来的日本垄断资本集团，妄图以美帝为靠山，加速复活军国主义，大肆进行侵略扩张，在亚洲重建它的殖民势力范围，重温'大东亚共荣圈'的迷梦。"[②]在 1970 年 4 月 19 日签署的《中日备忘录贸易会谈公报》中，亦严厉谴责了日本"军国主义的复活"和"对中国内政的干涉"。同年 4 月 15 日，周恩来提出"对日贸易四原则"，限制与台湾、韩国、美国等有关系的日本公司做贸易。对此，佐藤在 4 月 23 日众议院内阁委员会以及 4 月 28 日的自民党声明中，驳斥了中方有关"日本军国主义复活"的言论，重申了日本对台湾不能不表示关心的看法，而且认为中国核武装是"严重的威胁"。[③]

四、片面的"中日复交论"

在韩国问题解决，冲绳问题达成基本协议后，可以说中国问题成为佐藤必须面对的一个悬而未决的重大外交问题。进入 20 世纪 70 年代，

---

① 外务省：《我国外交近况》第 14 号，1970 年版，第 309—403 页。
②《美日反对派的罪恶阴谋》，《人民日报》1969 年 11 月 28 日。
③ 第 63 届国会众议院内阁委员会会议录第 18 号，1970 年 4 月 23 日，国会会议录检索系统。

在内外形势改变的情况下,佐藤在维持着"慎重"姿态的同时,不得不"被动"地提出"中日复交论",甚至不时表现出迫切改善中日关系的意愿,尝试着探寻中日复交的可行性途径。

访美归国后的佐藤,从 1969 年底开始,多个场合下就改善中日关系发表了看似积极的看法。12 月 13 日,他在大分市主张:"关于中日友好关系问题,也许通过对话会取得意外的进展。会谈的地点可按中国认为合适的地点而定,会谈的时间越早越好。"当月 24 日在水户市又表示:"改善日中关系,是双方需要努力的问题,但是,日本方面首先需要作出努力。目前,可以考虑,如在日本谈不便,可以研究把日本在外公馆作为会谈地点。"①

在国会上佐藤也多次释放了"友好"的信号。1970 年 2 月 14 日,佐藤在第 63 届国会施政方针演说中首次使用了"北京政府"一词。他指出:

"期待北京政府在对外关系上采取更具协调性和建设性的态度,在相互理解、相互尊重彼此立场和现实国际环境的基础上,增进友好关系,从经济、文化、新闻报道等方面渐进积累,促进中日间的交流与接触。"②

在 1971 年 1 月 22 日的国会施政方针演说中,佐藤第一次使用了"中华人民共和国"的称呼。他表明:

"我国与中国,历史上、地理上联系密切,国家利益紧密相关,同时亦是与远东长期和平以及缓和紧张关系相关的重要问题,因此需要特别慎重地对待。

中国问题最大的难点,在于台北的中华民国政府和北京的中华人民共和国政府都主张自己是代表全中国的正统政府。

我国自 1952 年与中华民国政府缔结日台和平条约以来,诚挚地维持着友好亲善的关系。

---

① 田桓主编:《战后中日关系文献集 1945—1970》,中国社会科学出版社 1996 年,第906 页。
② 第 63 届国会众议院大会会议录第 3 号,1970 年 2 月 14 日,国会会议录检索系统。

另一方面,我国与中国大陆积极地进行交流,期盼改善双边关系。稳定中日友好关系的根本,无须说是中日两个民族的相互理解。作为政府,从长期的立场出发,为了消除我国与中国大陆之间的非正常状态,强烈希望与中华人民共和国政府之间进行政府间的各种接触,而且,希望促进民间贸易、顺利进行记者交换等,扩大各方面的交流。同时,期待中华人民共和国政府方面也与此呼应,做出努力。"①

7月16日,美国总统尼克松将应邀访华的"尼克松冲击"发生后,翌日,佐藤在第66届国会的施政方针演说中,对中美关系的改善表示欢迎的同时,仍坚持着过去的立场,停留在所谓的民间交流和政府对话上,显示出慎重的态度。他首先强调指出:

"毋庸置言,对于我国,维持、增进与韩国、中华民国等近邻各国的友好亲善关系是重要的。特别是,中国问题是70年代我国外交中最大的课题。日本政府基于中华人民共和国的动向对缓和远东紧张局势有着重大影响的认识,慎重地谋求改善中日双边关系。为此,尊重相互立场,通过各方面对话加深理解至关重要。此次中美间对话的进展,美国总统尼克松将访问北京的举动,有利于缓和世界、特别是亚洲的紧张局势,我们对此表示欢迎。中日之间,最近也看到各种交流活动活跃的迹象,强烈期待这能发展为政府间的对话。"②

与此同时,佐藤政府也通过外交官、亲华派人士等渠道进行私下沟通,寻求改善中日关系的出路。日本驻香港总领事冈田晃就是其中的一位。1971年9月11日,佐藤召见冈田。冈田力陈自己的"中国政策",认为"中国加入联合国,今年秋必定会实现。在尼克松访华后,从国内外的形势来看,日本与中国不实现邦交正常化已经不行了。因此,日本本年应尊重承认中国联合国代表权问题的决议,不提出阻止驱逐台湾的逆重要问题方案,弃权阿尔巴尼亚提案,积极发挥中介作用,提议联合国内北

---

① 第65届国会众议院大会会议录第2号,1971年1月22日,国会会议录检索系统。
② 第66届国会众议院大会会议录第3号,1971年7月17日,国会会议录检索系统。

京与台湾实行统一。"①佐藤听后表示：

"你说的或许是对的。作为个人，我原则上同意你的看法，然而，作为自民党总裁、作为日本政府首相，现在立即实行你的方案，日本国内政治不允许，党内也通不过。自己今天作为日本政府总理，能够最大限度说的，如下所示：

（1）作为本人，我也承认台湾是中国领土的一部分、一个省。

（2）不反对中国加入联合国。

（3）中国应该停止干涉日本国内政治。

（4）台湾的联合国席位是过渡性的，但不赞成今年立即驱逐蒋介石政权。这是日本人的道义。不好说出口，是"日本人的道义"啊。因此，本年不赞成阿尔巴尼亚方案。

（5）为中日邦交正常化做准备，可以考虑让外相或（自民党）干事长访华，中国能接受吗？"

佐藤特命冈田，直接向自己或干事长联系、汇报，完全不必通知外务省事务当局。回到香港后，冈田通过各种关系，试探中国的态度，结果中方先后于 10 月 8 日和 11 月 8 日回复，表明拒绝与佐藤接触。

事实上，在改善中日关系，恢复邦交正常化方面，佐藤表面上显示了积极的姿态，然而，实际上没有顺应形势发展，缺乏主动谋求解决的意愿，而是将其定位为长期的政策课题。进而，在实践中，亦缺乏实质性的具体政策，特别是在关键的原则问题上，仍固守"两个中国"的旧有思路，抱着"边走边看"的心态，就核心的"台湾问题"态度暧昧，以求维持中国大陆与台湾的平衡，而自己坐收渔利。

1969 年 12 月 25 日，佐藤在横滨市表明："现在还不想取消政经分离的原则，但这并不意味着永远将该原则保持下去。北京政府也说，'台湾问题是中国内政'，双方都忌讳这个问题，还是不碰它为好，等将来碰它也没有关系的时候再考虑解决。"一周后，在 1970 年元旦的新春记者招

---

① 冈田晃：《水鸟外交秘闻——某外交官的证言》，中央公论社 1983 年，第 146—147 页。

待会上,佐藤明确指出:"中国问题不是'1970年'即可解决的问题,而是'70年代'有待解决的问题,(关于恢复中国在联合国的席位问题)现在不能单方面地改变我国一贯采取的方针,但是现在到了重新研究我国迄今采取的方针究竟行不行的时候了。"1月27日,佐藤"(被问到关于中国问题的一系列发言的真实意图时说)我现在只讲到日本作为中国的邻国必须友好相处,我认为(中日问题)还没有到马上要决定如何去解决的阶段。"①

1970年10月、11月,加拿大、意大利相继与中国建交。此时,佐藤依然固守旧态,12月2日,"与(外交调查会长、原外相)小坂善太郎谈论了中国问题,感觉这个人稍微有些着急"②。9日与卫藤沈吉博士亦谈论了中国问题,"结论是不应太急"。1971年1月14日,在研究首相施政方针演说时,"关于中国问题,佐藤首相特别慎重,认为没有必要改变现今的方针"。在佐藤看来,"比起中共加入联合国,更重要的是如何确保台湾的席位"③。于是,就中国恢复联合国合法席位问题,日方对"重要问题案"、"逆重要问题案"和"双重代表制"反复研究,5月11日,佐藤的结论是:

"(1)努力确保国府的联合国席位。

(2)为此也可采取双重代表制(DR)方案,但不能把安理会席位交给中共。

(3)照此日美统一意见,立即开展争取多数派的工作。

(4)因明确写着Republic of China,所以宪章问题也不是个简单的问题,应进一步商讨如何解释。"

佐藤进一步强调指出:"让中共加入安理会的话,国府当然会退出。美国也许不会因此而到了废除美台条约的程度,但是这对日本来说是非

---

① 田桓主编:《战后中日关系文献集1945—1970》,中国社会科学出版社1996年,第906页。
② 伊藤隆监修、佐藤荣作:《佐藤荣作日记》第4卷,朝日新闻社1997年,第216页。
③ 楠田实:《楠田实日记——佐藤荣作首相首席秘书官的2000天》,中央公论新社2001年,第536、546、535页。

常严重的事态。说是追随美国也好,说什么都没关系,要与美国齐心协力,尽快开展争取多数派的工作。"①

　　尼克松冲击发生后,佐藤考虑的重点仍然是如何保住台湾。他在7月16日的日记中写道:尼克松访华"自然是件应该庆贺的事情,然而今后台湾的处理是个问题,变得更加困难了"②。同年8月25日,当中日友协副会长王国权以中方代表身份参加松村谦三葬礼的时候,佐藤通过亲信斡旋,希望会见王国权,结果被中方拒绝。正如古川万太郎先生指出的那样,"在这个问题上,即使为时已迟,如果首相承认1971年7月公明党同中国方面达成一致的复交原则,采取具体保证措施,并表明想会谈,那么也许形势会发生变化。但一点也不触及中国反复提出的对日原则,仅表示想会谈,那无论如何是办不到的。中国能相信任职7年、一贯坚持反华政策的佐藤首相吗? 要求会谈这件事本身,再次暴露了首相等人对中国、对两国关系的认识不足。"③为解决台湾问题,周总理早在20世纪60年代就提出了"中日复交三原则"④,并把承认这些原则作为中日复交的前提条件。

　　然而,在中国恢复联合国合法席位已是大势所趋的情况下,1971年9月22日,佐藤依旧固执己见,追随美国,决定共同提出所谓的"双重代表制"和"逆重要问题"议案。可以说,佐藤由此而丧失了与中国恢复邦交正常化的最后机会。10月25日,第26届联大通过了恢复中华人民共和国在联合国合法席位的决议,美日等的企图宣告破灭。

　　为了打开对华关系,自民党干事长保利茂与佐藤商谈后,委托10月25日访华的东京都知事美浓部亮吉带了一封信给周恩来,是为"保利书

①　楠田实:《楠田实日记——佐藤荣作首相首席秘书官的2000天》,中央公论新社2001年,第584—585页。
②　伊藤隆监修、佐藤荣作:《佐藤荣作日记》第4卷,朝日新闻社1997年,第377页。
③　古川万太郎:《周恩来及其对日原则》,日本纪念周恩来出版发行委员会编,刘守序等译:《日本人心目中的周恩来》,中共中央党校出版社1991年,第326页。
④　中日复交三原则:中华人民共和国政府是代表中国的唯一合法政府;台湾是中华人民共和国领土不可分割的一部分;日蒋条约是非法无效的,应予废除。

简"。其主要内容如下：

"仔细想来，同处亚洲的贵国与我国的关系，为国际形势所左右，十分不幸成为最为接近亦最为遥远的关系，但今天已不允许对这种不自然状态置之不理了。尽快消除这种状态，建立新的两国关系的时候已经来到。为此，我的理解和认识是，中国历来只有一个；中华人民共和国政府是代表中国的政府，台湾是中国国民的领土。同时，日本应该坚持走和平国家、福利国家的大道，探索和实行把余力贡献给亚洲的方法。"①

11 月 10 日，周恩来在会见美浓部亮吉时指出，该信件不提中华人民共和国是代表中国的唯一合法政府的"唯一"二字。信件还说"台湾是中国国民的领土"，这是为策动"台湾独立"留后路，因而这个信件是骗人的。在第二次世界大战结束时台湾已经归还给中国。"日台条约"必须予以废除。日本政府只有真心真意而不是虚情假意地考虑这些条件，才能开始谈判。②

中国恢复联合国合法席位后，佐藤仍通过各种渠道与中方联系，并在各种场合表明愿与中国实现邦交正常化的想法，然而在关键原则问题上依然是缺乏明确态度，摆弄着"两面派"的手法，顽固地坚持着"两个中国"或"一中一台"的立场。

1971 年 11 月 1 日，佐藤在参议院预算委员会上表明，"我已认为应早日实现邦交正常化"，"我此前主张积累的方式，但是，如今，在阿尔巴尼亚提案通过之际，我们不用考虑以往那样积累的局促方式，而应从正面推进邦交正常化。这样的时期已经到来"，"佐藤内阁的寿命究竟如何，姑且不论，我将在任期内积极推进邦交正常化。"但是，"如今，不能简单地无视、或简单地认为日台和平条约无效"，"而是要在中日邦交正常化中来处理日台条约的问题"。③ 同样，在 12 月 31 日的记者招待会上，佐藤重申了类似主张，他说："即使同中华人民共和国建立邦交，也不能

---

① 岸本弘一：《一诚之道——保利茂与战后政治》，每日新闻社 1981 年，第 145—146 页。
② 田桓主编：《战后中日关系史 1945—1995》，中国社会科学出版社 2002 年，第 228 页。
③ 第 67 届国会参议院预算委员会会议录第 2 号，1971 年 11 月 1 日，国会会议录检索系统。

无视同台湾缔结的条约,而且也不能无视在台湾有一个叫做中华民国的政权。"①

1972 年 1 月 29 日,佐藤在第 68 届国会上发表了在任期间的最后一次施政方针演说。他指出:

"战后,我国与中华民国政府之间缔结日台和平条约,自那以来 20 余年间,在贸易、经济、文化等诸方面维持着密切的关系。另一方面,与中国大陆的关系,以民间贸易为中心推进交流,中日年度贸易总额已将达到 9 亿美元。

政府鉴于去年中华人民共和国政府拥有了联合国及其安理会议席的事实,在一个中国的认识下,今后,为了与中华人民共和国政府实现关系正常化,开展政府间的对话乃当务之急。……我确信中日间的各种问题,在邦交正常化的交涉过程中自然会找出解决之道。日本政府衷心希望中日之间早日建立善邻友好关系,共同迎来为亚洲和平与繁荣做出贡献的日子。"②

1972 年 1 月 5 日佐藤访美,在与尼克松总统的会谈中,佐藤全面阐释了日方对华的立场,欲现实地维护台湾的地位。他明确指出:

"日台和平条约不能废弃,这将在与北京的邦交正常化过程中决定其如何对待。日本不采取两个中国的政策。反对台湾独立,如果独立的话,苏联也许会进来。……我们认为应该确保在 IMF 和世界银行中台湾的地位。"

"日本认为,若中日邦交正常化,代表中国的是中共,与台湾则继续维持友好亲善的关系,继续给予贷款(但新的贷款要慎重);以往的政经分离要倒过来,政经关系是北京,经济关系是台湾。而且,日美安全条约中台湾的地位不变。"③

---

① 田桓主编:《战后中日关系文献集 1971—1995》,中国社会科学出版社 1997 年,第 63 页。
② 第 68 届国会众议院大会会议录第 3 号,1972 年 1 月 29 日,国会会议录检索系统。
③ 楠田实:《楠田实日记——佐藤荣作首相首席秘书官的 2000 天》,中央公论新社 2001 年,第 816—817 页。

佐藤曾通过澳大利亚、法国等国领导人为中日邦交正常化牵线，也希望美国从中协调，他不无失落地对尼克松表示："日本与中国长久以来保持着关系，需要建立邦交。不能着急，但也不能太慢，正等待机会。总统访华时，希望对中国适当表露日本愿与中国接触的意图。日本已故政治家松村谦三与中国关系深厚，他一直主张日本当中美之间的桥梁。然而，如今令人讽刺的是，只能拜托美国当中日之间的桥梁了。"①

1972年2月28日，中美发表上海联合公报，双边关系走向正常化。美国确认从台湾撤出全部美国的武装力量和军事设施的最终目标。佐藤的主张也有所变化，他在3月1日的参议院大会上表明：

"关于台湾的归属，我国在旧金山和约中已放弃台湾，因此台湾法律上的归属，日本无权发言。中华人民共和国历来主张台湾是中华人民共和国领土的一部分，从开罗宣言、波茨坦公告的过程来看，我国可以充分理解。"②

事已至此，佐藤仍不死心，继续通过政府或民间人士与中方联络。1972年5月6日，佐藤通过表演艺术家浅利庆太得到的信息是，"北京方面主张若承认三原则，就可以来北京。然而，我们也不能放弃主张，明确回绝。暂且视情况而行。"③其实，中国已经不准备与佐藤内阁及其追随者打交道了。早在1971年9月，周恩来在会见日本恢复邦交议员联盟代表团（团长藤山爱一郎）时就说："议联的各位很辛苦，但不要期待马上有结果，原则是大事。遵守原则，总有一天正常化会有结果，放弃原则不好。下一届内阁不行的话，就下下届内阁，还有下下下届内阁。"④就这样，佐藤在固守"日台友好条约"中，迎来了下台之日。

佐藤片面的"中日复交论"，是在内外形势发生重大变化下被动提出

① 楠田实：《楠田实日记——佐藤荣作首相首席秘书官的2000天》，第823—824页。

② 第68届国会参议院会议录第6号，1972年3月1日，国会会议录检索系统。

③ 伊藤隆监修、佐藤荣作：《佐藤荣作日记》第5卷，朝日新闻社1997年，第97页。

④ 古川万太郎：《周恩来及其对日原则》，日本纪念周恩来出版发行委员会编，刘守序等译：《日本人心目中的周恩来》，中共中央党校出版社1991年，第328页。

的。首先,美国对华政策的转变是促使佐藤谋求改善中日关系的一个最主要的动因。1969 年 7 月 25 日,尼克松发表美国的"新亚洲政策",并宣布把"伙伴关系""实力""谈判"三项原则作为尼克松主义的三大支柱。其中一点就是要利用中国制约苏联,展开"中美苏三角外交"。此后,佐藤在不同场合下亦表示出了对华接触的积极意愿。1970 年 10 月,美国总统使用"中华人民共和国"的正式称呼后,1971 年 1 月新年国会施政方针演说中,佐藤也改变了以往一贯的"中共"说法,第一次使用了"中华人民共和国"的称呼。1971 年夏"尼克松冲击"的"越顶外交"发生后,佐藤也千方百计通过各种渠道,欲与中国展开邦交正常化的谈判。

其次,佐藤在对华政策上亦步亦趋地追随美国,除了在冷战的框架下传统外交的惯性之外,亦是出于如前所述的佐藤内阁的核心问题——冲绳问题的顾虑。这突出地表现在 1971 年 10 月第 26 届联大上日本追随美国共同提出"双重代表制"和"逆重要问题"议案上。佐藤之所以面对很可能出现的败局,以及包括政府及党内各方反对或慎重的主张,做出个人的"政治决断",也是主要考虑到为了圆满解决冲绳问题,必须迎合美国的主张。如何解读佐藤首相的这个决断,干事长保利茂解释为"重视国际信义",而如其秘书官楠田实指出的那样,"当然,在首相心中,不会不希望最大的政治悬案冲绳问题顺利解决。但是,冲绳问题还得经过美国参议院的审议。作为佐藤首相,也许认为自己这个时代最重点的是收归冲绳,批判强烈的中国政策,也可以交给下一个时代去解决"。"可以看出实际情况是,佐藤首相认为,只要解决了冲绳问题,何时下台都没关系。"①1972 年 5 月 15 日,美国将冲绳行政权正式移交日本。几乎是一个月后的 6 月 17 日,佐藤面对着记者退场后空空如也的会场,冲着电视镜头,正式宣布下台。

再则,面对国内朝野政党和国民舆论要求复交的压力或呼声,佐藤亦不得不在邦交正常化问题上作出一定的表态。尼克松主义出台,特别

---

① 楠田实编著:《佐藤政权 2797 天》下册,行政问题研究所 1983 年,第 278—279 页。

是尼克松冲击发生后,日本各大媒体纷纷发表社论,批评佐藤政府在中国政策上对应迟缓,应从根本上调整对华政策。在野党反对佐藤的动向也逐渐加强。1971 年 6 月 28 日,日本公明党委员长竹入义胜与周恩来举行会谈,7 月 2 日,公明党访华代表团与中日友协代表团发表联合声明,承认中日复交的基本原则。同年 10 月 20 日,日本社会党、公明党、民社党发表"关于中国联合国代表权问题的共同议案"。该议案指出:"现在中华人民共和国重返联合国已是大势所趋。……必须指出,我国充当该提案的提案国辜负了国民要求恢复中日邦交的期望。因此,政府应立即退出关于中国代表权问题两决议案的共同提案国,力求促进中日友好,实现恢复邦交。"①

执政党自民党内部批评佐藤的声音也不断高涨。反主流的藤山爱一郎等派于 1970 年 12 月 9 日成立了由 379 名议员参加的超党派的"促进恢复日中邦交议员联盟",其中自民党 95 名,社会党 154 名,公明党 71 名,民社党 37 名,共产党 21 名,无所属 1 名。甚至连中间派中曾根派、石井派的年轻议员们,也不断发出批评政府的意见。这对日本政府和自民党领导层造成了严重冲击,无形中也动摇了佐藤政权的基础。

此外,佐藤本人内心并不认可共产主义或社会主义制度,深信"只有自由的社会制度、自由的经济活动、自由的政治活动,才会有进步"②。权衡各方利益,他虽主张分阶段地正式实现中日邦交正常化,可是并不热心或并不急于恢复邦交。据佐藤的深交卫藤沈吉所述,对于台湾蒋介石的"以德报怨",佐藤认为应遵守信义,予以感谢;且因与国民党政府有正式外交关系,必须努力增进友好。然而,佐藤对国民党政府在台湾的专制体制感到遗憾。真正的希望是,台湾人成立一个政府,在中国之外另建一个国家。③ 这或许是佐藤为何固守"日台条约"而不肯让步的深层心理原因。

---

① 田桓主编:《战后中日关系文献集 1971—1995》,中国社会科学出版社 1997 年,第 44 页。
② 楠田实:《首席秘书官》,文艺春秋 1975 年,第 94 页。
③ 卫藤沈吉:《卫藤沈吉著作集第 10 卷 佐藤荣作》,东方书店 2003 年,第 191 页。

综上所述，佐藤的对华观由积极的"政经不可分"论，到消极的"慎重论"、倒退的"和平共存论"，再到片面的"中日复交论"，是一个被动的转变过程。这个变化过程的制约因素，主要是来自外部国际环境的影响，特别是美国的亚洲政策的演变，成为左右佐藤认识的一个决定性要因。在冷战的框架下奉行追随美国外交的日本，原本自主的余地相当有限，尤其是将收归冲绳作为最大课题的佐藤，即使是在国际格局多元化的趋势下，仍不得不"为美国马首是瞻"，甚至是某种程度上以"牺牲"对华外交的自主性，换取美国在冲绳问题上的政治筹码。正如日本国际政治学者高坂正尧所言，佐藤患上了严重的"冲绳疲劳症"。

毋庸讳言，认识客体的中国国内蹈入"文化大革命"的民族悲剧，以及台海两岸关系不睦的现实，亦是佐藤从起初对中国大陆的积极态度转向消极、倒退的一个主要原因。

当然，佐藤的对华观中不变的是，始终追求的"两个中国"或"一中一台"的认识以及意识形态上对社会主义或共产主义的厌恶感。其口头上所说的"一个中国"，不过是掩人耳目的招牌，实际的政策中则贯彻了分离台湾与大陆的"两个中国"的理念。在所谓"政经分离"原则不变的情况下，佐藤的想法是，从"政经台湾、经济大陆"，掉转为"政经大陆、经济台湾"。需要指出的是，个人意识形态的认识，虽不起决定作用，但也是一个不可忽视的重要因素。

第六章　民间外交时代经济界的对华观与中日关系

在中日关系尚未正常化的民间外交时代,日本政府囿于"政经分离"原则,坚持与台湾的正式外交关系,拒绝承认中华人民共和国,在政治上"无所作为"的情况下,在经济上表现为某种程度上承认或支持民间贸易。于是,民间经贸往来,实际上成为中日关系中最重要的交流形式之一。作为民间贸易的主角,部分日本经济界人士,或基于对中日传统文化的认同,或基于对侵略战争历史的反省,或基于现实和未来中国市场经济利益的追求,或基于"以经促政"的政治意识取向,积极地开展了对华贸易,并且间接或直接参与了日方对华决策的政治过程。这不仅推动了中日双边贸易的发展,促进了两国国民的相互认知和理解,也为中日邦交走向正常化发挥了"先导作用"。

一、中日复交前的日本经济界

日本经济界(或曰财界),一般狭义上系指由大企业及实业家等组成的传统上的"经济四团体",即经济团体联合会("经团联")、日本经营者团体联盟("日经联")、日本商工会议所("日商")和经济同友会("同友会")。2002年5月,前两者合并为"日本经济团体联合会"(仍简称"经团联")后,成为"经济三团体";广义上则包括中小企业在内的日本所有的工矿企业和工商业团体。

中日复交之前,日本经济界的对华态度,因地区和行业不同而相异,并且随着时局变化而有所不同。相对而言,战前就与中国有着密切经济关系的大阪的关西财界,在对华关系上就表现出比较积极的态度,主张努力推进中日贸易;而在东京的中央财界,则因业内多数依赖美国、韩国和中国台湾等市场,故在对华贸易方面态度慎重。特别是,以美国为最大出口市场的钢铁业,以中国台湾、韩国和东南亚为主要市场的化肥行业,在中日贸易方面态度谨慎,顾虑较多。[1]

纵观邦交正常化之前20年间的中日贸易,从20世纪50年代的贸易协定,到60年代的友好贸易、备忘录贸易,推动中日贸易的主要力量是一些中小商社、企业或团体。

1. 友好贸易下的日本经济界

如前所述,在池田内阁成立一个多月后的1960年8月27日,周恩来与来访的日中贸易促进会专务理事铃木一雄的会谈中提出了"中日贸易三原则",即(1)缔结政府协定,使协定有所保证;(2)条件成熟时,可以签订民间合同;(3)对有特别困难的日本中小企业在贸易中可以特别照顾。[2] 然而,在中日邦交尚未正常化的情况下,第一项的政府协定缺乏现实性,大企业参与的大宗贸易也不可能全面展开。

同年9月12日,中国国际贸易促进委员会副主席雷任民与日本社会党国会议员穗积七郎就贸易三原则的具体实施问题举行会谈,还提示了一个政治方面的问题,即如果交易方违反了中日贸易三原则,采取了

---

[1] 田丽萍:《池田内阁的中国政策(二)——在封锁战略与对华积极论的夹缝之间》,京都大学《法学论丛》1996年第4期,第59—60页。

[2]《周恩来递交的铃木一雄与周恩来会谈记录(包括8月27日的贸易三原则)》,1960年9月10日。石川忠雄、中岛岭雄、池井优编:《战后史料 中日关系》,日本评论社1970年,第259—260页。

敌视中国而非友好的态度,中国则有权取消与之有关的契约和合同。①
1962 年 12 月 27 日,中国国际贸易促进委员会主席南汉宸与日中贸易促
进会理事长铃木一雄、日本国际贸易促进协会副会长宿古荣一、日本国
际贸易促进协会关西本部专务理事木村一三签订了《友好贸易议定书》。
议定书的第一项内容便是"双方再次表示支持中国政府提出的中日关系
政治三原则、贸易三原则和政治、经济不可分的原则,并表示在坚持这些
原则的基础上,继续为加强中日两国人民间的友好贸易关系和促进中日
两国关系正常化而共同努力。……双方认为,中日两国人民间的友好贸
易今后仍然是中日民间贸易的重要方式之一"②。

　　这种在特殊历史条件下政治色彩浓厚的"友好贸易"方式,无形中限
制了日方参与中日贸易的对象范围。中方将选择友好商社的事务委托
给了日中贸易促进会、日本国际贸易促进协会、日中友好协会等团体和
日本的友好人士,先经他们向中国国际贸易促进委员会推荐,然后经过
该委员会核准并确定为友好商社之后,这些友好商社就可以直接同中国
有关贸易公司联系,进行贸易商谈,签订贸易合同。③ 于是,以友好贸易
形式与中国进行贸易的,多是些中小商社。随着贸易规模的逐步扩大,
如钢铁、机械、化学和食品等一些大企业也都分别通过建立替身公司或
以委托友好商社代办业务的间接形式同中国开展贸易。

2. LT(MT)贸易下的日本经济界

　　中方主导的友好贸易,在池田首相看来是带有"分化"或"歧视"性质
的贸易形式。于是,在池田的指示下,日方在"冈崎构想"④的基础上,与
中国签署了"LT 贸易协定"。其最初目的就是针对友好贸易,要"搞垮友

---

① 石川忠雄、中岛岭雄、池井优编:《战后史料 中日关系》,日本评论社 1970 年,第 261 页。
② 田桓主编:《战后中日关系文献集 1945—1970》,中国社会科学出版社 1996 年,第 650 页。
③ 李恩民:《中日民间经济外交 1945—1972》,人民出版社 1997 年,第 261 页。
④ "冈崎构想"的主要内容有:日本的厂家和用户直接参与中日贸易;要有 3 年或 5 年的长期综
　合性贸易计划等。

好商社体制,实现贸易的正常化,重建日中进出口行会"①。"冈崎构想"的基本要点也是"日本的一般商社、厂家直接参加"。"LT 贸易协定"的第三条表明:"根据本备忘录所进行的各项交易,由有关该交易的日本方面当事人同中国对外贸易进出口公司签订个别合同。"②结果 LT 贸易与友好贸易并行,成为推动中日贸易的"两个车轮"。由于 LT 贸易采取长期综合贸易以及分期付款的形式,这为日本部分大中型企业参与中日贸易提供了一定条件。大原总一郎的仓敷人造化纤公司成套设备出口,就是一个代表性的事例。

在这种形势下,日本经济界整体对中国市场的关心程度也明显提高。1963 年 9 月,经济界的综合调查机构日本经济调查协议会发表了题为"有关共产圈贸易"的报告。时任经团联副会长的植村甲午郎、日商副会长永野重雄负责的这个调查机构,强调了中日贸易悠久的历史关系,认为美国难以长期控制东西阵营间的贸易,主张应从自主的立场出发,积极推进中日贸易。③ 翌年 4 月,中国国际贸易促进委员会主席南汉宸访日时,植村甲午郎、木川田一隆、永野重雄和稻山嘉宽等财界的大人物都先后会见了南汉宸,表现出扩大中日贸易的意愿。

然而,由于吉田书简④的出台,日本成套设备出口受阻。加之佐藤政权上台,中国国内开始了"文化大革命",中日关系逐步恶化。受到政治形势的影响,为期 5 年的 LT 贸易,1968 年 3 月变更为年度"备忘录贸易",即"MT 贸易"。在 3 月 6 日中日双方签署的《中日备忘录贸易会谈公报》中,"中国方面再次强调坚持中日关系的政治三原则和政治、经济

---

① 中国科科长·东西通商科科长:《关于中日贸易冈崎嘉平太的构想》,1962 年 8 月 1 日,外务省外交史料馆,CD 号 16,编号 04—598—3。
② 田桓主编:《战后中日关系文献集 1945—1970》,中国社会科学出版社 1996 年,第 646 页。
③《朝日新闻》,1963 年 9 月 26 日,第 1 版。
④ 20 世纪 60 年代,经过中日双方的共同努力订了具有半民间半官方性质的 LT 贸易协定,中日关系得到极大改善。这引起了台湾的极大担忧和不满,日本亲台势力也积极游说修复日台关系。在此背景下吉田茂访问台湾,促成第二次吉田书简,对 LT 贸易和中日关系产生了消极影响。

不可分的原则。日本方面表示同意。双方认为,政治、经济不可分的原则,就是政治和经济是不可分割的,是相互联系、相互促进的,政治关系的改善,才有助于经济关系的发展"①。

因此,在邦交正常化之前的 60 年代以及 70 年代初,中日贸易额整体逐渐增长的同时,而 LT 贸易所占的比重,包括其后的 MT 贸易的比重,却由 1963 年的 63%,下降到 1964 年的 37%、1967 年的 27%,1969 年进一步降到 10%。② 友好贸易依旧成为双边贸易的主要形式。

3. 贸易四原则与日本经济界

直到进入 20 世纪 70 年代,特别是"尼克松冲击"之后,日本经济界才出现整体"转向"的动向。1969 年 11 月,日美发表联合公报,佐藤表现出配合美国,积极介入亚洲局势的态度。1970 年 4 月 15 日,周恩来在接见日本国际贸易促进协会等七团体代表获原定司、木村一三等时,"关于今后中日贸易前景,指出:搞贸易,原则界限一定要能够分清。如果日本厂商声明支持佐藤插手台湾的政策,和美国一样走侵略台湾的道路,那就不能做生意;如果他们愿意同中国友好,不敌视中国,不侵占台湾,不支持美国复活日本军国主义,贸易还可以发展"。4 月 19 日,周恩来在会见松村谦三、冈崎嘉平太等人时,进一步明确提出了"中日贸易四原则",表示中国重视同日方发展贸易,但不帮助"日本帝国主义",如果是下列四类公司,就不同它做买卖,即使签订合同,也要废除。即(1)帮助南朝鲜侵犯北朝鲜、帮助台湾进攻大陆的;(2)在南朝鲜、台湾有大量投资的;(3)助长美国侵略越南、老挝、柬埔寨的;(4)在日本的美国子公司。③

"贸易四原则"的提出,促使日本许多企业和商社"转向",纷纷表示要与中国大陆发展贸易。友好贸易系统的商社、企业和贸易团体,首先

---

① 田桓主编:《战后中日关系文献集 1945—1970》,中国社会科学出版社 1996 年,第 891 页。
② 日中经济协会编:《中日备忘录 11 年》,日中经济协会 1975 年,第 204 页。
③ 中共中央文献研究室编:《周恩来年谱(1949—1976)》下卷,中央文献出版社 1997 年,第 362、363 页。

对此表示支持。对华贸易依存程度较高的钢铁业和化肥行业中的一些企业也先后表明接受中国提出的贸易条件。中间派的日商岩井、住友商事、安宅产业和日绵实业等经过考虑后也加入了对华贸易的行列。一些大商社或大公司的替身公司也相继与总公司脱离关系，表示继续与中国开展贸易。慎重派的代表三菱商事、三井物产、丸红饭田和伊藤忠商事四大商社，经过多方接触与沟通，基本上也先后于中日复交前被指定为友好商社。①

进入 1971 年，经济同友会代表干事木川田一隆在新年贺词中，表明本年度的主要任务是打开中日关系，准备探讨向中国派遣代表团的具体政策。1971 年 9 月 17 日，以大阪商工会议所会长佐伯勇为团长，囊括了关西财界五大经济团体的众多首脑人物的关西经济界代表团访问北京。同年 11 月 13 日，以经济同友会代表干事、东京电力董事长木川田一隆和日本商工会议所会长永野重雄为顾问，以日本专卖公社总裁东海林武雄为团长的东京经济代表团访华。经济界对华接近，已成大势所趋。

1972 年 3 月，伊藤忠商事总经理越后正一、住友商事总经理池田久分别率团访华。同年 7 月，时隔 5 年重新访日的孙平化，作为中国上海舞剧团团长，和廖承志办事处驻东京联络处新任首席代表肖向前，共同会见了三菱、三井、芙蓉、住友、三和、第一劝业银行等企业集团负责人。最后，还与经团联会长植村甲午郎、日本"财界四天王"之一的原日本开发银行总裁小林中、日本兴业银行顾问中山素平等人举行了会谈。8 月 17 日，三菱银行行长田实涉、三菱商事总经理藤野忠次郎和三菱重工总经理古贺繁一组成的三菱集团访问北京。8 月 23 日，以稻山嘉宽为团长的日本经济界访华团来访。中日复交已经近在咫尺。

---

① 详见黄大慧：《日本对华政策与国内政治：中日复交政治过程分析》，当代世界出版社 2006 年，第 119—126 页。

二、经济界代表人物的对华认识

日本经济界人数众多,企业或团体规模不等,各种人物身份与阅历亦不尽相同,因此不可能有完全相同或一致的对华认识。但总体而言,日本经济界的对华认识,出于追求经济利益这一基本的共同观点之外,因个人的认知取向或立足的侧重点不同,从历史、经济与政治的不同视角,大致可以分为三类,即开展中日贸易的动力或目的,是基于对中日传统文化的认同、对侵略战争历史的反省,还是立足于对中国资源与市场的洞察,或者是为了改善两国政治关系以推动中日邦交正常化的进程。当然,每个人的认识本不是那么"单纯",实际上其中经济界不少人的对华认识中,亦不同程度地包含了上述的几种成分。其中需要指出的是,对侵略战争程度不同地抱有赎罪感,是这个时代一个明显的特征。

1. 大原总一郎的赎罪历史观

仓敷人造化纤公司总经理大原总一郎在美国封锁中国的政策下,面对来自美国、台湾和日本亲台势力的压力,敢于挺身而出,坚持推动维尼纶成套设备出口中国,这种信念很大程度上来自其对日本侵华战争的反省和对中国人民补偿、赎罪的认识。

大原总一郎(1909—1968 年),1909 年 7 月出生于冈山县仓敷市,1932 年东京帝国大学经济系毕业后回乡工作。29 岁出任仓敷绢织公司总经理,1949 年该公司更名为仓敷人造化纤公司。1958 年 1 月,侯德榜率领的中国化学工业考察团赴日参观仓敷人造化纤公司的工厂后表示,想进口日本的维尼纶成套设备,那样的话,就用维尼纶制造衣料,可以相应减少棉花种植面积,增加粮食产量,以解决中国面临的粮食不足问题。这话深深打动了大原的心。就对华出口成套设备,大原认为:

"当年蒋介石总统引用'以德报怨'的话,表明不追究日本天文数字般的战争赔偿。这种态度,不仅仅是给我,也给许多日本人留下了深刻的记忆。虽然也期待或希望现在的中国政府采取同样的态度，但对这样宽宏大量的态度，我们深感愧疚。在这些事实面前，我们甚至难以抬得起头。这些我们不可忘记。

　　……我们感到，为了赎罪，必须对那些努力忘记过去仇恨的人们做点什么，这不是当然的事情吗？至少我认为应该这么做。

　　……日产 30 吨维尼纶，对于中国 6 亿 5 千万人口来说，不过是仅仅一年能为每个人提供 0.017 公斤化纤。然而，我的愿望无非是，对于缺少衣料的中国大众，哪怕能为日常生活换取些许粮食，也算是替过去的日本人，对因侵略战争造成巨大精神损害和物质损失的中国人民，进行某种程度的补偿。"①

　　正当双方准备就此商谈时，同年 5 月发生"长崎国旗事件"，交涉随即中断。1960 年池田上台后，虽表明了欲促进中日贸易的态度，然而面对美国消极、警惕的态度，以及日本国内亲台势力和台湾方面的反对，具体采取何种措施，池田还是比较谨慎。大原也很清楚，特别是成套设备出口在性质上不同于普通商品，涉及知识产权的技术出口，也需要长期延期付款的条件，即国家低息资金的支持。因此，可以说维尼纶成套设备的出口，面临重重困难。

　　为此，大原利用私人关系，先后拜访了前首相吉田茂和慎重派代表佐藤荣作，征询了有关意见。然后，于 1962 年 9 月，大原派遣副总经理丰岛武治等人赴华开始交涉，结果因双方提出的条件差距悬殊而告终。同月 27 日，大原专程赴美参加了第一届日美民间会议，就对华出口成套设备问题与美方人士交换了意见。同年 10 月，大原再次派遣丰岛武治和董事赤星通次郎参加了赴华准备缔结"LT 贸易协定"的高碕达之助代表团，继续就成套设备出口问题与中方进行协商，经过艰难的谈判，双方达成初步协议。

---

① 大原总一郎：《对中成套设备出口》，《大原总一郎随想全集 4》，福武书店 1981 年，第 174—176 页。

1962 年 11 月,大原等池田首相访欧回国后,亲自向他汇报了成套设备出口的交涉情况。而且,大原又拜见了吉田茂和佐藤荣作,还拜访了通产大臣福田一、大藏大臣田中角荣、外务大臣大平正芳、经济企划厅长官宫泽喜一、官房长官黑金泰美以及有关负责官员等,要求政府批准对华出口成套设备。有的大臣,大原拜访了一回,有的甚至是两三回。虽然扩大对华贸易的大方针已经确定,可是真正要具体付诸实施,却成了异乎寻常的难题。在内外环境的制约下,自民党政府中的相关人士态度微妙、表述暧昧,无人愿意主动承担责任而批准对华出口。在长时间的等待中,大原有时感到近乎绝望,他对身边的亲信曾说:"看来成套设备出口还是不行啊!"①然而,大原面对商业风险,以及政治上的压力和阻力,还是坚持不懈,因为有一种精神在鼓舞着他。他在等待政府批准出口的时候,就自己的立场曾写下过这样一段话:

"话题转换到另一个时代,奈良的唐昭提寺有盲人鉴真和尚的坐像。每次看到这个坐像,就会情不自禁地想到,当年鉴真不顾双眼失明,不畏艰险,前后 6 次东渡,终于将佛教的戒律传播到我国。这个故事不仅仅是鉴真和尚一个人的事迹,也是大陆民族经年累月赐予我国的、所有伟大的文化瑰宝的象征。我们如今要在中国筹建聚乙烯醇和维尼纶成套设备的工作,很遗憾,这与鉴真和尚那样奉献生命的贡献是无法相提并论的。"②

1963 年 1 月 14 日,在哥伦比亚大学教授的建议下,大原还拜会了美国驻日大使赖肖尔。赖肖尔说:"如果是巴统限制之外的贸易,相信日本政府的常识,美国政府无意进行干涉。"而且,大原让负责对外联络的常务阿部守忠,会见了到访日本的英国外交大臣霍姆,征求了英国方面的意见。同年 5 月 17 日,大原派出以常务董事矢吹修为团长的第三次代表团赴北京商谈,经过数十天的谈判,终于签订了正式的契约。大原就

---

① 大岛清:《大原总一郎与中国》,《世界》1972 年 3 月,第 236 页。
② 大原总一郎:《对中成套设备出口》,《大原总一郎随想全集 4》,福武书店 1981 年,第 175—176 页。

此表示，"到最终达成谅解，相互间显示的善意和忍耐精神，值得特别铭记"①。

　　然而，有人责难利息 4.5％的契约条件是援助共产主义，也有人指责出口成套设备是为中共军队提供军服布料的军事援助。岸信介、贺屋兴宣等为中心的亲台派坚决反对，而且，有的右翼分子还打电话或寄信威胁大原。最终，在松村谦三、高碕达之助等各界人士的支持下，8 月 23 日，池田内阁批准了通过进出口银行融资出口成套设备。这是战后日本对华出口的第一套成套设备，也是中日建交前唯一的一套。此后，因佐藤固执坚持"吉田书简"，两国关系恶化，中方与日纺、日立等公司的出口契约被废除，其他 40 件有关成套设备的出口谈判亦无果而终。

2. 稻山嘉宽的贸易和平论

　　中国在二战前就是日本最大的贸易对象国之一。在战后东西对立的特殊时代，日本经济界在开拓美国、东南亚市场的同时，也将目光投向相邻的中国大陆。号称日本"钢铁天皇"的稻山嘉宽，可以说是日本财界"正统派"中最早开展对华接触的一位重要人物。

　　稻山嘉宽(1904—1987 年)东京帝国大学经济系毕业后，1928 年进入八幡钢铁厂工作，1950 年出任该厂常务董事，1962 年升任董事长、总经理，1980 年到 1986 年担任日本经团联会长。

　　稻山第一次访华是在 1958 年 2 月。在日本，在那个同"共产圈"国家接触被视为异端的年代，稻山作为对业界有着举足轻重影响的钢铁业巨头，之所以毅然迈出访华的重要一步，一是 1956 年中方已经通过日本国际贸易促进协会的铃木一雄邀请其来访，可当时他并没有出访中国的想法。然而，从 1957 年年初以来，日本国际收支恶化，经济陷入不景气的状况。面对疲软的西方国际市场，调整贸易结构，寻求同中国扩大贸

---

① 大原总一郎：《对中成套设备出口》，《大原总一郎随想全集 4》，福武书店 1981 年，第 171—173 页。

易,似乎成了日本走出衰退趋势一个不得不考虑的问题。稻山就其访华的目的曾明确表示:"难道没有摆脱不景气的途径了吗? 多方考虑后,认为需要扩大出口,其中中国这个新市场令人瞩目,要设法向中国出口钢铁。当前摆脱不景气的一个对策,是稳定钢铁的销售价格。这两个构想的其中一环就是,下决心访问中国。"①

就中日贸易的内容和形式,稻山在谈判中也讲得很清楚。他指出:"据说你们中国有资源,但是,资源没开采出来就没有价值。你们开采资源出口给我们,我们使用资源制造钢铁,然后出口(给你们)。我认为这是真正的交换、贸易。"②

正好是一年前的 1957 年 2 月,稻山访美时,会见了美国总统顾问谢尔曼·亚当斯,他的"钢铁与和平"论深深地触动了稻山。亚当斯说:"我们必须要消除世界上的贫穷,创造一个和平的世界。日本是美国的盟友,请予以合作,不断地生产钢铁,促进经济发展,以消除世界贫困。"③ 1958 年 2 月,刚刚访朝归国的周恩来会见稻山时也表明:"战争再不会打了。战争是破坏生产,和平是创造财富。我们自己现在从朝鲜撤兵了。朝鲜的钢铁厂,由于战争遭到破坏,如今沐浴着和平的阳光,正干劲十足地恢复生产。我们必须创造世界和平。包括美国,因为美国很强大,你们也受了欺负吧。但是,美国是世界上最诚实的国家,就是有些任性。"④ 归国后,稻山作为国会参考人,出席了当年 7 月 2 日的众议院工商委员会,明确地阐述了自己的观点。他说:"总之,我认为,日本与中国的贸易本身非常重要,同时,如上所述的那样,这事关与亚洲各国的关系,大而言之亦关系着世界的和平与稳定。因此,我们不允许徒然静观,对此必须深思熟虑。"⑤

---

① 稻山嘉宽:《我的钢铁昭和史》,东洋经济新报社 1986 年,第 103 页。
② 稻山嘉宽:《我的钢铁昭和史》,第 106 页。
③ 稻山嘉宽:《我的钢铁昭和史》,第 102 页。
④ 名和太郎:《稻山嘉宽评传》,国际商业出版株式会社 1976 年,第 263 页。
⑤ 第 29 届国会众议院工商委员会会议录第 7 号,1958 年 7 月 2 日,国会会议录检索系统。

正是基于发展钢铁贸易,促进中日关系以及地区和平的想法,1958
年 2 月 26 日,日方以稻山为代表,通过与周恩来直接会谈,最终与中国
公司缔结了一项钢铁长期易货贸易。协议规定由中方出口铁砂和煤为
主的矿产品,日本出口各种钢材,从 1958 年到 1962 年的 5 年间,交易金
额为 1 亿英镑。长期钢铁协议的签订,本身标志着中日贸易的一个新发
展。然而,由于长崎国旗事件的干扰,钢铁协定终究未能履行。稻山认
为"再过十年,一切都会改变的",提议钢铁协定"不叫废弃,而是停止",
以便将来形势变化,重新再开。

　　1962 年 5 月,池田内阁时,稻山升任八幡钢铁厂总经理后,遂向外务
省事务次官武内龙二提出申请,要求使用延期付款重开中日钢铁贸易。
7 月 31 日,外务省审议官岛重信主持会议讨论决定,"不同意稻山通过铃
木一雄(日中贸易促进会)和中共进行商谈,但如果冈崎(松村)构想近来
能够落实的话,希望将稻山总经理的申请纳入冈崎构想付诸实施。"[1]于
是,中日之间虽没有单独重开钢铁交易,但 LT 贸易中将钢铁列为重要的
交易项目。1964 年中日双方分别在东京和北京互设廖承志办事处和高
崎办事处,孙平化出任首席代表。据中日友好协会会长孙平化回忆,"其
间同稻山先生常有接触。当时他已身居八幡钢铁厂总经理的要职,对中
国的客人依然十分热情,平易近人,我们有事求见,有求必应,并可登堂
入室。那时不比现在,我们作为中国的一般民间常驻机构代表,想接触
日本财界巨头并非易事"[2]。

　　在中日复交前的 1972 年 8 月,稻山作为中国亚洲贸易结构研究中
心访华团团长访问北京,当即同意接受中国钢铁技术考察团访日,日方
进行技术合作,以支援中国武汉钢铁厂的建设。1973 年 9 月,中日双方
正式签订合同,新日本制铁和川崎制铁两家为合作单位。不料同年 11

① 中国科、东西通商科:《关于中日贸易》,1962 年 7 月 31 日,外务省外交史料馆,CD 号 16,编号
　　04—598—2。
② 孙平化:《惊闻稻山嘉宽先生故去》,"稻山嘉宽回忆录"编辑委员会编:《稻山嘉宽回忆录》,大
　　日本印刷株式会社 1988 年,第 673 页。

月第一次石油危机爆发,物价暴涨,川崎制铁因考虑到不合算而取消了合同。新日铁内部也几乎一致反对正式订货,但是稻山下定决心,坚持履行合同。他说:"中国是信守承诺的国家。一旦签订合同,不能因为我方的原因就取消。若因为眼前的赤字,造成与伟大的邻国不睦,就不是为了日本经济的将来。从战前到战后,中国向日本提供了铁矿石、煤炭等重要的原料,日本钢铁业才有了今天的繁荣,现在正是回报的时候。"①

稻山遵照合同,出口相关设备,接受中方技术研修人员,结果造成高达 30 亿日元的赤字,公司内批评声迭起,称这次交易为"缺乏经济观念的买卖"。就此,中国合作部长水田的一番话,也应该反映了稻山本人的认识。水田表示:"眼前是 30 亿日元赤字,但将来,投产指导费、技术提供等预计将会是黑字。稻山会长看问题的视野,比常人要开阔得多,考虑的是将来的买卖。新日铁赤字的事,中方非常清楚。因此中方对我公司非常信赖,总之对我们信守约定评价很高。这样,不难想象,将来会相当程度上促进中日贸易吧。"②

不久,在日本国内市场不振,欧美和其他发展中国家钢铁市场萎缩的情况下,中方从 1975 年到 1976 年的不到半年内,连续向日本追加了 400 万吨钢材的订货,被称为"重振日本市场状况的神风"。在钢铁贸易的基础上,稻山说服日本有关部门,中日双方又于 1976 年签署了为期 10 年的石油长期贸易合同。担任日中经济协会会长、钢铁联盟会长、国际石油株式会社总经理的稻山,从 70 年代后期到 80 年代前期,还推动了中日和平友好条约的签订,援建了中国的宝钢。据中国原石油工业部部长唐克回忆,"在稻山的组织和推动下,日本石油界参与了中国海域的石油勘探和开发。从中国的渤海湾到中国南海和北部湾,日方参与合作的区块日益增多。在合作过程中,每当出现曲折时,稻山先生总是亲自过

---

① 名和太郎:《稻山嘉宽评传》,国际商业出版株式会社 1976 年,第 114 页。
② 名和太郎:《稻山嘉宽评传》,第 115 页。

问,从中斡旋,使合作顺利进展"①。毋庸置疑,稻山嘉宽是一位开拓当代中日贸易关系的先驱,也是当之无愧的中日关系的"掘井人"之一。

3. 冈崎嘉平太的亚洲睦邻论

有的经济界人士积极拓宽中日贸易的渠道,既是根源于对过去历史的认识和反省,很大程度上更是面向未来,为了尽快实现中日邦交正常化,改善两国的政治关系,谋求地区的长治久安。与日本政界和政府有着密切关系的冈崎嘉平太就是其中的代表人物。

冈崎嘉平太(1897—1989 年)1897 年 4 月出生于冈山县,冈山中学毕业后,1916 年考入东京的第一高等学校。1922 年东京帝国大学法学部毕业,成为一名银行职员。1939 年出任日伪上海"华兴商业银行"理事。1942 年 11 月,日本成立大东亚省后,他回国出任参事官。翌年 5 月,转任日本驻汪伪政权大使馆参赞,再赴中国。1945 年日本战败投降后,冈崎留在上海负责处理战败事务,与当地负责接受日军投降的汤恩伯将军斡旋,帮助在华日本人遣返。1946 年 5 月,冈崎回国后辞去外交官职务,投身实业界,1949 年出任池贝铁工总经理,1951 年就任丸善石油公司总经理,1961 年担任全日空总经理。同时,1954 年担任日本国际贸易促进协会常任委员。

冈崎在中学时代就开始与中国留学生接触,加之战前在华活动的经历,使其加深了对中国的了解,培养了对中国的亲近感。同时,他目睹了战争期间日本侵略中国的罪行,也见证了战争结束后中国政府善待日本军民并顺利遣返的过程,从而产生了深刻的自责心理和反省意识。

1949 年中华人民共和国建立后,冈崎一时曾产生过悲观的想法,认为"也许不能同共产党的中国友好"。但 1951 年左右,他通过与来访的新华社干部接触,感到中国的共产主义与苏联是不同的,遂下决心再次

---

① 唐克:《钢铁、石油、围棋、友谊——悼念稻山嘉宽先生》,"稻山嘉宽回忆录"编辑委员会编:《稻山嘉宽回忆录》,大日本印刷株式会社 1988 年,第 681 页。

研究中国问题。他认为：

"我不是学者，但喜欢读历史。从经验对照进行观察中国共产主义是中国式的，不是照搬苏联式的共产主义，而是经过改造的、适合中国的历史和民族性的中国式的共产主义。……

为了研究新中国，最重要的是必须亲眼看一看中国。也有必要同中国的要人见面，听听他们的谈话。"①

有鉴于此，战后弃政从商的冈崎，积极主张发展中日贸易，以改善中日两国关系。1958 年众议院大选前，冈崎遇到松村谦三时表明："我很早以前就认为必须同中国友好，并应尽早开始同中国进行贸易。为了跟共产党各国进行贸易，我认为有必要拉住政府，让其给予合作"，"日本不和中国建交能行吗？我想必须想方设法建交"。②

在随后的会谈中，松村对冈崎说："你能不能为我想一个常常去能跟中国要人见面的方法。"1960 年池田内阁成立。1962 年 6 月，在池田首相的授意下，冈崎提出了 LT 贸易的原型"冈崎构想"，其背景就是"响应从根本上促进中日关系的松村构想（从农业部门的中日经济合作开始，逐渐扩展到一般性的经济合作关系，渐次打开中日关系的僵局）……"③同年 10 月 20 日，冈崎在即将访华前夕，会见了日本外务省亚洲局局长伊关佑二郎，就中日问题阐述了自己的看法。冈崎认为：

"① 自己的一贯主张是，日本的对华关系比较特殊，不同于英美等国的对华关系；坚信日本民族必须与汉族维持睦邻关系，这是一种宿命。

② 因此有必要从根本上去相互正确认识、理解对方。在这一点上，军部曾经犯下大错，以致误国。自己在上海亲眼看到，他们依据片面情报，独断专行，不听其他正确意见。于是，造成相当程度上缺乏对对方的

---

① 冈崎嘉平太著，陈耐轩、骆为龙译：《寄语二十一世纪》，人民出版社 1992 年，第 156 页。
② 冈崎嘉平太著，陈耐轩、骆为龙译：《寄语二十一世纪》，第 158 页；冈崎嘉平太传刊行会编：《冈崎嘉平太传——信为经、爱为纬》，行政株式会社 1992 年，第 350 页。
③ 中国科：《冈崎构想及其问题》，1962 年 8 月 6 日，外务省外交史料馆，CD 号 16，编号 04—598—6。

认识和理解。自己切望今后日本对中共不要再犯类似错误。

③ 我不是不知道共产主义的危险性，但是不能坐待中共崩溃，甚至数十年束手无为。当前需要正确把握共产主义中国的实际状况和动向，在此基础上制定大政方针，并付诸实施。

④ 从这种意义上，我高度评价松村和高崎的访华。这几年来，访华的日本人总体倾向是或者左倾，或者迎合中方。重开的中日贸易中的友好商社，也是些变态的团体。为了打破这种局面，确立先前的构想，我坚持自己的立场，考虑与中共直接做些生意，于是就此拜托了松村。所有这些都是出自为了正确认识、理解中共的考虑。如今通过松村访华，前路业已开辟，继而就此对高崎访华亦寄予期待。这绝非只为了扩大贸易。自己决心加入高崎一行，就是出于以上考虑。……"①

1962 年 10 月 26 日，冈崎嘉平太以日方代表团副团长的身份随高碕达之助访华，这是他战后首次访问中国。周恩来在会谈中指出："自甲午战争以来，日本侵略了我国。特别是东北事变（九一八事变）以后，长期侵占了我国大片土地，给我国人民生命财产造成了重大损失。我们认为这是深仇大恨。但是，这充满仇恨的 80 年与中日友好的两千年的历史相比，还是短暂的。我们正在努力忘掉这种积怨。今后要加强同日本的友好，要共同努力来提高亚洲的文化、经济水平。……"②这一发言让冈崎深受感动。冈崎表明，这一想法与他学生时代曾经有过的主张、愿望是相同的。青年时代的冈崎就是一位"亚洲主义者"，希望亚洲各国紧密团结，不进行争斗与战争，共创现代文明。③

1965 年 4 月，冈崎作为国会参考人出席了日本众议院工商委员会的会议，再次表明了自己的观点。他指出：

"周恩来总理会见我们时说过这样的话。不只是周总理，战败

---

① 中国科:《冈崎嘉平太关于高崎访华等的见解》,1962 年 10 月 20 日,外务省外交史料馆,缩微胶卷 E'0212。

② 冈崎嘉平太著,陈耐轩、骆为龙译:《寄语二十一世纪》,人民出版社 1992 年,第 174 页。

③ 冈崎嘉平太:《备忘录贸易期满之前所感》,《世界》1971 年第 1 期,第 205—210 页。

时……负责接管的汤恩伯上将也这样说。而且,蒋主席也是这种想法。绝不怨恨日本,打算与日本握手,振兴亚洲……

不论对方是什么制度,或是何种想法,重要的是,我们要提高自身所处的亚洲的文明,消除贫困。中国共产党建政后,最初我很担心,但是,正在研究的时候,有了访华的机会,会见了周总理。他说了同样的话。所以,关于亚洲问题,国民政府的领导层也好,当前共产主义的北京政府也好,想法都是一样的。我感觉这是身居亚洲的人士的真实愿望。

关于贸易问题,南汉宸、周总理、廖承志都曾说过,如果可能,尽量从日本买,特别是成套设备。……但是,我确信对方不是那种吝啬小气的想法,不是说无论如何,忍受多少屈辱,也要从日本买。他们不事张扬,发自内心地想振兴自己国家的那种精神状态,不亲自前去一睹,实难明白。

……利用这个机会,我想问的是,在考虑上述问题之前,要考虑亚洲问题、整个亚洲落后于世界的问题,这样亚洲内部相争,生活愈加贫穷,文化愈加落后,亚洲民族会怎么样? 在思考这些问题的基础上,必须重新认识日本的亚洲政策。关于这些问题,日本人没考虑,而对方国民政府的人在考虑,共产主义的北京政府现在也在考虑。日本人就此必须进一步认真反省。"①

冈崎通过与中国的接触,更加坚定了为恢复中日邦交和加强中日友好而奋斗的决心。1963 年冈崎出任高碕达之助事务所代表,负责处理 LT 贸易事务。1964 年担任日中综合贸易联络协议会会长。60 年代后期,佐藤内阁追随美国,中国又发生了"文化大革命",中日关系严重恶化,中日备忘录贸易一度步履维艰,几乎到了难以为继的境地。作为备忘录贸易主要负责人之一的冈崎,顶住各方压力,终于使备忘录贸易这条渠道维持下来。

60 年代末 70 年代初,随着国际形势的变化,冈崎明确要求佐藤政府

---

① 第 48 届国会众议院工商委员会会议录第 26 号,1965 年 4 月 8 日,国会会议录检索系统。

改变对华政策，推进两国邦交正常化。就承认中华人民共和国的问题，冈崎表示：

"日本政府认为加拿大、意大利等国承认中国的积极态度不是国际形势变化的征兆，我对政府这种僵硬的论断感到吃惊。谈论该问题之前，我国政府、国民必须注意的是，我国的对华外交关系与其他各国明显不同。

对其他各国而言，是否与中华人民共和国建交，只是单纯的是否承认 1949 年除了台湾之外统一了中国大陆的北京新政权问题。然而，对于我国来说，却并非那么简单。我国 1952 年与台湾的国民政府缔结了和平条约，考虑因此也就了结了所谓的九一八事变、七七事变。

……

但是，这个媾和谈判，是与在台湾的国民政府之间进行的。事实上，对于其支配之外的中国大陆，没有实际效力。因此，只要国民政府没有再次复归大陆，恢复全中国的统治权，我国与中国大陆在邦交关系方面就没有效力。换言之，现状下不与中华人民共和国缔结和平条约，我们就与占全国 95％的中国大陆之间没有正常的邦交关系。……

我们不是仅仅承认新政权就行的问题，所以，我国与中国恢复邦交，不能落后于他国。何况，考虑到上述情况，我担心，现在我国政府采取的这种消极态度，或许会成为日本，或是亚洲和平的祸根。

……日本与中国（包括台湾）的问题，不是当权者是谁的问题，整个民族相互敌视对立的话，本国自不必说，亚洲的和平与发展也难保证。

今后经过多少世纪，这也不会变。我切望认真考虑这一问题，为了正确把握事态发展，寻求切实解决之策，必须平日付出功夫，诉诸实践。"①

进而，关于台湾问题，冈崎认为"中日关系的难点就是台湾问题"，他批评了佐藤政府的台湾政策，认为这是"中国国内的问题"。

① 冈崎嘉平太：《解决中国问题之道》，春秋社 1971 年，第 242—244 页。

"我国的现状是，佐藤政府以来，遗憾的是，在联合国的行动方面，以及与台湾的相互关系方面，索性都积极推进了日台接触。列举其中主要的举动：

① 继续确认吉田书简的宗旨；

② 单独访问台湾；

③ 在与约翰逊总统签署的共同声明中，指出中国的威胁；

④ 在与尼克松总统签署的共同声明中，表明台湾关系着日本的安全；

⑤ 在日华合作委员会的共同声明中，默认了反攻大陆。

关于台湾问题，中国一贯认为是国内问题，与台湾保持邦交关系是干涉内政。然而，最近在我国有人认为中国与德国、朝鲜、越南同样，是分裂国家，主张与双方建交。但这完全是错误的。原因在于，德国、朝鲜、越南其双方的主权，得到了国际上的承认，而中国是内战的结果，现在的状况，绝对不是两个国家的性质。因此，现在的中国表明，将来必定要解放台湾。

承认中国已经是世界的大潮流，其必然性要求我国向前看，以解决该问题。尽管如此，我国的现状是正好相反，可以说是真是逆历史车轮而动。

当下，我们必须回到 20 年前缔结日台条约的原点，谋求解决之道。纽扣系错了，必须得从开始重新系。"①

因此，冈崎强调"承认台湾就不能损坏信义，这只是小的信义"，"我们总是过分拘泥于日常的小矛盾，现在是拘泥于台湾问题。而且，这是美国强加于日本的错误判断，日本只守着这个，就作为仁义的全部，我认为是过分拘泥于小矛盾"，"还有一个大的信义……只守着与台湾的信义，不是问题的全部。大小矛盾对立时，首先必须解决大矛盾。不从这种想法入手，中国问题不可能解决。""只是原封不动地继承日台条约，中

---

① 冈崎嘉平太：《我的想法——日本的课题》，读卖新闻社 1972 年，第 215—217 页。

日邦交正常化就不可能自然实现。"①

1972 年中日复交后，备忘录贸易完成使命，冈崎出任同年新成立的日中经济协会的常任顾问。1979 年冈崎设立日中青年研修协会，接受中国研修生，继续为中日友好事业贡献力量。在冈崎看来，"加强合作，是为了日本的明天"，援助中国进行经济建设是有利于"日本安全"的事业。②

1984 年，88 岁高龄的冈崎在与原书房总经理成濑恭交谈时，就中日经济合作的现状指出："如果日本不改变只重视营利的态度，将会重蹈以前日本对东南亚经济合作的覆辙，日本对东南亚进行了各种各样的援助，发挥了一定的作用，然而，几乎各国都不承认日本的贡献，反而认为是遭到日本的剥削和经济侵略。因此，以过去一样的态度协助中国进行'四化'建设的话，很可能会光留下负面印象。"③

同时，冈崎大胆地预测，"50 年后，中国也许会超过美国，成为世界第一"，因为"中国有很大的潜力"，"从历史上看，中国人曾独自创造了高度的文化……而日本虽拥有消化文化的能力，但没有创造文化的经验。"总之，冈崎认为，"为了自身的稳定与发展，日本必须维护世界和平，特别是亚太地区的和平，为此，必须要与中国共同负起责任，相互合作，促进经济发展。……进而，在 21 世纪前半期，日本与中国应该携手，为整个亚洲的文化与民主的发展做出贡献。"④

三、经济界对中日关系的作用与影响

经济界从普通公司职员到财界巨头，显然，对华认识未必一致，其行动的作用与影响亦程度迥异；但整体上作为最重要的压力团体之一，在

---

① 冈崎嘉平太：《希望改变对华政策》，日本记者俱乐部，1970 年 12 月 23 日。
② 冈崎嘉平太：《永无止境的日中之旅》，原书房 1984 年，第 39、69 页。
③ 冈崎嘉平太：《永无止境的日中之旅》，第 277 页。
④ 冈崎嘉平太：《永无止境的日中之旅》，第 274、275、46 页。

中日尚未恢复邦交的民间外交时代,经济界人士基于自身不同的认识,不仅直接推动了中日经贸关系向前发展,促进了两国国民之间的理解与认识,而且还直接或间接推动了中日邦交正常化的进程,成为两国政治关系改善的载体。

1. 经贸关系的发展

在经济界有关人士的努力下,LT 贸易(及 MT 贸易)与友好贸易"两个车轮"的创设,直接推动了中日双边贸易的恢复与发展。这一时期,双边贸易额一直呈增长趋势,其所交易的商品种类,也在不断冲击"巴统"禁运政策的底线。这既表现了双方之间发展经贸往来具备得天独厚的有利条件,也离不开日本经济界人士,为推动、发展中日贸易所作的主观努力。

1962 年 5 月,日本政府同经济界举行最高出口会议时,化工业界提出:"中国是一个很大的市场,应当谋求对华贸易早日正常化。"钢铁业界等也要求日本政府应当对社会主义国家灵活运用日本进出口银行为鼓励出口技术设备而采取的延期付款方式。[①] 如前所述,冈崎嘉平太等人参与推动的 LT 贸易施行后,据日本国际贸易促进协会调查统计,1963 年中日贸易额比上一年增加 62%,60 年代以来首次超过一亿美元大关,达到 1.37 亿美元,再次逼近 50 年代的最高水平 1.51 亿美元(1956 年)。1964 年同比迅猛增长 126%,翻了一番还多,贸易额达到 3.11 亿美元,几乎是 1956 年的 2 倍。1966 年以后,由于政治关系的影响,LT 以及 MT 贸易数额下降,但友好贸易却取得了进一步发展,所以,中日贸易总额整体上仍保持了增长的势头,1972 年达到 11 亿美元,约是 1960 年贸易额(0.23 亿美元)的 47 倍。[②]

特别是大原总一郎等人推动的维尼纶成套设备的对华出口,具有标

---

① 林连德编著:《当代中日贸易关系史》,中国对外经济贸易出版社 1990 年,第 78—79 页。
② 《中日贸易一览表》,参见古川万太郎著《中日战后关系史》,原书房 1988 年,第 214 页。

志性的意义。其已不是普通的生活消费品,而是生产资料的出口,涉及知识产权的技术出口;而且,就贸易性质而言,由于其使用了比一般商业银行贷款优惠的日本进出口银行的融资,已不是单纯的民间贸易了,实际上具有"半官半民"贸易的性质,对其他公司及行业的贸易起到了带动和示范效应。

同样,稻山嘉宽1958年2月与中方签订的长期钢铁贸易协议,直接推动了中日第四次民间贸易协定交涉的进程。进而,民间协定中规定互设商务代表处、给予外交官待遇、旅行自由、可悬挂国旗等内容,虽然由于长崎国旗事件,有关协议未能履行,但实际上也为以后中日贸易的开展奠定了重要基础。因此,有人将稻山嘉宽誉为中日贸易正常化的"生父"。① 1972年中日邦交正常化前夕,稻山再次率团访华时,双方签署了长期的进出口合同,稻山进一步承诺对华进行技术合作,援助武汉钢铁厂等的建设,深化了中日贸易的范围。正如原中日友好协会会长孙平化先生指出的那样,"看看现在中日钢铁贸易的发展和中日钢铁业界的合作关系,如果去寻根,不能不承认它是发端于稻山先生在中日关系十分困难时期打下的基础"②。

2. 政治关系的先导

中日经济界人士以及贸易团体的往来,无须说为中日政治关系的改善以及邦交正常化的实现奠定了基础。早在1956年6月,周恩来总理在会见日本国营铁路工会等代表团的谈话中就指出:"在我们两国政府能够直接接触之前,两国人民团体之间多多来往,是很有利于两国政府关系改善的。……中日两国人民在两国政府尚未来往和签订协议的时候,直接办起外交来,解决了许多问题,对双方都有利。……我看,就照国民外交的方式做下去,日本团体来得更多,我们的团体也多去,把两国

---

① 名和太郎:《稻山嘉宽评传》,国际商业出版株式会社1976年,第106页。
② 孙平化:《我的履历书》,世界知识出版社1998年,第188页。

间要做的事情都做了,最后只剩下两国外交部长签字,这也很省事,这是很好的方式。"①在友好贸易和备忘录贸易的前提下,经济界人士通过各种渠道"以民促官",逐渐为中日外交关系的建立铺平了道路。

曾任外交官并与政界关系密切的冈崎嘉平太,更是怀着充分的热情和信心,跟随松村先生通过发展贸易、互设民间常驻机构、交换记者等一系列渐进积累方式,推动了中日邦交正常化的实现;而且,实际上也直接参与了恢复中日关系的政治行动。据孙平化先生回忆,冈崎对在东京工作的廖承志代表处的五个人关怀备至,从来没有对他们说过"你们不要进行政治活动"。冈崎不仅对日本政府要求中方人员不从事政治活动的保证置之不理,还在有的会议上让孙平化毫无顾忌地谈论中日关系和政治问题,"客观上形成了冈崎先生保护我进行政治活动"。1972 年 8 月建交前夜,身负推动复交重任的孙平化率领的上海舞剧团回国时,冈崎安排了全日空的飞机,并陪同剧团同机直飞上海,成为中日间的首班直飞包机,实际上也是为不久即将到访的田中首相的专机试航,两国间的航线事实上就此打通。②

尼克松冲击发生前后,当佐藤政府仍在玩弄两面派手法时,经济界巨头纷纷改变态度,迈出了访华的重要步伐,成为中日邦交正常化的"先导"。日本商工会议所会长永野重雄既是支持佐藤政权的财界头号实力人物,也是亲台组织日华合作委员会的重要成员,而且他曾执掌的公司新日本制铁与台湾有着密切的贸易往来关系。但是,他凭着自己的长远预见和深邃的洞察,毅然决定 1971 年 11 月组团访华。代表着经济界主流的永野等人的访华,动摇了佐藤政权的执政基础,客观上直接推进了中日邦交正常化的进程。

---

① 田桓主编:《战后中日关系文献集 1945—1970》,中国社会科学出版社 1996 年,第 281—282 页。
② 孙平化:《我的履历书》,世界知识出版社 1998 年,第 174、191 页。

3. 国民的相互理解与认知

由于日本侵华战争和战后长期的冷战对峙,中日国民对对方的认知与好感度,都非常之低。在中国方面,日军在侵略战争中的暴行,给中国人带来了惨重的灾难,留下了难以磨灭的负面印象。战后很长一段时期,日本人在中国人心目中,都是无恶不作的侵略者形象。与此相对,在美国的授意、日本政府以及媒体的宣传下,在一些日本国民心中,也把新中国看成是一个在共产党独裁政权领导下的贫穷、落后,没有人身自由、让人恐惧的国度。为了改变这种互相"敌视"、缺乏理解的状况,日本一些经济界人士身体力行,积极开展经贸活动与人员交流,对改善双方的认识发挥了重要的作用。

冈崎嘉平太之所以力主推动成套设备出口,原因在于他希望改变中国人对日本人的负面认识。二战期间,他在上海大使馆工作时,中国人仇视日本人,称之为"东洋鬼子"。冈崎想让中国人明白"日本人并不都是坏人"。通过出口成套设备,派遣日本技术员,这样,中日两国工人长期在一起劳动、一起生活,自然也就能够理解日本人的诚意,促进双方的了解。①

另一方面,在长达 11 年的备忘录贸易中,冈崎不断组织日本通产省、大藏省、工商界、金融界代表百余人常驻中国,要他们了解中国,与中国人交朋友,增进相互理解与信任,为促进两国关系做好工作。冈崎认为,备忘录贸易最重要的成就是造就了一批致力于中日友好事业的各阶层人士。在 1973 年备忘录贸易完成历史使命后,冈崎依旧组织经济界、贸易界技术人员、同乡人士、青少年以及他的儿孙,每年都来中国,致力于周总理所提倡的"世世代代友好下去"的中日友好事业。②

两国的贸易促进团体则互派代表团访问,互办展览会,协助办好广

---

① 冈崎嘉平太著,陈耐轩、骆为龙译:《寄语二十一世纪》,人民出版社 1992 年,第 158 页。
② 吴学文:《风雨阴晴:我所经历的中日关系》,世界知识出版社 2002 年,第 299—300 页。

州交易会等,特别是互办展览会,每次参观人数都达到数十万到百余万,成为一个群众性的友好大交流,对增进两国人民的相互了解,起到了巨大的推动作用。从 1955 年开始,中方分别在日本的东京、大阪、名古屋等城市,日方则在北京、上海和天津等城市,陆续举办了多次商品展览会或经济建设成就展览会。日本当时的评论说,展览会的举办增强了人们的"日中友好和日中贸易正常化"的愿望。据说,有的中学生在参观之后所写的作文中,也"表现出对新中国的惊叹和亲近感"。当时有人将中国商品展览会的成果总结为以下几个方面:第一,通过展览会,人们变得比以前更关心新中国了;第二,改变了对新中国的认识;第三,在现实生活中,对日中贸易更加关心了;第四,在社会舆论方面,促进了人们对中国的关心等。特别是对新中国的再认识方面,那些了解半殖民地中国状况的人,通过工业、农业等方面的陈列品看到了新中国的巨大变化,感觉到独立后的中国确实是在"日新月异地发展着"。①

中国民众对于日本商品展览会的召开,及其在会场悬挂日本国旗的行为,在初期有抵触情绪,但通过多方说明、宣传,特别是周恩来总理嘱咐说,"向群众讲清楚,中日两国人民都是日本军国主义发动侵略战争的受害者,日本人民是没有责任的,日本人民是愿意同中国人民友好的,况且现在情况变了,中国和日本都不是从前的中国和日本,应该在新的基础上重新友好"②,从而使得展览会取得了成功。前来参观的群众有工人、农民、学生、干部……来自各行各业的男女老少,十分踊跃,秩序也基本良好。他们对日本商品"耐用"、"实惠"的特性有了直接的感知,心目中的日本人形象有所改善,一些感情的障碍也有所减弱或随着时间而消失,对日本人的好感度亦有所上升。

正如冈崎嘉平太强调指出的那样,"要充分认识到,中日贸易无论是在政治上,还是经济上,无论是日本的现在,还是将来,都是有益无害的,

---

① 《大获成功的中国展览会》,日本国际贸易促进会:《国际贸易》第 58 号,1956 年 1 月 5 日,转引自李恩民著《中日民间经济外交(1945—1972)》,人民出版社 1997 年,第 193—194 页。
② 孙平化:《中日友好随想录》,世界知识出版社 1986 年,第 36 页。

如若轻视,则将会给日本民族带来很大的负面影响。政府与民间必须齐心协力,积极推进中日贸易"①。总之,日本经济界有识之士的对华认识,有对中日传统历史和近代以来侵略战争反省意识的成分,但更重要的是着眼于现实经济利益的考量,以及对中国未来经济、政治地位的战略性预期或判断,故相比政界在行动上表现出一定的超前性或前瞻性,成为推动中日邦交正常化的一支重要力量。

---

① 冈崎嘉平太:《我的记录:飞雪迎春到》,东方书店 1979 年,第 49 页。

第七章 钓鱼岛"搁置争议"与中日关系

钓鱼岛问题,是中日关系中的焦点问题。就钓鱼岛问题,日本政府反复否认中日曾达成"搁置争议"的共识。那么,中日之间到底是否达成过"搁置争议"的共识呢? 由于资料方面的限制,就此中日学界尚缺乏深入研究。本章通过解读日本公布的外交档案、国会议事录和中日双方当事人的回忆或证言,以证实"搁置争议"曾是中日双方达成的共识,并论证日本政府否认、破坏搁置争议的经过,以阐明日本政府承认过去共识、面对当前现状,是寻求解决钓鱼岛问题的根本基础。

一、"搁置争议"乃中日双方的共识

关于钓鱼岛"搁置争议",是中日两国领导人本着着眼大局、面向未来的精神,在邦交正常化谈判和签署《中日和平友好条约》时达成的谅解与共识。

首先,在中日邦交正常化谈判中,双方领导人就钓鱼岛问题达成了搁置争议的共识。

在正式谈判前的 1972 年 7 月 28 日,时任公明党委员长竹入义胜作为田中角荣首相的"特使",与周恩来总理举行了会谈。根据日方外交档

案和竹入本人回忆,周总理率先提出了"搁置争议"的主张:

中日邦交正常化"没有必要涉及钓鱼岛问题","由于石油问题,历史学者认为是问题,日本的井上清先生也很关心此事,这个问题不必看得太重。与基于和平共处五项原则的邦交正常化相比,不是什么问题。"①"钓鱼岛自古以来就是中国的领土,我方也不可能改变看法","提出这个问题就没完了,只会引起相互争吵而不会有任何结果。还是搁置起来,留给后世贤能吧。"②

9月27日下午,在中日第三次首脑会谈即将结束时,首相田中角荣主动提出钓鱼岛问题。根据参加会谈的原外交部顾问张香山回忆,就这个问题双方只是表个态就不谈了。具体会谈记录如下:

田中首相说:我还想说一句话,我对贵方的宽大态度很感谢,借这个机会我想问一下贵方对"尖阁列岛"(即我钓鱼岛)的态度如何?

周总理说:这个问题我这次不想谈,现在谈没有好处。

田中首相说:既然我到了北京,不提一下,回去会遇到一些困难。现在我提了一下,就可以向他们交待了。

周总理说:对! 就因为那里海底发现了石油,台湾拿它大作文章,现在美国也要作这个文章,把这个问题搞得很大。

田中说:好! 不需要再谈了,以后再说。

总理也说:以后再说,这次我们把能解决的基本问题,比如两国关系正常化问题先解决。这是最迫切的问题。有些问题要等到时间转移后来谈。

田中说:一旦邦交正常化,我相信其他问题是能够解决的。③

由此可见,对于钓鱼岛问题,田中首相认同了中方的主张,并没有提

---

① 「竹入・周会談 第 2 回」、『日中国交正常化交渉』、外務省外交史料館、整理番号 01—298。
② 竹入義勝「歴史の歯車が回った　流れ決めた周首相の判断——特使もどき」で悲壮な決意の橋渡し」、石井明、朱建栄、添谷芳秀、林暁光編『記録と考証　日中国交正常化・日中平和友好条約締結交渉』、岩波書店、2003 年、204 頁。
③ 张香山:《中日复交谈判回顾》,《日本学刊》1998 年第 1 期,第 47 页。

出反对意见,双方事实上在诚信的基础上达成了搁置争议的共识。

9月30日,访华回国的外相大平正芳在接受《朝日新闻》评论主任江幡的采访中,就钓鱼岛问题指出:"本次与中国的会谈中,那样的区区小事没有涉及,始终是以中日邦交正常化的要务为中心的。"[1]11月6日,大平外相在众议院预算委员会上回答公明党议员正木良明提出的"《中日和平友好条约》中是否涉及领土问题"时再次表示:"《中日联合声明》中没有提及这个问题,但是在首脑会谈上达成了谅解,向后看的问题一切都以联合声明而宣告结束,和平友好条约是向前看的问题,确定今后中日关系的方针。"[2]大平以这种方式回应了日本国内有关人士的关心,也证明了钓鱼岛问题"搁置争议"是中日两国领导人之间达成的默契的事实。

日本新闻媒体也报道了上述日本政府承认搁置争议的事实。1972年11月7日《读卖新闻》刊文指出:"大平外相在6日众议院预算委员会上,就中日间唯一的领土问题尖阁列岛表示,将在中日和平友好条约中采取不涉及、'冻结'乃至'搁置'的方针","间接地表明了搁置尖阁列岛问题。"[3]

其次,在两国缔结《中日和平友好条约》时,双方再次确认了搁置争议的共识。

1978年8月10日,外相园田直在北京与邓小平举行了会谈。

邓小平说:"我们两国并不是不存在一些问题的,比如你们说的尖阁列岛,我们叫钓鱼台问题,还有大陆架问题","这样的问题现在不要牵进去,本着《和平友好条约》的精神,放几年不要紧,很可能这样的问题,几十年也达不成协议。达不成,我们就不友好了吗?""要把钓鱼台问题放在一边,慢慢来,从容考虑。我们两国之间是有问题的。"

---

[1]「大平外相にきく　安保運営に工夫　必要なら特使派遣も」、『朝日新聞』1972年10月1日、3頁。

[2] 第70回国会衆議院予算委員会会議録第3号、1972年12月6日。

[3]「日中平和条約で尖閣列島触れず」、『読売新聞』1972年11月7日、4頁。

园田直说:"你谈了这个问题,我作为日本外相,也不能不说一点。如果不说,回去就不好交代。关于日本对尖阁的立场,阁下是知道的,希望不再发生那样的偶然事情(指中国捕鱼船队一度进入钓鱼岛海域),我讲这么一句。"

邓小平说:"把这样的事情摆开,我们这一代人,没有找到办法,我们的下一代,再下一代总会找到办法解决的。"①

园田直在其回忆录中亦谈到日方同意"搁置争议"的事实。据园田直回忆,当邓小平说"一如既往,搁置它20年、30年"时,我如释重负,"情不自禁地将双手重重地拍在邓小平的双肩上答道,'阁下,我明白了,请不必再讲了'……若无旁人在场的话,真想说声'谢谢啦'。"②

10月25日上午,赴日出席《中日和平友好条约》批准书互换仪式的邓小平,与首相福田赳夫举行第二次首脑会谈,其中就钓鱼岛问题指出:

"两国间有这样那样的问题,比如有中国叫钓鱼岛、日本叫尖阁列岛的问题。这个问题可以不在这次会谈中谈。我在北京对园田外相也讲过,我们这一代人智慧不够,或许无法解决。下一代比我们更有智慧,会解决这个问题的。这个问题有必要从大局着眼。"③

当天下午,邓小平在东京日本记者俱乐部记者招待会上发表了有名的"搁置争议"谈话。他再次指出:

"'尖阁列岛',我们叫钓鱼岛,这个名字就有叫法不同,这点双方确实有不同的看法,我们实现中日邦交正常化的时候,双方约定不涉及这样的问题。这次谈《中日和平友好条约》的时候,我们双方也约定不涉及。就中国人的智慧来说,也只能想出这样的办法来。倒是有些人想在这些问题上挑些刺,来障碍中日关系的发展。所以我们认为两国政府谈这些问题避开是比较明智的。这样的问题放一下不要紧,放十年也没有

---

① 张香山:《中日关系管窥与见证》,当代世界出版社1998年,第91页。
② 園田直「世界 日本 愛」、第三政経研究会、1981年、327、328頁。
③ 中国課「福田総理・鄧副総理会談記録」(第二回)昭和53年10月25日、外務省外交史料館、整理番号01—935。

关系,我们这代人智慧不够,这个问题谈不拢,我们下一代人总比我们聪明一些,总会找到一个大家都能够接受的方式来解决这个问题。"①

　　对于邓小平提出的"搁置争议"主张,日方当时也没提出异议,实际上双方都再次认可了此前达成的共识。1979 年 5 月 30 日,外相园田直在众议院外务委员会上也明确承认搁置争议的事实。他说:"我认为,放置不动,如邓小平副主席说的那样,放 20 年、30 年,维持现状,可以说亦符合日本的利益。"②

　　当时日本媒体也作为"常识"广泛报道了钓鱼岛"搁置争议"的共识。邓小平在东京召开记者招待会的翌日,《朝日新闻》第一版便报道了邓小平提出的钓鱼岛"搁置争议方式是当前最好的办法""问题可以交给下一代的智慧去解决"的内容。③ 1979 年 5 月 31 日《读卖新闻》社论亦指出:"尖阁列岛(即我国钓鱼岛)主权问题在 1972 年邦交正常化时、去年(1978 年)夏的中日和平友好条约签署之际都成为问题,但以所谓'不涉及、搁置'的方式处理了。总之,中日双方都主张领土主权,承认现实上'存在'争议的同时,保留这个问题,待到将来解决,这是中日两国政府间达成的谅解。毫无疑问,这不是共同声明和条约上的文书,而是政府与政府间明确的'约定'。既然已经约定,就要按理遵守。"④

二、日本政府否认"搁置争议"的经过

　　冷战体制解体以来,日本政府为了将钓鱼岛据为己有,开始公开否认钓鱼岛"存在领土问题",不断破坏中日双方达成的搁置争议共识。

　　首先,冷战体制崩溃后,日本政要开始否认搁置争议的共识,成为钓

---

① 鄧小平記者会見「未来に目を向けた友好関係を」、1978 年 10 月 25 日。日本記者クラブホームページ、http://www.jnpc.or.jp/files/opdf/117.pdf。
② 第 87 回国会衆議院外務委員会議事録第 13 号、昭和 54 年 5 月 30 日。
③「鄧副首相、反覇権を強調　名指し避けソ連批判　尖閣処理、次代の知恵で」、『朝日新聞』1978 年 10 月 26 日、1 頁。
④「尖閣問題を紛争のタネにするな」、『読売新聞』1979 年 5 月 31 日、4 頁。

鱼岛问题走向恶性循环的起点。

1996 年 6 月,日本加入《联合国海洋法公约》。7 月,日本政府纵容右翼团体非法登岛修建灯塔,时任中国驻日大使徐敦信向日本外务省提出抗议,指出其行为有违"搁置争议"的共识。然而,时任外务省事务次官林贞行的答复却是钓鱼岛是日本的固有领土,日本从未同意将领土问题搁置处理。8 月 28 日,日本外相池田行彦在香港也宣称:钓鱼岛是日本固有领土,不存在与中国的领土纠纷问题。这是日本政府首次公开否认搁置争议的共识。

其次,进入 21 世纪,日本政府公布删改的外交谈判档案,为否认"搁置争议"做注脚。

2002 年 1 月,日本外务省公布了 1972 年 9 月 27 日"田中角荣首相、周恩来总理会谈"的外交档案。该档案是 1988 年 9 月根据邦交正常化当时的记录重新录入打印的,非原始底稿。档案中删除了田中首相认同"搁置争议"的内容,上述三问三答的对话,在此处仅剩下未置可否的一问一答。全部内容如下:

田中首相:对尖阁列岛(贵方)如何看? 有很多人向我提出这个问题。

周总理:关于钓鱼岛问题,现在谈没有好处。因为出了石油,这就成了问题。没出石油的话,台湾、美国都不会当作问题。①

2003 年 1 月,外务省公开了 1978 年 8 月 10 日"园田外相·邓小平副主席兼副总理会谈记录",然而,关于钓鱼岛的会谈内容全部被删除,只字未提。② 这种被篡改或删节的外交档案,居然成为日本政府否认钓鱼岛搁置争议、否认存在领土主权之争的主要依据。③

---

① アジア局中国課「田中総理・周恩来総理会談記録」、外務省外交史料館、整理番号 01—42。
②「ソノダ大臣とトウ小平副主席兼副総理との会談」、外務省外交史料館、整理番号 01—1373。
③ 日本外務省「尖閣諸島に関する Q&A」、日本外務省ホームページ、http://www. mofa. go. jp/mofaj/area/senkaku/qa_1010. html。

再次,民主党菅直人政权建立后,以首相为首的主要领导也开始否认搁置争议的共识。

2010 年 6 月 8 日,首相菅直人在署名回答议员佐藤正久的书面答辩书中明确指出:"关于钓鱼岛应解决的领有权问题原本就不存在。"①菅直人成为中日邦交正常化以来第一个否认钓鱼岛"不存在领土主权之争"的日本首相。

2010 年 9 月钓鱼岛撞船事件后,外相前原诚司在 10 月 21 日众议院安全委员会的答辩中说:"这是邓小平单方面的发言,日方没有同意。因此,作为结论,关于搁置争议论,不存在与中方达成协议的事实。"② 10 月 27 日,前原在众议院外务委员会上又表示,"搁置的话没说过""表示同意的发言也没有",③又全面否定了周恩来与田中角荣关于钓鱼岛"搁置争议"的共识。前一天的 10 月 26 日,首相菅直人在署名回答议员河井克行向众议院提交的书面质询中,再次否认了邓小平在记者俱乐部发言中提到的双方存在"约定"的事实,也否认了钓鱼岛"搁置争议"的事实。④

最后,野田内阁的钓鱼岛"国有化"方针,彻底颠覆了中日之间搁置争议的共识。

2012 年 4 月 16 日,东京都知事石原慎太郎在美国抛出"购岛"宣言,意欲改变钓鱼岛现状。7 月 7 日,野田对记者表明:"钓鱼岛在历史上、国际法上都是我国固有领土,我们有效控制着,不存在领土问题和领有权问题",并首次正式公开了所谓"国有化"方针。9 月 11 日,野田内阁不顾中方一再严正交涉,打着平稳维持局面的幌子,通过了所谓钓鱼岛"国有化"的内阁决议,搁置争议的共识被彻底颠覆。

2012 年 12 月成立的第二届安倍内阁依然沿袭前任的错误主张。2013 年 2 月 1 日,首相安倍在参议院大会上宣称:"与中国之间不存在要

---

① 日本参議院「答弁書第 83 号 内閣参質 174 第 83 号」、平成 22 年 6 月 8 日。
② 第 176 回国会衆議院安全保障委員会会議録第 2 号、平成 22 年 10 月 21 日。
③ 第 176 回国会衆議院外務委員会会議録第 2 号、平成 22 年 10 月 27 日。
④ 日本衆議院「答弁第 69 号 内閣衆質 176 第 69 号」、平成 22 年 10 月 26 日。

解决的领有权问题,也不存在搁置争议的问题",继续否认搁置争议的
共识。

三、日方政要对"搁置争议"的证言

钓鱼岛"搁置争议"的默契与共识,是客观存在的事实,不容日本政
府单方面否认、破坏。作为亲历者,日方许多官僚、政治家,甚至包括右
翼政治家,都在不同场合下证实了搁置争议的事实。

桥本恕(时任外务省亚洲局中国课课长、中日邦交正常化谈判的日
方出席者之一)在 2000 年 4 月 4 日的采访中证实,田中角荣在谈判临近
结束时提出过钓鱼岛问题。

周总理说:"提起这个,双方都有一堆要说的,首脑会谈怎么谈也谈
不完了。所以,这次不涉及这个问题,搁置起来吧。"

田中首相也表明:"是这样的。那么,这个问题就其他机会再
说吧。"①

栗山尚一(时任外务省条约课课长、陪同田中角荣访华并负责起草
《中日联合声明》),2012 年 10 月 31 日也对《朝日新闻》记者证实,他虽没
亲自参加会谈,但听了有关会谈的汇报,他说:"搁置争议、留待将来是那
时首脑间达成的'默契',当时我那么认为,现在也这么认为。"②

东乡和彦(时任外务省欧亚局局长、亲自参加《中日和平友好条约》
会谈)2012 年 11 月亦证实:"1978 年外长会谈时,我也坐在末席,当邓小
平说出'交给下一代'时,我感到双方达成了'就这样'的默契。我想邻座
的条约局长大森诚一也这么认为。这不是以明确的文字记录的协议,但

---

① 桥本恕将该会谈内容误记为第四次首脑会谈,实际上是第三次首脑会谈。橋本恕「橋本恕氏
に聞く——日中国交正常化交渉」、大平正芳記念財団編『去華就実 聞き書き大平正芳』、
2000 年、160 頁。
② 「尖閣 加熱する主張」、『朝日新聞』2012 年 10 月 31 日朝刊、20 頁。

是,可以说是事实上达成了'搁置争议'的协议。"①

　　浅井基文(时任外务省条约局国际协定课课长、亚洲局中国课课长)2012年9月也对记者证实:"'搁置争议'是外务省的共同认识。即使是被称为鹰派的自民党中曾根政权,也没在钓鱼岛问题上找事。"②

　　88岁高龄的自民党元老、原官房长官野中广务,在2013年6月访华时和日本国内多次对记者表明,他在中日邦交正常化后不久,从当时的田中角荣首相那里明确听到把钓鱼岛问题搁置起来使两国关系正常化的事。

　　此外,连掀起"购岛"风波的时任东京都知事石原慎太郎(随后出任日本维新会共同代表)也承认搁置争议的事实。他在2012年8月的采访中表示:"邓小平说,这个问题交给后世聪明的年轻人吧。混账外务省因此就像是被救了似的,说就那样吧,就那样吧,(钓鱼岛问题)就被搁置了。那时,政府要是明确说'那不行,那是日本领土'就好了。"③

　　由上可见,中日双方就钓鱼岛问题达成的"搁置争议"共识,是不容否认的事实。中方出于中日关系的大局,在钓鱼岛问题上一直保持着应有的克制。这一点也为日本部分有识之士所认同,日本国际贸易促进协会会长河野洋平(原自民党总裁、原日本众议院议长)在接受《世界》杂志采访时称:当中方明确提出搁置争议、留待将来解决的方针时,"我们非常吃惊","这一立场是对日本很大的让步"。他也承认,"(国有化等)日方一系列的行动,使问题复杂化",并严正指出应该"以史为鉴、勿失大局与原则",因为这事关"日本外交的理性与诚信"。④

　　总而言之,如今日本政府业已颠覆了"搁置争议"的共识,回到原有"搁置"状态的基础已不复存在。面对钓鱼岛的现状,通过和平对话,合

---

① 「主権問題はあらたに「棚上げ」し、尖閣石油の日中共同開発を」、『マスコミ市民』2012年11月号、13頁。

② 尖閣問題取材班「尖閣対応『極秘マニュアル』」、『AERA』2012年9月10日、11頁。

③ 石原慎太郎「日本は戦争の覚悟を示せ」、『PRESIDENT』2012年9月17日号、125頁。

④ 河野洋平「日本外交に理性と誠実さを」、『世界』2012年10月号、92—97頁。

作协商,寻求管控问题、解决问题的出路,乃迫在眉睫之举。但其基础是,日方首先得拿出真诚的态度,承认中日曾达成过"搁置争议"的共识,承认两国间存在着领土争议,否则根本不具备对话的基础,一切亦无从谈起。可以说,现今钓鱼岛问题正拷问着日本政府的诚信与理性,也拷问着日本媒体的良知和智慧。

2014年11月7日,中日双方就处理和改善中日关系达成以下四点原则共识:

一、双方确认将遵守中日四个政治文件的各项原则和精神,继续发展中日战略互惠关系。

二、双方本着"正视历史、面向未来"的精神,就克服影响两国关系政治障碍达成一些共识。

三、双方认识到围绕钓鱼岛等东海领域近年来出现的紧张局势存在不同主张,同意通过对话磋商防止局势恶化,建立危机管控机制,避免发生不测事态。

四、双方同意利用各种多双边渠道逐步重启政治、外交和安全对话,努力构建政治互信。

第八章 "东亚共同体"的构建与中日关系

曾被认为是"梦想"或"幻想"的东亚共同体,作为本地区合作的一个长远目标,各国已经基本上取得了共识。然而,东亚共同体的构建面临着诸多需要解决的问题,必将是一项艰巨的工程。

一、"东亚共同体"的提出与发展

东亚合作的思想虽由来已久,但东亚真正的合作及其发展变化,应该还是近些年的事情。"若在几年前这是不可想象的!"一位日本高官在谈到迈向东亚共同体的步伐出现了加速化的征兆时,发出这样的感叹。①的确,回顾东亚区域合作的这段历程,可以发现本地区的合作虽起步较晚,但是发展速度快、潜力大、态势良好。东盟与中日韩(10+3)、中国-东盟(10+1)、中日韩以及东盟等各种层次的合作为"东亚共同体"的创建奠定了基础。

冷战结束后,1990 年 12 月,马来西亚总理马哈蒂尔倡导建立"东亚经济集团"(EAEG)。翌年,为了淡化集团化的色彩,东盟将其改名为"东

---

① 《迈向东亚共同体的步伐比预想的快》,载日本驻华大使馆:《越洋聚焦——日本论坛》第 10 期,第 31 页。

亚经济核心论坛"(EAEC)。但在美、澳等国的强烈反对下,该设想被束之高阁。

1997 年东亚金融危机的爆发,加速了本地区的合作步伐。同年 12 月 15 日,第一次东盟与中日韩领导人非正式会议在马来西亚首都吉隆坡举行,这是东亚地区合作的开创性实践。1998 年韩国总统金大中提议由各国学者组建"东亚展望小组"(EAVG),就东亚合作的前景和规划提出建议。

1999 年 11 月在菲律宾举行的第 3 次 10+3 领导人非正式会晤就推动东亚合作的原则、方向和重点领域达成了共识,发表了《东亚合作联合声明》。中日韩三国领导人也实现了史无前例的首次会晤。2000 年 11 月的新加坡第 4 次领导人会议,探讨了建立东亚自由贸易区的可行性。2001 年 11 月"东亚展望小组"正式向第 5 次文莱 10+3 领导人会议提交了研究报告《走向东亚共同体:一个和平、繁荣和进步的地区》,提出了 22 项建议,并在经济、政治安全、环境、社会、文化和制度六大领域中列出 57 条具体措施,建议将建设"东亚共同体"作为东亚合作的长期目标,逐步推动 10+3 峰会机制向东亚峰会过渡。① 这一积极的倡议和酝酿,为进一步的深入合作打下了基础。特别是本次峰会上中国与东盟就建立自由贸易区达成协议,有力地推动了东亚经济一体化的进程,加强了各方进一步合作的共识。

中国与东盟建立自由贸易区的消息在日本朝野引起很大反响。于是仅仅两个月后的 2002 年 1 月,日本首相小泉纯一郎访问东盟 5 国时也提出了一个包括澳大利亚、新西兰在内的扩大的"东亚共同体"设想。中方主张适时启动中日韩自由贸易区可行性研究和研究推进东亚自由贸易区的建设。同年 12 月"东亚研究小组"(EASG)在向领导人会议提交的报告中再次强调了"东亚共同体的形成符合各国的利益和愿望,将是

---

① East Asia Vision Group(EAVG) Report: *Towards an East Asian Community*: *Region of Peace*, *Prosperity and Progress*, 31 October 2001.

一个长期渐进的过程"①。2003 年 10 月,印尼巴厘岛第 7 次领导人会议,实际上仍未就东亚合作的长远目标以及要不要召开"东亚峰会"达成共识。同年 12 月,日本—东盟特别首脑会议在东京召开,双方发表了《东京宣言》和"行动计划",明确提出的目标是"推动和创建东亚共同体"。中国官方明确表示对日本与东盟合作取得的进展表示欢迎,而学界对日本提出的"东亚共同体"仍意见不一。

2004 年 11 月,第 8 次东盟与中日韩领导人会议在老挝首都万象举行。各国领导人终于一致同意东亚合作的长期目标是建立"东亚共同体",并且同意 2005 年在马来西亚召开第一届"东亚峰会",目的是东亚 13 国逐步以峰会的形式取代"10+3",推动东亚由功能性合作走向机制性合作,最终建立东亚共同体。"东亚共同体"作为东亚合作的长期目标,终于由政策建议或个别意向成为各国领导人的共识。因此,东亚共同体的长期目标从正式提出到各国达成共识,实际上只用了 4 年的时间。

然而,地区合作进程并没有按照先前的设想推进。在日本积极主张吸纳澳、新、印的情况下,东盟出于维护主导权和大国平衡政策的考虑,于 2005 年 7 月的东盟外长会议上最终决定东亚峰会的范围扩大到 16 国。2005 年 12 月 14 日,首届东亚峰会在马来西亚首都吉隆坡召开。16 个成员国首脑签署了《吉隆坡宣言》,同意将东亚峰会建成一个以东盟为主导的开放、包容、透明和外向型的论坛,而且表示东亚峰会能够在本地区共同体建设的过程中发挥重要作用。② 东亚峰会突破地域限制的创新模式和创建新合作平台的意义不容否定,但由于各方意见相异、政策取向不同,东亚峰会在"东亚共同体"建设方面将发挥何种作用,东亚合作能否取得实质性进展,是进一步"深化"还是"泛化",长期以来成为各方

---

① The East Asia Study Group(EASG) Peport: *Final Report of the East Asia Study Group*, ASEAN+3 Summit, 4 November 2002, Phnom Penh, Cambodia.

② *Kuala Lumpur Declaration on the East Asia Summit*, Kuala Lumpur, 14 December 2005, http://www. aseansec. org/18098. htm

关注的重要问题。

长期合作的目标业已确立,东亚峰会也已召开,但东亚整体的制度化合作依旧进展迟缓。2007 年在菲律宾召开了第二届东亚峰会,会议再次确认了东亚峰会的主导是东盟。对于中韩提出的以"10＋3"方式创建自贸区的构想,日本则主张由东亚峰会的所有参加国建立区域合作协定(EPA)。然而,需要强调的是,2008 年 12 月中日韩三国领导人首次在东盟与中日韩(10＋3)框架之外单独举行会议,决定建立面向未来、全方位合作的伙伴关系,同时将这一会议机制化,定期在三国轮流举行。时任首相麻生太郎在首脑会议后会见记者时表示,这次福冈会议称为"第一次中日韩领导人会议",中日韩三国领导人定期会晤,谋求强化合作,这是"历史的必然"。而且,本次会议对亚洲以及世界的繁荣和稳定有着重要的历史意义,即使是从巨大的经济力量来看,三国合作体制对世界影响重大,在这一意义上说,是一次划时代的会议。① 2009 年第四届东亚峰会,各国领导人探讨了朝核问题,东亚峰会已经超出经济范畴,成为探讨包括政治安全问题在内的地区多边论坛。

进入 21 世纪,东亚地区双边合作在不断深化的同时,多边合作却步履蹒跚,甚至呈现某种程度的竞争关系。2010 年 1 月,全球第三大自贸区——中国-东盟自贸区正式成立,标志着该自贸区进入零关税时代。到 2010 年 7 月,日本东盟 FTA 除了印度尼西亚之外在所有东盟国家之间正式生效。在这一潮流影响下,2012 年 5 月中韩自贸区谈判正式启动,2015 年 12 月 20 日中韩自贸区正式生效并第一次降税,2016 年 1 月 1 日第二次降税,中韩自贸区基本建成。

2012 年 11 月,中日韩经贸部长在柬埔寨金边陪同出席东亚领导人系列会议期间举行会晤,正式启动三国自贸协定谈判。这距中国提议经过了十年时间,中日韩自贸区谈判终于启动。从 2012 年 11 月中日韩自

---

① 外务省「日中韓首脳会議～三国間協力の推進」、http://www.mofa.go.jp/mofaj/press/pr/wakaru/topics/vol23/。

贸区谈判启动以来,截至 2018 年已经进行了 13 轮谈判,三方就货物贸易、服务贸易、投资等领域深入交换了意见,取得了一定进展。2018 年 5 月第七次中日韩领导人会议表明,三方将加快中日韩自贸区与"区域全面经济伙伴关系协定"(RCEP)谈判,引领东亚经济共同体建设,推动区域经济一体化。

然而,2009 年 11 月美国奥巴马总统宣布参加 TPP(跨太平洋战略经济伙伴关系协议)谈判,在美国的主导推动下,2010 年马来西亚、越南加入 TPP 谈判,2011 年日本也正式决定加入 TPP 谈判,2013 年韩国加入该谈判。2016 年 2 月,TPP12 个成员国正式签署"跨太平洋伙伴关系协定"。尽管 2017 年 1 月美国新任总统特朗普签署行政命令退出了 TPP,但日本和越南等国表示将继续推进 TPP 建设。与此同时,2011 年 11 月在东亚峰会和 10+3 会议上,东盟首脑提议推进"区域全面经济伙伴关系协定"(RCEP)谈判,旨在通过削减关税和非关税壁垒,构建东盟与中、日、韩、澳、新、印的 16 国统一市场。2015 年李克强总理在第 10 届东亚峰会上提出了力争在 2020 年建成东亚经济共同体目标。2018 年 7 月,RCEP 在日本东京召开了第五次部长级会议,会议强调要尽快结束 RCEP 谈判。于是,在亚太地区出现了 APEC、TPP 和 RCEP 三个大规模的区域合作协定,三者如何相互协调,有关各国采取何种政策,都将影响着该地区的合作进程。

二、"东亚共同体"创建的可能性与必要性

东亚共同体的创建,已经具备一定的经济、政治基础,而且也是东亚各国进一步发展经济联系,克服政治障碍,建立政治互信关系,推动区域安全合作的现实需求。

第一,东亚各国经济高度互补,区内贸易比率逐步提高,贸易额迅速扩大。20 世纪 90 年代以来,东亚地区传统的"雁行模式"发生了改变,形成了新的垂直分工与水平分工相结合的分工模式。从东亚地区的贸易

互补系数来看,从 1992 年的 62.5,上升到 2002 年的 68.0,虽仍低于 2002 年 EU(81.0)和 NAFTA(71.6)的水平,但已经超过 EEC(1958 年 53.4)、美加自由贸易区(1989 年 64.3)和 NAFTA(1994 年 56.3)创立时的水平。[①] 从地区贸易比率来看,东亚地区内贸易比率不断上升,1990 年为 41.4%,2004 年达到 53.4%,虽低于欧盟的 65.7%,但高于 NAFTA 的 43.9%。[②] 到 2015 年,东亚的区内贸易比率仍达 46%,基本上与 NAFTA 的 46.2% 持平,而欧盟的区内贸易比率则下降为 60.8%。[③] 但东亚区域内部的相互出口额,从 1992 年的 3312 亿美元,增加到 2002 年的 6420 亿美元,10 年间将近翻一番。[④] 2015 年进一步增长到 2.2 万亿美元,10 多年间贸易额又将近翻了两番。这从一个角度说明东亚自由贸易区或"东亚共同体"创立已经具备一定的经济基础。

第二,从组建自由贸易区或共同体的宏观经济影响角度看,东亚各国有必要推进合作进程。有关研究运用 CGE 为基本分析工具,对东盟、中国、日本和韩国之间建立自由贸易区的几种主要方案(即中国—东盟、日本—东盟、韩国—东盟、东盟与中日韩等)进行了定量评估,分析了对各国的宏观经济影响,结论认为不论对于哪个国家,中日韩与东盟 FTA 是总体经济利益最好的选择。[⑤] 所以,积极参与东亚经济合作是这些国家应采取的正确决策。

第三,1997 年东亚金融危机与 2008 年全球金融危机的冲击,有力地证明了东亚国家实行经济联合,共同抵御风险,推动区域经济一体化的必要性。2000 年 5 月,清迈协议的签署,对防范金融危机、推动进一步区

① 経済産業省『通産白書 2004 年』、行政株式会社、2004 年、155 頁。
② 日本財務省国際局『アジア経済の現状と今後の展望』、2005 年 5 月 20 日、4 頁。http:// www.mof.go.jp/singikai/kanzegaita/siryou/gaib170520b.pdf
③ 岡嵜久実子「東アジア区内貿易の変化」、2017 年 10 月 4 日、2 頁。http://www.canon-igs. org/event/report/170928_Okazaki_summary.pdf#search='%E5%9F%9F%E5%86% 85%E8%B2%BF%E6%98%93%E6%AF%94%E7%8E%87'
④ 経済産業省『通産白書 2004 年』、行政株式会社、2004 年、153 頁。
⑤ 薛敬孝、张伯伟:《东亚经贸合作安排的比较研究》,杨栋梁编:《东亚区域经济合作的现状与课题》,天津人民出版社 2004 年,第 150—173 页。

域货币合作具有深远意义。2003 年,东亚及太平洋地区的 11 家中央银行出资 10 亿美元成立了亚洲债券市场。2006 年 5 月,第 6 届中日韩三国财长会议,就在"10＋3"财长会机制下研究创建"地区货币单位"达成一致意见。2009 年中韩签署了 260 亿美元的货币互换协议,2017 年双方续签规模为 560 亿美元的互换协议。2018 年 5 月,中日韩领导人会议上中方也宣布将同日本商议签署货币互换协议,这些都将进一步促进东亚金融一体化的进程。

第四,区外贸易集团的压力是促使东亚各国积极推动地区合作的因素之一。如今,欧盟统一货币,成功实现东扩,已发展成为一个高度一体化组织。美国在 NAFTA 的基础上,力求建成美洲自由贸易区。面对欧美的差别待遇和贸易保护主义的排斥,东亚各经济体加强区内合作,积极拓展活动空间,减少对欧美经济的依赖,无疑成为新时期各国对外经济的要务。

第五,面对东亚共同体的建设,东亚各国已经初步确立了政治合作关系,形成了一定的安全合作共识。

20 世纪 90 年代初,中国与东盟国家关系全面实现正常化。从"对话关系"到"睦邻互信伙伴关系",再到"面向和平与繁荣的战略伙伴关系",双方的政治安全关系,得到了长足发展。2006 年 10 月,中国-东盟建立对话关系 15 周年纪念峰会的召开,承上启下,进一步推动了双方政治互信关系的深入发展。在 2013 年即中国-东盟建立战略合作伙伴关系 10 周年之际,习近平提出共建 21 世纪海上丝绸之路、携手建设更为紧密的中国—东盟命运共同体的目标,为双方关系未来发展指明了方向。

另外,1992 年 8 月中国与韩国正式建立外交关系,结束了战后半个世纪的不正常状态,政治经济关系迅速发展。此外,中国与日本、东盟与日韩之间的政治关系也不断加强。

冷战结束后,从柬埔寨问题解决至今,东亚地区首次迎来了一个没有大规模冲突或战争的和平时期。这为本地区开展合作提供了最重要的基础条件。同时,各国通过参加东盟地区论坛、"六方会谈"等各种层次的安全对话和交流,增进了相互间的信任,为本地区国家应对新型安全挑战,构筑和谐的安全环境,维护地区和平与稳定,营造了有利环境。

第六,东亚地区的历史问题、现实领土争端等的解决,亦需要组建一个地区合作框架。

东亚合作的一个主要障碍是,围绕历史问题、领土问题等,中日、日韩等国之间仍缺乏政治信赖,存在一些矛盾。从欧洲的经验来讲,法德两国共同研究历史和联手建立"煤钢联营"本身就是很好的启示。事实上,中日韩三国学者联合编纂的历史教科书已于2005年出版,今后他们还将展开进一步的合作研究。日本首相安倍晋三2006年10月访华时,中日双方启动了中日学术界的共同历史研究。这些都将是多边及双边合作的有益探索或尝试。

中日之间的"东海能源之争"、钓鱼岛的领土争端等敏感问题,亦需要双方切实合作,探讨均能接受的解决办法,这也需要地区合作框架的支撑。就中日关系来说,原中国外交学院院长吴建民在2005年东亚投资论坛上提出的"双边难题,多边解决",不失为一个现实的途径。

三、构建东亚共同体面临的主要问题

东亚共同体作为地区合作的长期目标,各国基本上取得了共识,但是就共同体的定位、成员构成、推进路径等问题,实际上仍未形成一致意见。而且,东亚各国共同体意识淡薄,政治互信不足,对外贸易仍很大程度依赖于欧美等,都是必须面对的现实问题。

第一,东亚共同体的目标定位,即传统的经济合作是必要的,但更为重要的是必须超越旧有思维,增进互信,消除猜忌和防范心理,寻求构建共同的地区合作意识。

欧盟作为一个高度一体化组织是成功的榜样。同样东亚共同体的最高目标,也应是一个高度一体化的经济、政治和安全共同体,而现实的选择应该是东亚经济共同体,也就是说今后相当长的时间内应该集中于东亚自由贸易区的建设,特别是着力推动有条件的次区域合作机制先行,比如在中国—东盟自由贸易区、中韩自贸区、东盟自由贸易区等建成后,可以考虑着力推动中日韩自由贸易区的建设。

然而,目前东亚地区的共同体意识淡薄,特别是"积极"倡导东亚共同体的日本,缺乏对亚洲的认同,没有真正的归属意识,往往是在东盟国家面前才提出类似提法,而部分人对中国仍持有误解和猜疑,认为中国倡导"东亚共同体"是搞地区霸权主义,是要在日美同盟间打入一个楔子。① 从日本执政党自民党的政策倾向也可以看出,其仍主张加强日美同盟,而对东亚共同体的构建有所担心,认为从中日目前处于互不信任的状况来看,根本不可能建立东亚共同体一类的组织,即便建立了这种组织,也可能变成以中国为核心的地区组织。② 同时考虑到与美国的密切关系,对东亚深层次的合作并不热心,而是更加倾向于通过加强日美关系来遏制中国。③

在明确是否真正愿意构建东亚共同体这一前提的基础上,无法回避谁主要受益的问题。基于经济联系和政治需求的现实,在东亚共同体的框架下中日应该联合,而不是将对方视为所谓的"威胁"或"霸权",这对中日双方都有利。所以说,单一的经济合作是不够的,建立政治互信,强化地区意识,已成为一个迫切的课题。

第二,共同体应以东盟 10 国与中日韩为主,成员国的泛化不利于东亚共同体的建设。

如何定义东亚,有各种说法,从近年东亚合作的实际进程来看,似乎已经得出结论,那就是东盟与中日韩。围绕东亚共同体的成员范围和东亚峰会的出席者,东盟各国、中、日等存在意见分歧。日本为了"稀释"中

---

① 渡辺利夫「パクス・シニカにアジアが屈する日」、『中央公論』2006 年 2 月号、214—224 頁。
② 白石隆「東アジア共同体の構築は可能か」、『中央公論』2006 年 1 月号、28—35 頁。
③ 譬如 2005 年 11 月 16 日日本首相小泉纯一郎在日美首脑会谈结束后会见记者时说:"日美关系越好,越能够构筑与中国、韩国、亚洲等国的良好关系。"日本首相官邸「日米首脑会談」、2005 年 11 月 16 日、http://www.kantei.go.jp/jp/koizumiphoto/2005/11/16nitibei.html。

国的影响力,将澳大利亚、新西兰和印度等国拉入东亚峰会。东盟为了维护主导权,在东盟共同体的基础上构建东亚共同体,也同意东亚峰会成员国扩大到南亚、大洋洲,还同意美国、俄罗斯等国加入。

东亚共同体应该奉行开放的地区主义,不排斥区外国家,但为了保持凝聚力,有效推进共同体的建设,也不宜无限制地迅速扩大成员,而应根据共同体的进程,考虑泛亚合作,适时吸纳地区新成员,例如蒙古、朝鲜等,甚至着眼长远的"亚洲联盟"。对于美国等国,可以考虑以"对话伙伴"的形式参与共同体的创建,而不是正式成员。一直倡导东亚合作的马来西亚前总理马哈蒂尔表示,真正意义上的东亚集团的成员必须是来自东南亚、东亚和亚洲国家……,因此所谓的东亚峰会,其原意已经变质,其实是"东亚——大洋洲峰会",已经不可能代表东亚国家的声音。①

对于美国反对东亚共同体的态度,借用日本学者谷口诚(原日本驻联合国大使、经合组织副秘书长)的话说:"欲扩大 NAFTA 而建立 FTAA 的美国,无权阻止'东亚共同体'的建设,原本地区一体化组织就是由本地区国家构成的统一体,例如,美国不能作为正式成员加盟 EU,反之也是如此;与日本不能加入 NAFTA 或 FTAA 一样,美国也不能作为核心成员参加'东亚共同体'。"②

有人认为这是排斥美国,其实一方面东亚共同体的创建需要与美国合作,另一方面美国在东亚的经济、政治和军事存在,不是想排除就能排除掉的。新加坡总理李显龙在接受《印度教徒报》采访时指出:"美国对东亚是重要的,今后也将继续如此。但与此同时,我们对亚洲也有各自的关注和感兴趣的课题,并以这样的方式启动东亚峰会。"③我国外交部部长王毅也曾指出:"美国在东亚有重要的利益和影响,这是历史形成的,也是客观现实。在这个问题上,我们既要按区域合作的一般规律办

---

① 孟青等:《日想用经验领导东亚 歪曲中国立场讨好东盟等国》,《环球时报》2005 年 12 月 12 日。

② 谷口诚:《推进"东亚共同体"的创建》,《朝日新闻》2005 年 6 月 2 日。

③《李显龙接受〈印度教徒报〉的采访》,《联合早报》2005 年 6 月 28 日。

事,加强域内各国的合作,同时也要奉行开放的地区主义,不排斥美国和其他域外国家,注重与它们加强对话与协调,相互尊重彼此的利益,不断寻求和扩大新的利益汇合点。"①

第三,发挥东亚峰会的积极作用,以"10＋3"为主渠道构建东亚共同体。

原先,推进东亚合作的主要有 4 个车轮:"10＋3"、3 个"10＋1"、东盟 10 国和中日韩三国。相对走在前边的是东盟和"10＋1",而东亚整体合作仍然滞后。如今,东亚峰会已发展为一个"泛化"论坛,可以发挥其新的交流合作平台的作用,使之成为有效缓冲、协调东亚与美国冲突的机制,但对其显然不能抱有过高期望。所以,仍需谋求加强母体"10＋3"的核心作用,进一步推进 RCEP 的建设。

其中关键可能在于进一步推动中日韩的合作,特别是中日双方的合作。时任中国驻日大使王毅早在 2005 年 2 月在神户召开的"关西工商界研讨会"上表示,中日之间有必要启动自由贸易协定谈判。2006 年 11 月 1 日,日本首相安倍晋三在接受美国《华尔街日报》采访时表示将考虑同中国签订经济合作协定。中方也表明愿同日本就自由贸易区问题展开共同研究。如果中日合作这个新车轮启动,必将大大加快东亚共同体建设的进程,反之如果没有中日两国的相互信赖、精诚合作,创建富有实效的东亚共同体是不可能的。

四、中日两国的作用

区域一体化不可能有一个统一的标准模式,东亚共同体的建设,应该根据本地区的特点创造自己的模式和发展道路。面向共同体的建设,中日两国作为地区大国,应是一个积极的推动者、协调者和建设者,应高瞻远瞩,妥善处理与周边国家的关系,促进自身社会稳定与发展,有效地

---

① 王毅在外交学院"东亚共同体"研讨会上的演讲:《全球化进程中的亚洲区域合作》,《人民日报》2004 年 4 月 30 日。

推进东亚共同体建设。

第一,推动者,即积极推动东亚共同体以及各种层次的合作,塑造稳定的周边环境,这符合中日两国的长远利益。中日两国因在推进东亚地区整体合作的同时,先致力于自由贸易区的建设,加强金融、能源、环境等部门的具体合作。在政治安全领域,可以考虑在中美战略伙伴关系和日美同盟的条件下,将"六方会谈"发展为一个开放性的地区安全合作组织,以消除美国的警戒心和日本在日美同盟与东亚共同体之间二者择一的"困境",以保证东亚共同体的建设。① 新加坡荣誉国务资政吴作栋也曾指出,美国过去编织的双边网络,也必须适应冷战结束后的东亚现实,美国必须重视东亚一体化的进程。② 在社会文化领域,中日双方有必要进一步推动文化交流机制建设,扩大人文交流,特别是年轻人的交流,培养区域共同体意识,在文化多样性的基础上促进文化认同。

第二,协调者,即协调各方立场,促进共同体建设有效推进。在利益不同、立场分歧的情况下,中日两国应该以负责的大国身份扮演协调者的角色。一是协调区外国家与区内合作的关系,借助 APEC 和亚欧会议的"桥梁",争取美国、欧洲等的建设性作用,而不是阻碍本地区的合作。二是协调本地区的"南北关系",这里包括三层含义:一方面是协调东南亚与东北亚关系,推动东盟与中日韩三方的合作,改变东北亚合作滞后的局面;另一方面是协调发达国家与发展中国家的分歧,促进经贸合作的深入;还要协调朝鲜半岛的朝鲜与韩国的关系,推动地区和平进程。

此外,协调东盟等国在地区主导权等问题上的分歧,有效推进地区合作。东盟国家出于与中日两国实力的巨大差距,始终担心区域合作的

---

① Chung Mo KOO. *Economic Integration and the Role of a Regional Development Bank in Northeast Asia* , Presented to the International Conference on the Evolution of Regional Integration in East Asia and Regional Cooperation, 7—8 November 2006, Nankai University, Tianjin, China. pp. 102—112. 同样观点参见姜尚中「日本のアジア化が問われている」,『世界』2006 年 1 月号、126—128 頁。

② Speech by Mr Goh Chok Tong, Senior Minister, at the Asia Society Conference, 9 June 2005 in Bangkok. Mnistry of Foreign Affairs of Singapore. http://www. mfa. gov. sg/internet/.

"大权"旁落。日本在表面支持东盟主导的同时,积极主张在东亚共同体建设中要发挥领导作用,①并且,还渲染中日之间的领导权争夺。为此,中方在明确表明不谋求支配地位的同时,要协调各方立场,采取切实的合作措施,以奠定东亚共同体的基础。

第三,建设者,即积极地妥善处理中日双边关系,发挥建设性作用,共同推动东亚共同体的创建。2006 年 3 月,胡锦涛主席在会见日本日中友好七团体负责人时提出,中日双方应致力于建设"和平共处、世代友好、互利合作、共同发展"的十六字方针。亦如越南"10+3"研究课题组组长阮氏美所言:"中日合作有利于自身,也有利于东亚,克服地区合作缺少'主角'的关键,在于中日双方要尽快改善双边关系。"②东亚共同体建设的进程、体制与前景,在根本上将取决于中日合作的快慢与成败。

围绕靖国神社参拜、历史教科书等问题,中日关系一度陷入僵局,其不只是双边关系的问题,已经直接影响了东亚地区的整体合作。在历史问题上,不能轻视或忽略这一问题的复杂性、长期性。新时期,中方欲找出历史问题的"答案",以新的姿态推进中日关系;日方也想走出战争阴影,放下历史包袱,成为一个"普通国家"。关键在于历史问题不能回避,但必须长期看待,共同协商、共同研究,提出建设性的具体措施,逐步寻求问题的解决。

同时,中日要冷静、理性地处理双方现实利益之争,避免矛盾激化;对话协商,开展建设性合作,符合两国基本利益,也有利于地区的和平与发展。例如钓鱼岛问题、东海划界问题等。中日必须从长远的战略高度出发,客观认识 21 世纪东亚中日并立的现实,"中国成为经济大国、日本

---

① *Asian Strategy As I See It*:*Japan as the "Thought Leader" of Asia*[EB/OL],Speech by Foreign Minister Taro Aso at the Foreign Correspondents' Club of Japan,7 December 2005. http://www. mofa. go. jp/announce/fm/aso/speech0512. html.

② Nguyen Thu My. *Building an East Asian Community*:*Achievements and Problems*[Z],Presented to the International Conference on the Evolution of Regional Integration in East Asia and Regional Cooperation,7—8 November 2006,Nankai University,Tianjin,China. pp. 38 - 49.

成为政治大国都是必然的发展趋势。两国人民要适当调整自己的心理状态和相互评判的价值标准。"①

　　总之,回顾过去,东亚合作的成绩来之不易,因为一个稳定、繁荣、发展的东亚是各国共同利益之所在。东亚共同体的构建无疑是一个长远的目标,在推进东亚合作进程时,不能"冒进",欲速则不达,应在自由贸易区的基础上,加强政治互信,促进安全交流,谋求更高层次的合作;亦不能"泛化",要以"10+3"为主渠道,以"10+6"为依托,推动地区合作由功能性合作走向制度化。并且,各方无须纠缠于"共同体"这个颇具争议的概念,要以"全球性的战略眼光"来看待问题,可以说稳步、切实的合作是实现目标的唯一途径。归根结底,东亚共同体的构建以及中日两国作用的发挥,最终将建立在中日关系的改善和发展这个决定性基础因素之上。

---

① 王屏:《中日关系从理想到现实》,《环球时报》2005 年 2 月 2 日。

第九章　东亚合作与中日关系

近些年,我们可以看到在东亚构建一个地区"共同体"的势头高涨,但是,相对于中韩等国,总体上日本对这一构想好像并不那么热心。具体来说,日本方面的主张大致可以分为三类,即推进论、否定反对论和慎重论。前两种不难理解,而所谓的慎重论,就是既要推动构建共同体,又要通过强化日美同盟以保持中日之间的平衡,或者说是日本的优势。日本政府的立场倾向于慎重论,但可以说这些主张错综混杂,特别是鉴于对华的不信任、警戒或威胁感,加之日本一贯重视美国的因素,其对东亚合作的快速推进和高度一体化持消极态度。借日本经济产业省一位官员的话说,便是"合作不等于统合(一体化)"。

然而,随着国际形势的发展,"变化"或"可变"的观点不可或缺。面对国际格局多极化和东亚区域经济一体化的发展趋势,当前中日的政策选择,可以说正在拷问两国领导人的远见、勇气和智慧。

一、东亚合作的主体与障碍

东亚区域一体化的进程、体制与前景,在根本上将取决于中日合作的快慢与成败。之所以这样说,是因为首先在东亚地区,中日两国不仅在政治上拥有重要的影响,而且在经济上占绝对比重。从国家规模来看(表 9-1),中日两国 GDP 占"10+3"的比重高达约 8 成,领土面积、总人口约占 7 成,贸易额约占 6 成。显而易见,与东南亚相比,东北亚的中日两国占相当大的比重。当前,在东亚区域合作中东盟扮演着驾驶员的角色,但是如果没有主体车厢的中日两国,整辆车也不可能顺利前行。

表 9-1　东亚地区的国家规模比较(东盟与中日韩)(2017 年)

	领土面积 (万平方千米)	人口 (亿)	GDP (亿美元)	人均 GDP (美元)	贸易额 (亿美元)
中国	960(66%)	13.9(62.9)	120 146(56.7)	8 643(10.6)	41 052(45.1)
日本	38(2.5%)	1.3(5.9)	48 721(23.0)	38 440(47.3)	13 701(15.0)
韩国	10(0.5%)	0.5(2.3)	15 380(7.3)	29 891(36.8)	10 522(11.6)
ASEAN	448(30%)	6.4(29.0)	27 615(13.0)	4 274(5.3)	25 774(28.3)

注:括号内是以"10+3"为 100 的条件下各国或地区所占的比重。
出处:笔者依据日本外务省亚洲大洋洲局地区政策参事官室编《东盟经济统计基础资料》(2018 年 7 月)和日本"世界经济资料账本"主页的有关数据制成。

更为重要的是,已有的历史和经验表明,共同体的构筑或地区一体化本身,与其说是一个经济过程,不如说是一个政治合作的过程。欧盟(EU)如此,日本—新加坡自由贸易协定(JSEPA)亦如此,可以说中国-东盟自由贸易区(CAFTA)还是如此。东亚合作发展滞后的问题在于,该地区一体化的高昂的政治成本。所谓政治成本,即由意识形态的政治制度、历史问题、安全政策的取向、信赖不足等造成的地区一体化的成本。进而言之,东亚高昂的政治成本不是来自东南亚,而是来自东北亚特别是中日两国之间。因此,正如有的学者所论,通过"10+3"的途径实现东亚一体化的可能性不大,因为如若没有东北亚一体化的首先实现,将难以突破东亚一体化面临的政治成本的障碍。最终实现东亚一体化的路径选择,只能是东北亚自身的一体化。① 也有学者指出东亚共同体

---

① 莽景石:《理解东亚一体化》,南开大学日本研究院主办的国际会议论文集,2006 年 11 月,第 149 页。

构建有十大障碍,其中半数以上涉及中日之间的政治关系,例如历史和解、信赖与合作意识的培养、多国安全机制的创建、尊重制度多样性和体制改革等。①

所以说,企业的市场经济行为是创建共同体的必要条件,但不是充分条件,不可能自然而然地孕育出一个共同体来。面向地区共同体的建设,我们在考虑中日关系时,需要从一个广阔的视野出发,通过地区合作以及全球化的发展来解决两国间存在的问题,也需要顺应世界、地区的发展潮流,不断调整本国的理念、政策和目标,制定新的长期战略。

二、客观认识与心理状态的调整

改革开放以来,中国经济迅速发展,综合国力显著提升。然而,中国作为一个发展中国家,可以说其技术、服务水平、竞争力仍然远远落后于日本等发达国家。2006 年中科院发表的《中国现代化报告 2006 年》指出,中国与美国、日本等几个发达国家相比,经济水平的综合年代差超过100 年,社会发展水平的综合年代差超过 80 年。② 从 2017 年联合国发布的"人类发展指数"来看,日本排名第 17 位,中国排名第 90 位,两国差距依然很大。然而,与此同时,我们也应该认识到,在东亚历史上前所未有地迎来了中日"两强并立"的时代。中日两国必须在心理上承认这一客观现实。有学者指出:"中国成为经济大国、日本成为政治大国都是必然的发展趋势。两国人民要适当调整自己的心理状态和相互评判的价值标准。"③视对方的发展为威胁是错误的,想方设法阻碍对方发展的企图也将是徒劳。21 世纪的东亚,中日都没有可能成为霸权国家。在这种前提下,双方应该相互改变对手意识,构筑友好合作的关系。

---

① 冯昭奎:《"东亚共同体":要过十道坎儿》,《世界知识》2004 年第 10 期,第 48—51 页。
② 中国现代化战略研究课题组、中国科学院中国现代化研究中心:《中国现代化报告 2006》,北京大学出版社 2006 年。
③ 王屏:《中日关系从理想到现实》,《环球时报》2005 年 2 月 2 日,第 15 版。

　　总之,中日两国喜欢也好,讨厌也罢,是一对搬不走的邻居,应该考虑成为友好邻邦。日本国际问题研究所原所长宫川真喜雄在接受记者采访时强调,今后中日两国必须加强合作。他比喻说:"我们坐在同一条船上,只要其中有一个把身子往外探,船就会翻掉。所以别无选择,双方必须共同保持平衡。"①伴随着经济全球化的发展,机遇与挑战并存。面对本地区存在的各种传统与非传统安全问题,在 2007 年 1 月召开的第 2 届东亚峰会上,中国总理温家宝也呼吁:"我们要建立一个能够在安宁的时候共同发展、危机的时候共同应对的新型命运共同体。"

三、责任意识与战略合作关系

　　国际以及地区形势的发展,要求中日两国树立"亚洲大国"的责任意识。中日两国应该以东亚共同体或东亚自由贸易区为目标,着眼于大局,探求共同的地区利益。正如菲律宾前总统、博鳌亚洲论坛理事长菲德尔·拉莫斯指出:"对东亚来说,地区主义首先是用来抵挡由美国和欧盟控制的世界贸易组织(WTO)的统治的。只有通过合并组成一个东亚集团,未来的东盟与中日韩三国'10＋3'自由贸易区才能产生足够大的影响,以迫使北美自由贸易区和欧盟的贸易伙伴与其进行互惠往来。"退一步来讲,在亚太经合组织茂物目标日期来临之前,"已经存在的一个东亚经济集团将显著地提高东亚在亚太经济合作组织中的商讨地位。我相信所有东亚国家都会认识到在与其他集团谈判的过程中拥有我们自己的控制杆的价值"②。2005 年 4 月,日本内阁府的一份报告《日本 21 世纪构想》中也指出:"为了最大限度地利用全球化、面向 2030 年实现期望的计划,日本应该积极采纳推进亚洲经济一体化的战略。在亚洲实现

---

① 宫川真喜雄:《我们必须合作,即便我们不喜欢这样》,奥地利《新闻报》2006 年 2 月 6 日,转引自《环球时报》2006 年 2 月 8 日,第 6 版。

② 菲德尔·拉莫斯:《中国—东盟自由贸易区:挑战、机遇与潜力》,《世界经济与政治》2004 年第 1 期,第 63—64 页。

高度的经济一体化,对区内经济、同时对区外经济都大有裨益。"①

中日两国改善相互关系,发挥积极作用以推进东亚合作,也是地区内其他国家的希望。

2005 年本应与 10＋3 领导人会议例行召开的中日韩领导人会议和三国外长会议未能举行,东道国马来西亚总理巴达维要求小泉首相与中韩两国改善关系,菲律宾总统阿罗约也表示:"与阿卜杜拉首相一样,对此表示担心。"

立足长期,放眼全球,中日有必要以东亚共同体为战略合作的框架,强化合作关系。首先,从中美日三边关系来看,可以说中日这条边最为脆弱。日本以日美关系为基轴,热心强化同盟关系。2005 年 11 月,小泉首相在京都举行的日美首脑会议结束后的记者招待会上表示:"日美关系越紧密,越能与中国、韩国和亚洲建立良好的关系。"不能不说这种论调是日本的东亚政策缺乏包容性和战略性的表现。同样,长期以来,中国国内似乎也存在这样一种消极思路,那就是解决好与美国的关系,其他就好说了。进而,鉴于日本国民的"亲美厌中"和中国民众的"亲美厌日"的现实,我们必须对中日关系给与更多的关心。强化中日关系,决不是要离间日美关系,也不可能使中美日三角关系变为一个正三角形,这在可预见的将来缺乏现实性的根据。至少更加平衡的中美、中日和日美关系,是我们所追求的目标。

其次,从东亚地区角度来看,中国积极推进东亚共同体的建设,不是谋求地区霸权,也不是在日美关系间打入楔子。世界潮流浩浩荡荡,其不以个人或个别团体的意志而改变。就中国国内状况而言,体制改革是必由之路,目标并非遥不可及。所以,基于多极化的利益追求,中国既没有追求霸权的能力,也没有谋求霸权的意思。

进一步而言,日本参与东亚共同体的构建也不意味着是对日美同盟

---

① 日本内阁府:《日本 21 世纪构想》,www. keizai- shimon. go. jp/minutes/2005/0419/item11_4. pdf。

的否定。欧洲一体化的历史已经证明,英国加入欧共体也并没有否认英美特殊关系。当然,毋庸置疑北约的存在是其重要的原因之一。因此,日本原外务省审议官田中均主张,"保留双边安全机制,保留六方会谈的框架,培养地区的信赖关系也很重要。因为其作为维护东北亚安全的框架机制,乃最佳选择。进而,有必要创建一个16+1(东盟10国、中日韩、澳新印加上美国)的新的协调性的安全框架机制"①。中国有学者也指出:"相关各国宜在解决朝鲜核问题的过程中,努力推动六方会谈逐步走向机制化,使东盟地区论坛(ARF)+六方会谈成为未来的东亚安全共同体的重要基础。"②

四、现实性的合作及其途径

千里之行始于足下,面向东亚合作的长远目标,放眼长期战略的同时,有必要从现实的具体问题着手。

第一,共同进行历史研究或者历史教育。

二战结束已经半个多世纪,可是历史问题作为中日关系中的"历史欠债",遗憾地被带进了21世纪。历史问题存在于人们的记忆及精神层面,某种程度上也存在于人们的客观现实生活当中。关于历史问题的理解和认识,中日双方仍然存在很大分歧。深层次地探讨那场战争对一个国家社会历史的发展方向与进程的影响问题,在此姑且不论,仅就眼前的一些现实问题而言,其仍然影响着一部分普通民众的日常生活。中日两国的战争亲历者虽然逐渐逝去,但是在中国国内,由二战时日军遗弃的毒气弹造成的伤亡事件时有发生,日本方面的化学武器处理作业仍在继续。此外,1942年日军在中国湖南省常德地区播撒了鼠疫菌,2年间

---

① 田中均:《以多边地区主义谋求出路》,《日本经济研究中心会报》2007年第1期,第37页。
② 冯昭奎:《"东亚共同体":要过十道坎儿》,《世界知识》2004年第10期,第51页。

鼠疫大流行,当时至少造成 7643 人死亡。① 直到今天,本地区的防疫站必须每年定期抓一些老鼠进行检疫。眼前的事实,想忘亦难。

历史问题直至今日尚未解决的原因是多方面的,其中不可忽视的一个重要方面就是,历史问题已经与战后以来的现实政治问题紧密地纠缠在一起。战后日本政府没有利用战败的机会,就战争责任问题在国家或全体国民层面达成真正的共识,而是毫无区别地将国家领导层与普通国民混为一谈。如日本一位学者所言,战后的"一亿忏悔论",其实质就是"一亿赎罪论""全民有罪论",实质上就等于是"全民无罪论",这样在逻辑上混淆了战争责任的是非曲直,并必然导致免除天皇和那些甲级战犯的战争责任。② 而且,随着战后美国东亚战略的转变,美国改变对日政策,将日本战前的官僚甚至是战犯,推上了战后的政治舞台。于是,他们不仅没有给日本国民创造一个彻底反省历史的环境,而且也等于把历史问题与战后日本的现实政治、政权绑在了一起。另外,战后几十年来,日本和美国的官僚、政客、将军、间谍们,参与了一个被称为是"20 世纪隐藏时间最久、掩盖最深、波及范围最广的秘密",那就是战后日美当局深深介入了二战期间日军从亚洲各地掠夺的难以想象的巨额黄金,可以想见两国政府都不愿意公开面对这些巨额资金的去向和使用渠道吧。③

因此,短时期内历史问题的障碍是难以消除的。我们不能奢望中日历史共同研究委员会在两年内能取得多大的成果,但这毕竟是基于首脑会谈协议,中日学者之间展开的首次共同研究。在此基础上,我们有必要就双方领导人及其政治家对有关敏感的历史问题的言行范围进行探

---

① 刘雅玲、陈玉芳:《常德细菌战死亡人数的七年调查》,《常德师范学院学报》2003 年第 3 期,第 22 页。

② 加加美光行:《日中关系的曲折演进:一种宏观历史的角度》,《世界经济与政治》2006 年第 2 期,第 60—61 页。

③ 斯特林·西格雷夫、佩吉·西格雷夫著,南京师范大学南京大屠杀研究中心译,王选译校:《黄金武士——二战日本掠夺亚洲巨额黄金黑幕》,中国对外翻译出版公司 2005 年。Sterling Seagrave, Peggy Seagrave. *Gold Warriors*: *America's Secret Recovery of Yamashita's Gold*, Verso, UNITED KINGDOM, 2001.

讨,以最大限度地求得一些共同的认识或原则,从政府方面防止因历史问题造成的摩擦反复发生,避免其对两国关系和国民感情产生负面影响。进而,两国的教育界进行客观的历史事实的教育,"补习"历史问题,或许是更为根本、重要的。

历史的和解是现实合作的基础。为了促进两国之间的理解和信任,只有通过协商、研究,了解对方的立场和看法,才能尽量避免历史问题直接成为两国关系的现实"障碍",逐步寻求问题解决的途径或方法,超越或回避是行不通的。德以两国共同着手拍摄反映二战大屠杀的影片以反省那段历史,不失为一个值得学习的范例。

第二,政府间扩大交流,创建各领域的协商、合作或应急机制,制定相关原则。

稳定的中日关系,发展顺利,则会良性发展,反之也存在出现大幅后退的可能性。各种外交事件、领土纠纷以及东海划界等有关现实利益的问题,两国必须避免正面冲突,冷静对应分歧。为此,有必要建立外交和安全部门的协调机制,谈判处理现实难题,制定问题解决的根本原则。在中日关系这个敏感的过渡期,必须通过理性的方法,避免国民感情的恶化与现实利益的冲突的恶性循环。

第三,启动中日 EPA 或 FTA 的谈判,同时开展具体领域的合作。

2005 年 2 月,时任中国驻日大使王毅在神户召开的"关西工商界研讨会"上表示,中日之间有必要启动自由贸易协定(FTA)谈判。2006 年 11 月 1 日,日本首相安倍晋三在接受美国《华尔街日报》采访时表示将考虑同中国签订经济合作协定。日本内阁府 2005 年 4 月公布的《日本 21 世纪构想》研究报告中强调指出,日本实际 GDP 增长最大的 FTA 对象国是中国(0.50),其余依次为美国(0.24)、EU(0.20)、澳大利亚(0.15)、泰国(0.14)、韩国(0.10),日本先前与新加坡缔结的 FTA,几乎对 GDP 增长没有效果。所以,日本要抓住中国发展的商机,不仅限于减免关税,而应该通过签署与发达国家相同的、包括投资协定以及知识产权保护等在内的 EPA,消除物资、人员、货币流通的障碍,促进其发展。即目标是包括服务贸易、投资、知识产权保护等在内的综合性的 EPA。① 2007 年 1 月,日本经团联的政策建议《希望之国日本》中也表明,将开放的"东亚共同体"纳入视野,为了今后 10 年间实现"希望之国",提出了 5 个优先课题,其中第二根支柱是"与亚洲共同推动世界",即今后要推进与亚洲未签署协议国家的交涉,同时必须将逐步推进的 EPA 扩大并覆盖整个地区。② 进而,时任经团联会长御手洗明确指出:"日本是经济持续高速增长的东亚经济圈的中心,而且地理位置得天独厚,所以重要的是首先尽早要与东盟、韩国和中国为主的东亚各国签署 EPA。"③

两国在探讨缔结 FTA 或者是 EPA 的同时,可以先从能源、环保、金融等领域的具体合作开始着手。如果中日合作这个新车轮启动,必将大大加快东亚共同体建设的进程,反之如果没有中日两国的相互信赖、精诚合作,创建富有实效的东亚共同体是不可能的。

东亚共同体无须说是一个长远的目标,其今天依然处于构想阶段。EU 的实现经历了近半个世纪,东亚共同体的构筑或许需要更多的时间。正如菲律宾前总统拉莫斯呼吁的那样,"我们各国都应当承担义务以确保合作精神永远大于竞争的力量"④,那么,从现在经济相互依存的进展速度来看,共同体的实现并非不切实际的幻想。而且,从政治制度、安全方面考虑地区合作时,变化、发展、进步、相互作用的观点不可或缺。

当前在地区合作中,中日之间存在的最大问题,实际上是信赖不足。这种信赖关系的培养,归根结底还是人与人的交流与情谊。根据 2006 年日本言论 NPO 和北京大学等机构进行的关于中日的相互认识和中日

---

① 日本内阁府:《日本 21 世纪构想》,www. keizai-shimon. go. jp/minutes/2005/0419/item11_4. pdf.

② 日本经济团体联合会:《希望之国日本》,2007 年 1 月 1 日。http://www. keidanren. or. jp/japanese/policy/2007/vision. pdf.

③ 御手洗:《为了"希望之国日本"的实现》,经团联会长御手洗在"每日 21 世纪论坛"上的演讲,2007 年 2 月 1 日,大阪。http://www. keidanren. or. jp/japanese/speech/20070201. html.

④ 菲德尔·拉莫斯:《中国—东盟自由贸易区:挑战、机遇与潜力》,《世界经济与政治》2004 年第 1 期,第 64 页。

关系问题的共同舆论调查分析,结论是中日之间"最为疏远"。有过来华经历的日本人仅为 13.1％,其中近 8 成是旅游观光;中国人到访日本的不过 1.3％,其中一半也是旅游。双方身边几乎都没有可以交流的对方国的熟人或朋友。绝大多数的人没有直接获得对象国信息的机会,大都是通过本国媒体来了解情况(日本人 65.3％、中国人 75.3％)。进而,如若除去媒体的猎奇或部分反面报道,我们得到的客观、理性的信息能有多少呢?所以,尽管全球化、信息化的时代已经来临,可我们之间仍然存在着许多"屏障"。

子曰:"君子求诸己,小人求诸人。"①我们不能苛求别人,应该更多地从自身做起。为了实现共生与双赢,必须通过交流、合作,建立稳定成熟的信赖关系。

---

① 《论语》"卫灵公第十五"。

第十章　日本对东南亚的"赔偿外交"

　　1951 年 9 月,"旧金山和约"签署后,日本在法律上取得了独立。从此,日本从幕后走到台前,成为解决赔偿问题的主角。日本对东南亚的战争赔偿也进入一个新的历史阶段。这一阶段大致可以划分为两个时期:前期从 1951 年 9 月,至 1959 年 5 月日本与南越签订《赔偿协定》;后期从 1959 年 5 月开始,至 1977 年 4 月日本完成向缅甸支付 1.4 亿美元的准战争赔偿。后期主要是单纯的支付赔偿期,而前期则是日本与东南亚各索赔国,就赔偿问题展开频繁外交交涉的阶段,是解决赔偿问题的高潮。但目前学界在这方面的研究尚不够细致。因此,本章就这一时期内日本对东南亚国家的"赔偿外交",作一简要概述,分析其实质,着重指出赔偿外交作为日本对东南亚政策的起点,为日本的东盟政策奠定了基础,在经济、外交等方面对此后的日本对东盟政策产生了重要影响。

一、"赔偿外交"的过程

　　日本对东南亚国家的"赔偿外交",大致可以分为两个阶段,前一阶段从 1951 年 9 月"旧金山和约"签订,到 1953 年 10 月日本外相冈崎胜男出访东南亚三国。这一阶段,历时虽短,双方交涉也不频繁,但却是日本对赔偿问题由消极到积极的转变过程。后一阶段从 1954 年 8 月日缅谈判、签约,到 1959 年 5 月日本与南越签订赔偿协定。在这一阶段内,日本同缅甸、菲律宾、印尼、南越四国就赔偿问题达成政府协议并建立外交关系,同柬埔寨、老挝、泰国等国签署了作为赔偿补偿的经济合作协定。

战后初期,美国为扶植日本并使之成为远东的"防共堡垒",在赔偿问题上一拖再拖,赔偿方针、赔偿计划也一改再改,最后在各受害国的强烈要求下,1951 年 9 月签订的"旧金山和约"第 14 条,虽肯定了日本负有赔偿义务,但还是作出了有利于日本的规定。日本与东南亚各国的交涉就是在此基础上进行的。

和约签订后,最先与日本就赔偿问题进行交涉的是印度尼西亚。1951 年 12 月,印尼派使节团赴日,要求日本赔偿 121 亿美元,同时要求支付劳务以外的赔偿,但遭到日本政府的严厉拒绝。其理由一是在索赔国全面提出要求之前,不能单独确定对一个国家的赔偿额;二是根据"旧金山和约"第 26 条规定,若是应允对印尼实施劳务以外的赔偿,则应将之适用于各国,这将违反和约中"劳务赔偿"的原则。① 继印尼之后,菲律宾于 1952 年初要求日本派出代表团,就赔偿问题进行交涉。为此,以外务省顾问津岛寿一为首的日本代表团,于 1952 年 1 月末前往马尼拉进行交涉。交涉中,菲方要求的赔偿总额为 80 亿美元,10—15 年内付清。其中,除要求劳务赔偿外,还包括其他方式的赔偿,并要求在"旧金山和约"批准之前,首先签订赔偿协定。对此,日本仍以对待印尼的同样理由,拒绝了菲律宾的请求。同时表示:和平条约(即"旧金山和约")生效之前,日本没有支付赔偿的义务。② 以致日菲交涉亦无果而终。

从上述情况可以看出,此时日本在与印尼、菲律宾的赔偿交涉中,态度是消极的。原因之一是日本政府指导赔偿交涉和谈判的基本方针始终未变,即实现最低限度的赔偿,能少则少、能拖则拖,特别是赔偿额不

---

① 安原和雄、山本刚士:《战后日本外交史》IV,三省堂 1984 年,第 128 页。
② 安原和雄、山本刚士:《战后日本外交史》IV,第 129 页。

得超过日本的支付能力,不能影响日本的经常收支或贸易收支。①另一方面的原因,主要是当时日本正得益于"朝鲜特需",尚不急需东南亚这一国际市场,对东南亚贸易处于可有可无的状态,从而不急于打开与东南亚国家的经济、外交关系,因而对印尼、菲律宾等国的赔偿要求,一概予以搪塞。

1951 年 7 月,朝鲜战争开始停战谈判,这对日本的"特需景气"造成了影响。从 1952 年起,日本的"朝鲜特需"开始减少,加上日本国内的通货紧缩政策,出现了所谓的"景气危机"。另外,美国的冷战政策使日本失去了广大的中国市场。因此,日本政府和财界都急欲打开东南亚市场。然而,东南亚国家当时尚未签署或批准"旧金山和约",因而与日本尚处于未结束战争的状态,没有建立正式的国家关系。这些国家均限制日本人入境,不允许日本船舶入港,直接影响了日本的对外贸易。这对于以贸易为生的日本而言,显然是极为不利的。但是要与东南亚国家建立经济关系,就必须首先建立外交关系,而建交的首要前提是必须解决赔偿问题。对此,日本经济企划厅(原日本经济安定本部)1952 年 9 月制定的《关于同东南亚经济提携的措施(案)》也承认:"现今就进一步促进我国与东南亚经济合作而言,业已到了应该尽快谋求相应的政治、经济对策的阶段,但促进(经济合作)上最大的障碍则是赔偿问题。"②1953 年6 月,也就是朝鲜停战协定签署前一个月,首相吉田茂发表了一个重要的政策演说,"自从不能与中国进行贸易以来,我们与东南亚关系的重要性不言而喻。政府尽可能以资金、技术、劳务或其他形式来扩大合作,进一

---

① 首相吉田茂当时提出关于赔偿的四项"原则":第一,劳务的提供不得超过日本财政经济的负担能力;第二,该劳务的提供以日本有余力时为限;第三,提供劳务时,必须在日本不负担外汇的范围内进行;第四,接受加工不应妨害日本正常的出口贸易。见吉田茂:《十年回忆》第 3卷,世界知识出版社 1965 年,第 110 页。

② 综合研究开发机构(NIRA)战后经济政策资料研究会编:《经济安定本部战后经济政策资料》第 27 卷,日本经济评论社 1995 年,第 275 页。

步密切双方的相互关系,实现共同繁荣"①。

　　正是基于上述经济发展的需要,加上这一时期美国亚洲政策的影响,促使日本改变了对赔偿问题的消极态度,转而积极展开对东南亚国家的"赔偿外交"。1952年10月,日本外相冈崎胜男在战后首次发表的外交演说中,表明日本将以积极的态度解决战争赔偿问题。②同年12月末,日本外务省亚洲局长倭岛英二访问菲律宾、缅甸、印度尼西亚三国,目的在于摸清东南亚各国对赔偿的意图,并进行初期交涉。倭岛在与菲律宾外长会谈时,双方达成初步协议:放弃现金赔偿要求;原则上同意劳务赔偿的方式;总额、支付方式及期限等,将于1953年1月在东京召开的预备会议上再行商讨解决(事实上这一会谈因日菲两国国内政局变动未能如期举行)。倭岛访问缅甸的成果,就是签订了《日缅打捞沉船协定》,但在赔偿问题上没有取得实质性进展。倭岛对印尼的访问与上述两国情况大体相同。

　　通过倭岛的访问交涉,日本方面业已认识到坚持劳务赔偿,是不能解决赔偿问题的。据日本首相吉田茂回忆:"当派遣冈崎特使时,我方已经下定决心:赔偿物品即使是新产品,如果它是生产资料,就不必回避。我们对和约作了新的解释,即如果这种生产资料不需要我们特别负担外汇,而且有利于日本经济的发展,就不违反旧金山和约的精神。"③正是基于这一转变,1953年9月至10月,日本外相冈崎继倭岛之后,再次访问上述东南亚三国,就具体赔偿额及赔偿方式进行交涉。9月30日,冈崎访问菲律宾时,所提日本方案是:除劳务赔偿外,还提供产品;支付期为5—10年,采取逐年递增的方式;赔偿总额为2.5亿—3亿美元。10月3日至6日,冈崎访问印尼时,提出了类似于对菲的赔偿方案,只是赔偿总额仅为1亿美元。10月9日至14日,冈崎访问缅甸时提出5000万美元

① K. V. Kesavan, *Japan's Relations with Southeast Asia*, 1952—1960, Bombay: Somaiya Publication, PVT. Ltd., 1972, p. 123.
② 安原和雄、山本刚士:《战后日本外交史》IV,三省堂1984年,第130页。
③ 吉田茂:《十年回忆》第3卷,世界知识出版社1965年,第113页。

的赔偿总额。① 冈崎此次对东南亚三国的访问,由于日方提出的赔偿额与各索赔国最初要求的数额相差甚远,因而未能达成基本协议。但倭岛、冈崎的东南亚三国之行,为以后的赔偿交涉奠定了基础。特别是冈崎的出访,在充分了解各国情况的基础上,认为菲律宾和印尼国内政局不稳,对日本的赔偿方案不会轻易妥协;而缅甸国内政局较稳定,加上当时缅甸国际收支急剧恶化,国内经济困难,急需外部援助,在赔偿问题上会有所松动。因此,日本政府决定以对缅交涉作为突破口,加速推进"赔偿外交"的进程。

"旧金山和约"签订后,根据和约规定,明确表示索赔意图的有六个国家,即菲律宾、印尼、缅甸、南越、老挝和柬埔寨。后来,柬埔寨于 1954年、老挝于 1956 年先后放弃索赔要求。其余四国中,印尼要求 172 亿美元、菲律宾要求 80 亿美元、缅甸要求 25 亿美元、南越要求 20 亿美元。②1954 年 8 月至 1959 年 5 月,上述四国以初期交涉为基础,与日本进行频繁交涉并最终签署赔偿协定,从而使日本与东南亚各国的国家间赔偿问题基本得到解决。

日本这一阶段的"赔偿外交",是以对缅交涉为突破口的。有如前述,日缅之间关于赔偿问题的正式交涉,始于 1953 年 9 月冈崎访缅之后。1954 年 8 月,缅甸派工业部长兼代理外长觉迎为首的代表团访日,双方就赔偿问题展开正式谈判。谈判中,缅方要求的赔偿额与同年 4 月日本对菲律宾提出的赔偿额相同,即赔偿与经济合作"4 亿美元 20 年付清"。对此,日方提出最后妥协案:10 年支付 2 亿美元,每年支付 2 000万美元。缅方接受,但要求日本最后按照对其他国家的赔偿额,再给予补偿,即所谓的"再研究条款"。③ 是年 11 月 5 日,双方正式在仰光签署《日缅和平条约》《日缅赔偿及经济合作协定》,并宣布两国正式建交。赔偿协定中规定:日本以劳务和生产资料作为赔偿,共计 2 亿美元,10 年内

---

① 安原和雄、山本刚士:《战后日本外交史》IV,三省堂 1984 年,第 132 页。
② 东京大学社会科学研究所编:《战后改革 2 国际环境》,东京大学出版会 1974 年,第 342 页。
③ 安原和雄、山本刚士:《战后日本外交史》IV,第 134—135 页。

付清；另以投资合办企业的形式，10 年内对缅提供 5 000 万美元的劳务和生产资料；在经济合作的 5 000 万美元中，有 2 000 万美元为日本政府的长期贷款；合办企业的出资比例为 6∶4(缅 6、日 4)；在解决对其他国家的赔偿后，再研究对缅甸的赔偿额问题，予以补偿。[①] 赔偿协定签署后，为了准备对缅甸实施赔偿，日本新设立了赔偿实施联络协议会、赔偿实施恳谈会、赔偿实施联络部等三个机构，具体研究赔偿的实施机构、赔偿合同的手续、合同的标准式样、支付手续、贸易汇兑关系法令的适用、日方技术人员的雇佣及条件、经济合作的方式等各方面的问题。1955 年 10 月 18 日，日缅在仰光签署了《日缅赔偿实施协定细则》。1959 年 4 月，在日本大体结束对越赔偿交涉后，缅方根据赔偿协定中的"再研究条款"，强烈要求日本对其进行赔偿补偿。日方在坚持不增加赔偿总额的条件下，对缅甸提供无偿的经济援助。1963 年 3 月，双方缔结《日缅经济技术合作协定》，其中规定，日本在 12 年内向缅甸提供 1.4 亿美元的无偿经济援助。至此日本对缅甸的赔偿交涉基本结束。

日本"赔偿外交"的第二个对象国是菲律宾。1953 年 10 月冈崎访问菲律宾后，日本政府于同年年底，任命原马尼拉驻外事务所所长大野胜巳为公使，同时启用财界人士永野护、村田省藏等作为政府代表和首席全权代表，于 1954 年 2 月到 5 月前往菲律宾进行交涉，但因双方在赔偿总额上相持不下而没有取得成果。同年 12 月，日本新内阁首相鸠山一郎与菲律宾总统麦格赛赛互换信件，表示愿意尽快解决赔偿问题，实现两国邦交正常化。1955 年 3 月下旬到 6 月中旬，日菲双方派专人在东京举行会议。其间 5 月，菲律宾总统外交顾问、对日赔偿交涉首席代表奈里赴日，8 月奈里正式提出个人方案，要求日本对菲赔偿 8 亿美元。1956 年 1 月，日本内阁会议决定予以承认，[②]并派遣外务省顾问、日商会长藤山爱一郎为首相特使，在马尼拉与菲方开始正式交涉。同年 5 月 9 日，

---

① 鹿岛和平研究所编：《日本外交主要文书·年表》第 1 卷，原书房 1983 年，第 675—676 页。
② 安原和雄、山本刚士：《战后日本外交史》Ⅳ，三省堂 1984 年，第 139 页。

双方正式签署《赔偿协定》和《经济开发贷款交换公文》。前者规定：日本对菲律宾的赔偿总额为 5.5 亿美元，20 年付清，前 10 年每年支付 2 500 万美元，后 10 年每年支付 3 000 万美元。其中 2 000 万美元的现金赔偿，以来料加工方式支付，双方还同意以工业品或消费品作为补偿；后者规定：日本将向菲律宾提供 2.5 亿美元的长期贷款，用于经济开发。[①] 同年 7 月 23 日条约生效，日菲两国正式建交。

继前述两国之后，日本"赔偿外交"的下一个解决目标是印度尼西亚。印尼是最早与日本进行赔偿交涉的国家，1953 年 10 月冈崎出访印尼之后，日本政府于 1954 年 1 月任命倭岛英二为驻印尼大使，双方曾继续就赔偿问题进行交涉，但终因在赔偿数额上的悬殊差距而无结果。在解决对缅、菲赔偿问题后，日本开始着力解决对印尼的赔偿问题。1956 年 6 月，日本政府将倭岛英二召回国内，以听取印尼情况，并得出结论："80 亿美元的要求虽在讨论范围之外，但基于印尼方面至少与菲同额的要求，将其对日贸易差额 1.7 亿美元中的部分作为赔偿予以取消。"[②]于是，日方于 1957 年 2 月提出倭岛个人方案，主张赔偿 2 亿美元，取消印尼贸易差额 1.7 亿美元中的 1 亿美元，并提供 5 亿美元的经济合作及 0.7 亿美元的政府贷款。对此，印尼外交部提出的方案是：赔偿 3 亿美元，在 1.7 亿美元的贸易差额中，取消 1.1 亿美元，经济合作款项为 5 亿美元，政府贷款 0.6 亿美元。[③] 但此次交涉，由于印尼国内阿里内阁辞职而中断。1957 年 4 月，印尼总统苏加诺责成朱安达组阁后，加快了对日索赔步伐。日本方面也积极作出反应，双方交涉频繁。在日本首相岸信介第二次出访东南亚时，日本与印尼之间的赔偿问题最后得到了解决。1957 年 11 月 26 日，岸信介率团抵达雅加达，次日与苏加诺总统、朱安达总理会谈时，岸信介放弃了原日方准备 2 亿美元的赔偿标准，答应了苏加诺

---

① 鹿岛和平研究所编：《日本外交主要文书·年表》第 1 卷，原书房 1983 年，第 741—744 页。

② 安原和雄、山本刚士：《战后日本外交史》Ⅳ，三省堂 1984 年，第 142 页。

③ 大藏省财政史室编：《昭和财政史：从终战到媾和》第 1 卷，东洋经济新报社 1984 年，第 501 页。

的要求,同意赔偿 2.3 亿美元,取消 1.7 亿美元的贸易差额,并给予印尼
4 亿美元的经济贷款。[①] 在两国首脑就赔偿问题达成基本协议后,1958
年 1 月,两国正式签署《日本与印度尼西亚和平条约》《日本与印度尼西
亚赔偿协定》《日本与印度尼西亚处理已清账目及其他账目余款请求权
的议定书》《日本政府与印度尼西亚共和国政府关于经济开发贷款的换
文》等。其中规定:两国结束战争状态并尽快举行缔结贸易、航海、航空
关系等条约的谈判;日本 12 年内向印尼提供 4 亿美元的商业投资、长期
贷款及类似贷款;日本放弃向印尼索取约 1.77 亿美元贸易差额的请求
权等。[②] 同年 4 月,日本与印尼的和平条约生效,两国正式建立外交
关系。

在日本对东南亚的"赔偿外交"中,最后一个与之签署赔偿协定的是
南越。"旧金山和约"签订后,南越曾提出 20 亿美元的赔偿要求。然而,
二战期间受损害最严重的是越南北部而非南部。1954 年 7 月越南分裂
后,日本为追随美国的亚洲政策,选择南越作为赔偿对象。1955 年 1 月,
日本向南越提出 400 万美元的赔偿案。1956 年 1 月,南越再次向日本提
出赔偿要求,赔偿额降至 2.5 亿美元。鸠山内阁于同年 8 月提出方案:
赔偿 800 万美元,经济贷款 1 200 万美元以及沉船打捞等费用,共计
2 000万美元。南越拒绝了日方的提案,并于 9 月 18 日算出其战争损失
额为 20 亿美元,要求日本赔偿 2.5 亿美元。1957 年 1 月,南越再次作出
让步,声明要求赔偿 2 亿美元。此后,双方在赔偿额上一再讨价还价。
仅 1957 年一年之中,日本先后提出了 19 个赔偿方案,各方案中提出的
赔偿额时多时少,数额最少的是 9 月 5 日大藏省提出的 2 000 万美元,数
额最多的是 12 月 25 日植村甲午郎特使提案中的 9 790 万美元。12 月
底,双方都作出让步,在赔偿额上大体接近。29 日,南越提出 5 310 万美
元的赔偿要求,其中包括纯赔偿 4 650 万美元,经济贷款 1 160 万美元;

---

① 大藏省财政史室编:《昭和财政史:从终战到媾和》第 1 卷,东洋经济新报社 1984 年,第
502 页。
② 鹿岛和平研究所编:《日本外交主要文书・年表》第 1 卷,原书房 1983 年,第 840、847、848 页。

30 日,日方提出 4 850 万—5 000 万美元的方案。① 1958 年 1 月,植村大使回国,日越交涉中断。同年 5 月,双方再开谈判,达成最终协议。1959年 5 月 13 日,双方签署《日本和南越共和国赔偿协定》《贷款协定》《经济开发贷款的交换公文》等。其中规定日本在 5 年内向南越提供 3 900 万美元的工业品及劳务,3 年内提供 750 万美元的贷款,5 年内提供 910 万美元的长期经济开发贷款。② 上述条约 1960 年 1 月生效,日本与南越之间的赔偿交涉亦至此结束。

日本在与上述四国进行交涉期间,还与前述放弃赔偿要求的柬埔寨、老挝及泰国等国家达成协议,以经济合作或经济援助的形式,向这些国家支付了准战争赔偿。如 1954 年 11 月,柬埔寨在吉田内阁总辞职前夕,宣布放弃赔偿要求,鸠山内阁报以签订多项《日柬经济技术合作协定》,并在马德望省建立农牧业、医疗中心等。1955 年 9 月,日、泰在曼谷签订《日泰特别日元协定》,③规定日本将分 5 年以英镑付给泰国 54 亿日元,日本还将以投资和贷款方式向泰国提供 96 亿日元的货物和劳务。④1956 年 12 月 19 日,老挝在鸠山内阁辞职前一天,宣布放弃赔偿要求,岸内阁于 1958 年 10 月与之签订《日老经济技术合作协定》,在两年内向老挝赠款 10 亿日元,协助设计万象上水道和南娥水坝等。

以上是日本对东南亚国家"赔偿外交"的大致过程。从 1954 年 8 月日缅正式进行赔偿谈判并签约,到 1977 年 4 月日本完成对缅支付 1.4 亿美元的准战争赔偿,"赔偿外交"画上了句号。

二、日本"赔偿外交"的评价

日本对东南亚的战争受害国家积极推行"赔偿外交",其出发点和根

---

① 大藏省财政史室编:《昭和财政史:从终战到媾和》第 1 卷,第 512—513 页。

② 鹿岛和平研究所编:《日本外交主要文书·年表》第 1 卷,原书房 1983 年,第 915、921、924 页。

③ "日泰特别日元"是指二战期间,日本拖欠泰国的黄金和泰国银行寄存在日本银行中的特别日元结算的余额。

④ 鹿岛和平研究所编:《日本外交主要文书·年表》第 1 卷,第 721 页。

本目的是促进本国的经济发展。早在 1952 年 9 月,在日本经济安定本部制订的《关于与东南亚经济提携的措施(案)》中,列举了与东南亚经济提携的三条理由,其中第一条就是:"为确保我国国际收支扩大时的均衡,……把历来从美元地区购入的工业原料变为从该地区(东南亚)购入。另外,必须确保我国工业品的海外市场。"该案同时指出:"实现上述目标的最大障碍是赔偿问题。"[1]可见,日本对赔偿问题采取积极态度,首先是基于经济发展的需求。1953 年 2 月,冈崎外相在发表政策性谈话时公开谈到:"政府一向在努力和东南亚建立密切关系,为解决赔偿问题和文化方面的问题而作着努力","现在日本最关心的是贸易和资源开发。"[2]1955 年 1 月,组阁不久的鸠山内阁在确立的执政党民主党的《自主外交政策》中,也把推进"经济外交"作为外交政策的三大支柱,并强调"迅速解决赔偿问题,谋求与东南亚诸国正式建交并打开经济关系"[3]。由此可见,"确保"工业原料和海外市场,是战后日本"赔偿外交"的基本出发点。另外,日本政府在推行"赔偿外交"的过程中,大量启用财界和企业界知名人士(如稻垣平太郎、津岛寿一、永野护、村田省藏、小林中、植村甲午郎等)参与谈判,他们在谈判中以政府全权代表的身份,拥有很大的发言权,甚至可以提出个人赔偿方案,[4]这也从一个侧面反映了日本"赔偿外交"的经济动因。

"赔偿外交"的产生有其必然性。战后初期,日本为了恢复和发展本国经济,进而为了早日摆脱孤立状态,回归国际社会,不得不与东南亚各国建立外交关系,而要建交,就必须先解决赔偿问题。这便是日本推行

---

① 综合研究开发机构(NIRA)战后经济政策资料研究会编:《经济安定本部战后经济政策资料》第 27 卷,日本经济评论社 1995 年,第 274 页。
② 宋成有、李寒梅等:《战后日本外交史:1945—1994》,世界知识出版社 1995 年,第 245—246 页。
③ 古川万太郎:《日中战后关系史》,原书房 1988 年,第 76—77 页。
④ 如在对菲交涉中,永野护于 1954 年 2 月向菲律宾外长格鲁西亚提出"永野方案"。此方案以资源开发为中心,总额达 3 亿美元。对此,当时的日本驻菲公使大野胜巳和外务省都不知道。见安原和雄,山本刚士著《战后日本外交史》IV,三省堂 1984 年,第 136 页。

"赔偿外交"的必要性。而战后的国际形势,又为日本推行"赔偿外交"创造了条件,即战后国际社会(主要是美国)对日本赔偿问题的处理方式是重视战败国日本的支付能力,责其支付劳务赔偿而非现金赔偿;赔偿额及支付内容不是由战胜国一方决定,而是由战败国日本与战胜国协商解决。这便是日本推行"赔偿外交"的可能性。正是具备了上述必要性和可能性,日本的"赔偿外交"才成为历史事实。战后日本也正是以"赔偿外交"的方式重返东南亚的。

首先,日本与东南亚国家的建交,一方面标志着日本与这些国家结束了战争状态;另一方面,亚洲国家在与日本建交后,均随之批准了"旧金山和约",使日本不再是"亚洲孤儿",日本从此迈出了走向亚洲政治舞台的第一步,这对日本回归国际社会也同样具有积极意义。此外,日本在战后初期对东南亚国家推行的"赔偿外交",又为日本日后整体外交的发展积累了经验。战后初期,日本的对外交涉仅限于美国一国,而战后日本外交的广泛展开,是从 1951 年"旧金山和约"签署之后开始的,而"赔偿外交"是战后日本对国际社会的第一次大规模、长时段的外交行动。日本在此外交过程中积累了诸多经验,如经济利益优先、政治上保持低调、政府外交和民间外交紧密结合等,这些都成为战后日本外交,尤其是 80 年代以前日本外交的显著特征。尤其是"经济利益优先"这一点,深刻地影响着战后日本对东盟的外交政策及经济政策。

其次,日本通过"赔偿外交"密切了与东南亚国家的经济关系。(1) 日本使东南亚国家成为其出口商品的重要销售市场。日本与战争受害国签订赔偿协定后,其商品便以赔偿的名义进入东南亚,这样易于被东南亚各国接受,从而扩大了日本对东南亚国家的商品出口。日本对东南亚各国的出口额,1953 年为 3.84 亿日元,1958 年为 6.5 亿日元,1961 年增至 10.32 亿日元。① 赔偿实施前的 1953 年与实施后的 1961 年相比,后者是前者的 2.7 倍。其中,1957 年日本开始向菲律宾支付赔偿,当

---

① 经济企划厅编:《经济白皮书》,1962 年,第 309 页。

年对菲出口比前一年猛增了 60％;日本向印尼初次支付赔偿的 1958 年,
对印尼的出口比前一年增加了 48％,到 1960 年更比 1958 年增加了
126％。1964 年,日本与其后组成东盟的五国之间的贸易总额为 1954 年
的 2.8 倍。进而,从日本商品在该地域的市场占有率来看,也是在稳步
上升的,1953 年为 6.7％,1958 年为 9.2％,1961 年为 11.9％,[①]更何况
日本的赔偿、经济合作及经济贷款大都以 10 年为限,因而其效益是长远
的。东盟成立的 1967 年,其创始的五个成员国与日本的双边贸易,如表
10－1 所示,除菲律宾外,其余各国的对外贸易中日本所占比例均居首
位。而且,从 50 年代末起,日本的民间企业也开始进入东南亚地区。到
1967 年东盟成立时,日本与东南亚地区已经建立起较为密切的经济
关系。

表 10－1　东盟 5 国对外贸易额及构成比例(1967 年)

单位:百万美元、％

国　家		贸　易　对　象						
		美国	日本	欧共体	大洋洲	其他	区外共计	世界共计
印度尼西亚	贸易额	257.2	348.0	374.1	78.5	50.3	1 208.1	1 314.4
	比　例	19.6	26.6	28.6	6.0	11.5	92.2	100.0
马来西亚	贸易额	249.7	400.8	285.9	123.6	1 154.6	2 214.6	2 303.0
	比　例	10.9	17.4	12.4	5.4	50.2	96.3	100.0
菲律宾	贸易额	753.0	603.4	211.4	53.3	89.0	1 910.1	1 993.1
	比　例	37.8	30.3	10.6	2.7	14.5	96.0	100.0
新加坡	贸易额	87.8	208.9	58.7	79.0	2 074.3	2 508.7	2 580.0
	比　例	3.4	8.1	2.3	3.1	80.4	97.2	100.0
泰国	贸易额	272.2	529.8	251.5	32.4	476.1	1 562.0	1 741.0
	比　例	15.6	30.4	14.5	1.9	27.4	89.8	100.0

资料来源:IMF, *Direction of Trade*, United Nations,*Yearbook of International Trade Statistics*; IMF, *International Financial Statistics*; United Nations, *statistical Yearbook*.

---

① 经济企划厅编:《经济白皮书》,1962 年,第 309 页。

（2）日本将东南亚国家变成其海外最大的廉价原料进口基地。五六十年代,日本近17％的进口石油来自印尼和马来西亚等国,约30％的进口铁矾来自印尼、马来西亚和泰国等,近100％的天然橡胶、锡块也从东南亚国家进口。[①] 日本1950年与1960年从东南亚各地的进口额如表10-2所示。其中在1960年各类商品进口中,仅原料和矿物性燃料所占比例就为65.7％。[②] 如果不是"赔偿外交"为日本走向东南亚打开通路,那么这些数字大概只能是天方夜谭了。日本学者笠井信幸在《赔偿与贸易促进:菲律宾的事例》一文中也承认,日本以资本物资作为战争赔偿的原因之一,便是"由于资本物资主要是用于受偿国的资源开发,这又有助于建立日本的海外原料市场"[③]。

表 10 - 2 1950 年和 1960 年日本从东南亚主要贸易对象的进口

单位:亿日元

地　区	年　度	进口额	国　别	年　度	进口额
新加坡	1950 1960	1.8 49	泰　国	1950 1960	156 260
马来亚联合邦	1950 1960	137 806	菲律宾	1950 1960	79 572
			印度尼西亚	1950 1960	48 253

资料来源:据矢野恒太纪念会编:《日本100年》,时事出版社1984年,第347—348页统计表制作。

再次,日本对东南亚的"赔偿外交"带有浓厚的美国色彩,也是日本在东南亚地区发挥主导作用的开端。

（1）日本对东南亚的"赔偿外交"带有追随美国的政治色彩。日本与东南亚各索赔国之间进行赔偿交涉的基础和主要依据,便是美国主导签

[①] 铃木佑司:《东南亚和日本外交的进程》,《东南亚研究资料》1981年第4期,第1页。
[②] 据矢野恒太纪念会编:《日本100年》,时事出版社1984年,第331页统计表计算。
[③] 笠井信幸:《赔偿与贸易促进:菲律宾的事例》,见中冈三益编《战后日本对亚洲经济政策史》,亚洲经济研究所1981年,第132页。

署的"旧金山和约"中有关赔偿问题的规定,从这个意义上讲,日本对东南亚国家的"赔偿外交",从一开始便受到美国对日政策的影响。而且,在此之前,美国就已经在操纵日本与亚洲各国的关系。1951年5月,当时的盟军总司令部经济科学局长麦卡特,将美国的《日美经济合作计划》通告日本政府,该计划的主要内容有三点:第一规定消费品的生产;第二规定"特需物资"的生产;第三是输往东南亚的生产资料与消费品的生产。因此,日本政府在1952年9月制定的《关于同东南亚经济提携措施(案)》中,指出与东南亚国家实行经济提携的原因之三,便是"为协调联合国的后进地区开发计划和美国的第四点计划"。1952年10月,冈崎胜男外相在战后首次发表的外交演说中也强调,"赔偿,应该作为政治问题来解决"[1]。

日本对美国的追随有一定的被动成分,但同时也有主动争取日本国家利益的深层目的。最初是为了依赖美国,以获得西方国际社会的经济援助,用以恢复破败的战后经济;同时借助美国的力量,加入西方经贸组织,从而为当时乃至日后日本的国际贸易的发展开辟道路。此外,从50年代末直到70年代初期,日本除追求上述经济利益之外,还企图通过在亚洲问题上追随美国,以换取美国在修改安全保障条约以及冲绳归还等问题上做出让步,也就是争取国家主权及领土完整意义上的国家利益。日本对东南亚的"赔偿外交"作为其外交整体的一环,正是服务于这种国家利益的。关于这一点,日本对越南的赔偿交涉表现得尤为突出。如前所述,1954年越南南北分裂后,日本政府不是以战争受害程度为依据,而是一味追随美国,选择几乎未遭受日军侵害的南越作为赔偿对象。在赔偿的实施上,也采取不同于菲律宾、缅甸的方法,煞费苦心地首先拟定具体的开发计划,然后以此为基础,来决定作为开发基金的赔偿额。日方认为,"否则,向几乎未遭受日军侵害的南越支付赔偿将失去根据"[2]。日

---

① 宋成有、李寒梅等:《战后日本外交史 1945—1994》,世界知识出版社1995年,第245页。
② 安原和雄、山本刚士:《战后日本外交史》IV,三省堂1984年,第149页。

本国内曾就对越赔偿问题掀起激烈争论。然而,岸信介内阁不顾在野党及社会舆论的强烈反对,于 1959 年 11 月在参议院强行通过对南越的赔偿协定。日本对南越的赔偿因此被讥为"3 只鸡值 200 亿日元"①。日本政府此举,在很大程度上是为了在越南问题上与美国达成一致,从而换取美国在修改《日美安全保障条约》上的让步。

(2)日本对东南亚"赔偿外交"的开展,提高了日本外交的自主性,加强了对美发言权,也是日本谋求发挥地区主导作用的开始。1957 年 5月,岸信介在 6 月访美之前首先访问了缅甸、印度、巴基斯坦、锡兰、泰国和中国台湾,反复强调了日本外交的三原则:"以联合国为中心","与自由主义国家的协调"及"坚持亚洲一员的立场"。②此次出访是战后日本首相第一次访问东南亚,一是旨在对美从属的状况下,争当"亚洲的代言人",积极拓展自身的外交活动空间。岸信介曾表示:"我身为总理大臣,考虑着赴美之事,为此先访东南亚,则与美交涉时,不是孤立的日本,而必须是代表亚洲的日本。"③可见,日本欲把东南亚作为对美交涉的一张牌,借加强与东南亚的关系来提高日本外交中"自主"的成分。二是在经济复兴的基础上,推进以赔偿为手段的经济外交,谋求日本在亚洲的经济势力圈与政治主导地位。鉴于美国拥有拉美地区的稳定市场,欧共体也将成为西德、法国的后盾。于是,1957 年 2 月岸信介出任首相后强调:"日本经济已经复兴,为了确保市场,东南亚对日本来说至关重要,在以日本的工业力量和技术帮助确立东南亚新兴国家经济基础的同时,力求扩大日本市场,并以此来结成双方之间紧密的政治关系,这是今后日本外交的发展方向。"④在这一方针指导下,岸信介首访东南亚时,提出了建立亚洲开发基金和技术训练中心的构想,同年 11 月再访东南亚⑤时商讨了双边经贸

---

① 安原和雄、山本刚士:《战后日本外交史》IV,第 147 页。
② 外务省编:《我国外交近况》,1957 年,第 7—9 页。
③ 岸信介、矢次一夫、伊藤隆:《岸信介的回忆》,文艺春秋 1981 年,第 180—181 页。
④ 吉本重义:《岸信介传》,东洋书馆 1957 年,第 292 页。
⑤ 1957 年 11 月—12 月,岸信介又访问了南越、柬埔寨、老挝、马来西亚等国。

关系和赔偿问题。这便是日本对东南亚政策的具体体现,即日本赔偿外交与经济外交并举,二者互为表里,"把东南亚、印度尼西亚、马来亚、泰国等都纳入日本势力范围,变成一个中型的帝国主义"①。日本学者亦尖锐地指出:"岸信介的政治目的只有一点,那就是再次改造日本使之成为亚洲的领袖,再次确立以日本为盟主的令人讨厌的大亚洲圈。"②

日本还积极参与并组建地区组织,以发挥领导作用。继岸信介之后,池田、佐藤任内都两次出访东南亚,展开首脑外交,加大了经济渗透和政治参与的力度。继 1954 年日本加入"科伦坡计划"和 1955 年出席亚非会议之后,于 1958 年设立了东南亚开发基金,1961 年进一步扩大为海外经济合作基金。1966 年 4 月,主持召开了第一次东南亚开发部长会议,这是战后日本主持召开的第一次政府级国际会议;6 月,参加了"亚太地区理事会"(ASPAC);11 月,日本倡导并参与创办了亚洲开发银行。同时日本政府与民间积极推动区域性经济组织的建立。日本上述的积极表现,不外乎是按照赔偿、援助、投资的思路,进行日本政府所谓的"经济合作",但实际情况与这句话的真正含义相距甚远,其中包含着控制接受经济合作国家的经济,损害其民族独立的侵略性逻辑。③

最后,日本协商性的少量赔偿与赔偿的经济至上主义,一定程度造成了日本对战争责任缺乏反省,也为日后日本的东盟政策投下了阴影。

应当承认,无论"赔偿外交"的动机和最终效果如何,日本毕竟向东南亚国家支付了大约 15 亿美元的战争赔偿。这些赔偿是以大量的资本货物和少量的消费品及劳务的形式支付的,它有利于受偿国家的经济发展和国民生活的部分改善。在支付赔偿的同时,日本还向东南亚国家提供了相应的经济合作及政府贷款,这在一定程度上也有利于受偿国经济的发展。"赔偿外交"的这种客观效果应该予以肯定。但在战后特殊的历史条件下,战争赔偿仅仅成为日本经济重返东南亚的垫脚石,日本在

①　田尻育三等:《岸信介》,吉林人民出版社 1980 年,第 147—148 页。
②　现代之眼编辑部编:《昭和宰相列传》,现代评论社 1980 年,第 239 页。
③　信夫清三郎:《日本外交史》下,商务印书馆 1980 年,第 878 页。

推行"赔偿外交"的同时,并没有对战争责任进行充分地反省。日本谈判官员在赔偿交涉中的表现,"同日本人对待任何生意和交易一样,斤斤计较地讨价还价,对受偿国没有丝毫感情上的歉意"。

　　日本支付的实际赔偿,与其战前给亚洲各国造成的损失相比,也是微乎其微的。据统计,从 1954 年 11 月至 1977 年 4 月的 23 年间,日本共向东南亚国家(缅甸、菲律宾、印尼、南越、柬埔寨、泰国、老挝、新加坡、马来西亚等)支付战争赔偿 10.12 亿美元、准战争赔偿(包括韩国)4.95 亿美元。另外,在 1972 年与蒙古建立大使级外交关系、1973 年与越南建交时,又分别提供了 50 亿日元和 135 亿日元的无偿援助。① 此外,在"旧金山和约"签订之前,从 1948 年 1 月至 1950 年 5 月,日本曾向中国及东南亚国家支付了部分拆迁赔偿,其设备价值若按 1939 年的价格折算,约1.64亿日元,②约合 45.6 万美元(1 美元＝360 日元)。日本对亚洲国家的赔偿,仅此而已。这与当年日本帝国主义给亚洲国家造成的战争损害是无法相比的。再从日本支付的赔偿费在其国家预算中所占的比重来看,包括赔偿在内的所有特殊债务处理费,在一般会计预算中所占比例,从 1956 年至 1961 年依次为 0.6％、1.1％、1.1％、2.1％(开始对南越支付赔偿)、1.5％、1.7％。③ 这对经济高速增长的日本而言,亦是微不足道的。就连日本学者也承认:"从数字上看,日本对亚洲各国的国家赔偿也好,国家补偿也好,实际上可以说是几乎没有进行","实际上日本对 12 个政府和 2 个当政者只支付了总额 6 166 亿日元(583 亿人民币,544 亿韩元)的赔偿就非常便宜地'解决'了赔偿问题。实则徒有虚名,什么也不是。"④

　　此外,日本的"赔偿外交"仅仅解决了日本与亚洲各国的国家间赔偿问题。而且,由于日本追随美国的亚洲政策,将这些赔偿大都支付给了

---

① 永野信利:《日本外交手册》,细丸出版会 1981 年,第 242、240 页。另据渡边昭夫编:《战后日本的对外政策》,有斐阁 1985 年,第 137 页,日本支付战争赔偿、准战争赔偿总额为 15 亿美元。
② 吉田茂:《十年回忆》第 3 卷,世界知识出版社 1965 年,第 106—107 页。
③ 外务省赔偿部监修,赔偿问题研究会编:《日本的赔偿》,世界杂志社 1963 年,第 28 页。
④ 金子道雄:《日本的战争赔偿责任》,《抗日战争研究》1995 年第 3 期,第 9、12 页。

当时各国的独裁政权,而真正在战争中受害的各国人民却未得到赔偿。因此,近年来,国际社会提出了要求日本支付个人受害赔偿的问题,即民间赔偿问题。有关对战争个人受害者进行赔偿的思想起源于一战后的《凡尔赛和约》。该和约规定:从第一意义上讲,赔偿对象首先应为战时的民间受害者。① 这一思想在人道主义原则上延续至今。二战后,德国政府及民间企业直接向民间战时受害者个人支付了大量战争赔偿,截至到 1993 年 1 月,德国对欧洲各国的战争赔偿支付总额已达 90.93 亿马克,约合 651.288 亿美元(1 美元＝1.39 马克);据德国《联邦赔偿法》和《联邦偿还法》规定,1993 年 2 月以后,还要按计划支付 317.72 亿马克,从战后至 2030 年,德国支付的战争赔款总额将为 1 222.65 亿马克,约合 880 亿美元。② 另外,1988 年美国政府向二战期间被强迫收容的美籍日本人正式道歉,并向每人支付 2 万美元的补偿金。接着,加拿大政府也向二战期间被强制收容的加籍日本人正式道歉,并向每人支付 1.8 万美元的补偿金。③ 德国对战争赔偿的态度及实际行动,恰恰与日本形成了鲜明的对比。

　　综上所述,战后日本通过"赔偿外交",与东南亚国家建立了正常的外交关系,密切了双边经济关系。赔偿问题的解决既是战后日本重返东南亚的契机与起点,同时也为后来的日本对东盟政策奠定了基础。然而,日本"赔偿外交"中体现出的经济至上主义、对美依赖、对战争责任反省不彻底等特征,又成为后来日本对东盟政策的不良开端,为双方关系的正常发展留下了阴影。

---

① 《凡尔赛和约》副本列举的赔偿对象依次为:(1) 因战斗行为造成的民间人士的死伤;(2) 由于残虐行为造成的民间人士的死伤;(3) 由于身体损害行为造成的民间人士死伤;(4) 虐待战时俘虏;(5) 对伤残军人的补偿费用;(6) 对战时俘虏的补助费用;(7) 军人抚恤金;(8) 强制劳动型损害;(9) 战斗行为造成的财产损失;(10) 强制征役的损害。
② 数字根据德国财政部战后处理司公布的赔款表与日本拓殖大学教授佐藤健生、一桥大学教授田中宏教授的研究综合整理,引自内田雅敏著《战后赔偿》,讲谈社 1994 年,第 121 页,转引自姜维久著《日本与德国战后国家赔偿及个人赔偿比较研究》,《抗日战争研究》1995 年第 3 期,第 178 页。
③ 范作申:《关于二战后的战争赔偿问题》,《日本问题资料》1995 年第 4 期,第 20 页。

第十一章　福田主义与日本的东盟外交

1977 年 8 月,东盟创立 10 周年之际,日本首相福田赳夫在菲律宾首都马尼拉发表演说,被称为"福田主义"。演说中首次以日本官方的身份公开提出要与东盟进行积极合作,因此"福田主义"是日本重视与东盟组织发展关系的开始,标志着日本对东盟外交政策的正式形成。

一、福田主义的出台与各方反应

70 年代中期以后,随着国际、国内形势的发展,日本与东盟的关系进入了一个新阶段。1975 年 8 月,三木武夫首相在日美首脑会谈后的华盛顿新闻记者俱乐部的演说中,强调东盟在促进东南亚地区局势稳定方面发挥的积极作用,主张日本要加强与东盟的合作。1976 年 2 月,被东盟第一次巴厘首脑会议拒绝参加会议的三木,以日本首相的名义发去贺信,强调这次会议"向着东南亚发展与稳定的共同目标,迈出了历史性的第一步","日本将不再像过去那样只关心同东盟各成员国发展双边关系,也要致力于发展同东盟组织的合作"。[①] 2 月 24 日,巴厘首脑会议刚

---

① 外务省编:《我国外交近况》下卷,第 20 号,1976 年,第 169 页。

结束,日本政府马上又以外相声明的方式表示祝贺。3月,在香港召开的日本驻东南亚大使会议上,三木首相表明了日本对东南亚政策的支柱,即积极支援,以强化东盟的活力,并且要对东盟与印支半岛的和平共处予以合作。为了就各方面问题进行事务性的磋商,1976年9月,日本主动建议与东盟建立全面的定期协商制度。1977年3月,日本—东盟论坛设立,双方就工业化、贸易、农业粮食等多方面合作展开对话。这对于以往只重视与东盟各国发展双边关系的日本来说,是一个划时代的前进。

1977年8月,即东盟创立10周年之际,东盟第二次首脑会议召开。日本首相福田赳夫与澳大利亚、新西兰的首相一同出席了东盟扩大首脑会议,并随后访问了东盟五国和缅甸。这是自1957年岸信介访问东南亚以来,继池田、佐藤、田中之后日本首相又一次访问东南亚。8月18日,福田在菲律宾首都马尼拉发表演说,表明了"日本的东南亚政策",被称为"福田主义"。福田主义三原则为:第一,日本坚持和平,决不做军事大国,以此为原则,为东南亚乃至世界的和平与繁荣做出贡献。第二,日本与东南亚各国之间,不仅要在政治、经济方面,而且要在社会、文化等广泛领域,作为真正的朋友,建立心心相印、相互信赖的关系。第三,日本站在"平等合作者"的立场上,与其他志同道合的国家一起,对东盟及其加盟国强化团结合作的自主努力,予以积极合作。同时,在相互理解的基础上促进与印支国家的关系,为整个东南亚地区的和平与繁荣贡献力量。①

在此前的8月7日,日本与东盟首脑发表的联合声明中,也表明了与东盟各国加强合作的立场,日本方面同意:(1)通过废除和减少关税壁垒和非关税壁垒,改善一般特惠制,为东盟扩大对日出口,努力合作;(2)共同研究稳定初级产品出口的各类问题,对迅速设立该项共同基金提供合作;(3)考虑提供10亿美元,用于实现东盟工业化计划;(4)在今后5年内,将政府开发援助增加到2倍以上;(5)为发展东盟产业,促进

---

① 外务省编:《我国外交近况》,第22号,1978年,第326—330页。

日本民间投资或技术转让;(6) 为促进东盟地区内的文化交流而给予资金合作。①

"福田主义"的意义在于,它是日本战后第一次公开表明对东盟的基本外交政策。《朝日新闻》在 1977 年 8 月 19 日的评论中说:"此次访问提出的三根外交支柱,对我们日本国民来说,没有什么特别新颖的感觉,可以说是战后四分之一世纪以来形成的共识,……但这是出自首相之口,而且是对东盟领导人反复说明的,因此,它对于东盟领导人和东盟各国国民有着极其重要的意义"。②

东盟各国对福田主义的反应相当复杂。既有肯定其成功促进双方之间关系的,也有持怀疑审视态度及抱否定意见的。新加坡总理李光耀也称赞日本从全球观点出发,将与东盟的关系放在全球政策中考虑。马来西亚的《星槟日报》认为,福田主义是在福田与卡特会谈之后,美国要求日本在亚洲特别是在东南亚发挥积极作用之后才出笼的。该报还写道:"美国希望日本用武力以外的手段加强与东南亚的关系,不反对日本的经济扩张,并为日本提供核保护伞,由此,让日本取代美国成为在亚洲和东南亚维持均势的力量。"③

美苏的态度则形成鲜明对照,美联社 8 月 19 日发自东京的报道中介绍了美国记者安达松的文章,文中认为:"日本一直受到巨大压力,要日本放弃在对外政策中不采取积极姿态的态度。美国迫切希望日本向东南亚发展,以起到填补美国在该地区日益削弱的影响和力量的作用。福田的这一举动无疑会使华盛顿高兴。"塔斯社 8 月 18 日发自东京的报道则说:"在美国侵略印支失败、东南亚条约组织瓦解之后,美国曾经向日本要求做出更多的贡献","美国战略家的希望和日本统治集团的计划恰好一致。这就是用经济手段来达到在第二次世界大战中用武力没有达到的目的。这个目的就是:将拥有日本工业所必需各种原料的该地区

---

① 外务省编:《我国外交近况》,第 22 号,1978 年,第 326—330 页。
②《朝日新闻》,1977 年 8 月 19 日。
③ 郭炤烈:《日本与东盟》,知识出版社 1984 年,第 29 页。

置于自己支配之下"。次日,塔斯社又发表了斯多克里茨基的评论。评论把"福田主义"称作尼克松的"关岛主义"和卡特的"新太平洋主义"的继续,认为卡特承诺的"援助"固定了东盟与华盛顿—东京轴心的垂直关系,日本从美国的手中接过接力棒向东南亚各国扩张。①

二、福田主义的内容

首先,福田主义的第一项"坚持和平主义,不做军事大国",是日本政府首脑时常强调的内容。例如,1970 年 10 月 21 日,在联合国成立 25 周年纪念大会的演讲中,佐藤首相表明,"古往今来,在世界历史中,经济力量强大的国家一般都拥有相当强的军事力量。但是,我想清楚地告诉大家,日本因经济发展而有充足的实力,今后决心为世界和平建设做贡献,丝毫无意于将大部分国力用于军事的目的。我确信,日本国民会基于宝贵的历史经验,始终维护自由,坚持和平,追求全世界的繁荣与稳定,正因为如此,才能确保本国安全与繁荣"②。福田首相在马尼拉的演讲中,就和平主义做了更为详细的阐述,"回顾历史,凡经济大国往往亦是军事大国,然而,我国怀有一种史无前例的理想,信赖各国国民的公正与信义,维护自身安全与生存,决心不走军事大国之路。并且,虽然有制造核武器的经济能力和技术能力,但决不要这种武器,这是史无前例的挑战。同时对于人口稠密、资源贫乏、必须和各国交流合作的我国,除此之外别无选择。我相信日本的这种选择有利于亚洲地区乃至全世界的根本利益。自不待言,我国在军事上也不会以其他形式威胁邻国,目的在于把力量专门用于建设国内外的和平与繁荣,我们确信日本的这种做法,作为世界上的稳定力量,将有利于世界的和平、稳定与发展"③。随同福田出访的日本外务省亚洲局局长中江要介,在归国后的 8 月 31 日演讲中,

---

① 郭炤烈:《日本与东盟》,知识出版社 1984 年,第 28 页。
② 外务省编:《我国外交近况》,第 15 号,1971 年,第 394 页。
③ 外务省编:《我国外交近况》,第 22 号,1978 年,第 327 页。

就和平主义做了如下说明,日本"已有 25 倍于战前的经济力量,也许可以拥有相当军备,但自卫预算仅仅相当于国民生产总值的 0.88%,其基础就是日本和平宪法。而且国会也通过了无核三原则,日本国民要遵守这些原则。国民的这种决心没有改变。不做军事大国,主要欲以经济力量和技术全力以赴为世界和平与繁荣做贡献"①。"坚持和平主义,不做军事大国",固然受到东盟各国的欢迎,但这仅是对战后以来日本东南亚政策的总结,而不是今后日本外交的指导方针。随着 80 年代以来日本军备的扩张,这一原则变得有名无实。

其次,关于"心心相印",福田首相认为:"日本与东南亚各国的关系,并非仅仅限于相互物质上的利益。首先作为亚洲一员,有相互帮助、互为补充这样一种发自内心的愿望,然后才有物质上的关系。因此,我本次访问才不遗余力地提倡'心心相印'的必要性,即日本与东南亚人民不仅要用头脑,而且要用真心来做到相互理解","要培养东南亚各国与日本每个国民之间'心心相印'的相互理解,文化交流所发挥的重要作用自不待言。"②新加坡《新海峡时报》(*New Straits Times*)则对此表示怀疑,指出:"心与心的交流,只是暧昧的概念,不要期望在合作关系上有多大进展,文化交流的'礼物'不也是想回避双方之间真正存在的悬而未决的问题吗?"③东盟方面对在文化方面开展合作,还是表示了肯定态度。于是,在共同声明中写道:"日本总理大臣提议,为了促进东盟内部的文化合作,有必要对东盟的努力予以合作,如何合作,需共同研究。总理大臣表明斟酌之后,准备做出贡献,包括适当的资金支持。东盟首脑欢迎这种提案,同意双方为此目的设立共同研究小组。"④

毫无疑问,日本外交背后是强大的经济实力,但如何在外交中发挥经济以外其他因素的作用,这是日本外交中一个贯穿整个 70 年代及今

---

① 山本刚士:《战后日本外交史　南北问题和日本》,三省堂 1984 年,第 338 页。
② 外务省编:《我国外交近况》,第 22 号,1978 年,第 328 页。
③《每日新闻》,1977 年 8 月 4 日。
④ 外务省编:《我国外交近况》,第 22 号,1978 年,第 365 页。

后的长远问题。佐藤内阁已经开始意识到这个问题,田中、三木内阁下的自主防卫政策的摸索,福田主义的"心心相印",以及大平首相提倡的"文化时代",都是对经济以外要素重要性的关注。应该说"心心相印"是福田主义的一个特征,从福田主义开始,日本正式强调加强与东盟各国的文化交流。日本政府决定扩大自 1972 年以来的日本与东盟的社会文化交流,出资数千万美元推进各种交流计划,建立了 1 亿美元的日本东盟学生奖学金。在这一计划的推动下,70 年代中期至末期,东盟与日本的社会文化交流空前活跃。东盟国家访问日本的人数每年以 20% 的速度增长。东盟赴日留学生在同期日本的外国留学生总数中的比重从 4.3% 上升至 10.5%。70 年代末,日本官方资助的外国留学生□,东盟学生的比重已经达到四分之一。同期日本访问东盟的人数也以年均 88% 的速度迅速增长。据初步统计,在 1974 年至 1986 年的 12 年间,东盟各国共派出 24 281 名各类技术人员到日本接受培训,同期有 26 943 名日本专家被派到东盟各国帮助工作。

另外,此次日本考虑用"平等的伙伴关系"形容日本与东盟的关系,却遭到东盟各国意想不到的抵制。东盟认为与经济大国日本(王国经济加在一起也不及日本)之间不可能是"平等的伙伴关系",拒绝使用"平等"一词。福田首相在与东盟首脑的会谈中极力表明,"现在是非常困难的时期,基于命运共同体的认识,日本和东盟要相互信赖,共同克服这次危机"①。新加坡总统李光耀责问道:"日本与东盟同乘一条船,可是感觉一方是在一等舱,另一方在三等舱。假如船遇海难,坐哪一个救生艇呢?日本真的打算和东盟乘坐同一个救生艇吗?"②结果,在 8 月 7 日日本与东盟首脑会议结束后发表的共同声明第 6 项写道:"基于伙伴关系的精神,日本与东盟各国之间,在发展特别密切的经济关系方面意见一致。"即使是在访问的最后一站马尼拉,在福田到达前一天的 16 日,菲律宾政

---

① 《每日新闻》,1977 年 8 月 7 日。
② 《每日新闻》,1977 年 8 月 8 日。

府情报部在下发给当地新闻机构的背景材料中还说:"因为这个靠不住的伙伴的剥削,将使穷国处于原料供应国和产品出口国的地位,为了阻止这种新殖民主义的行为,应该重新研究双方之间的贸易关系",指出日本与东盟的关系是不平等的"靠不住的伙伴"关系。《印尼时报》8月20日发表题为"福田主义"的社论说,福田主义无疑是想确保日本在东南亚地区的利益。日本企图确保来自该地区的源源不断的原料供应,同时把该地区作为日本的商品市场。要达此目的,不需枪弹,只需金钱。日本通过对工业项目的投资和新市场的开拓,可以直接或间接地获取利润。东盟对日本的不信任感相当强烈,参与准备此次首脑会谈的东盟各国外长指出:"带来10亿美元援助的日本人并非圣诞老人,他们是一毛不拔的商人,他们可以用10亿美元赚回20亿。"①因此,日本欲走出"东盟反日"的阴影,与东盟建立信赖关系,尚需时日。正因如此,福田在发表"马尼拉演说"之前,从原稿中删去了"日本是东盟特别亲密的朋友"和"日本与东盟之间确立了特别密切的经济关系"之类的表述。②

三、福田主义的主要特征——桥梁外交

福田主义的重要特征,是要在政治体制不同的东盟各国与印支三国之间发挥"桥梁"的政治作用,以缓和东南亚地区的紧张关系。福田首相在马尼拉演说中表明:"东盟地区的稳定和繁荣首先只有在整个东南亚的和平中才能得以保证。在东南亚一角燃烧多年的战火终于平息的今天,我们迎来了努力加强东南亚地区持久和平与稳定的大好时机。在前面东盟首脑会议的共同声明中,东盟各国表明与印支国家共同发展、和平互利的愿望,提出'以互利为基础,进一步努力扩大与印支国家之间的理解与合作领域'的方针。基于上述认识,对此我深表敬意。我期待着在这种坚持不懈的努力下,相互理解与合作之环不久将会扩大到整个东

---

① 郭焰烈:《日本与东盟》,知识出版社1984年,第29页。
② 矢野畅:《东南亚政策 从怀疑到信赖》,塞玛尔出版会1978年,第33页。

南亚地区。日本出于同样的目的,愿为巩固与印支各国的互相理解而尽一份力量。"①另外,东盟事务局长达鲁逊也表示,"东盟期待着日本在东盟和印支国家之间架起桥梁"②。

福田主义所谓的"桥梁外交",首先是要成为东盟与印支国家之间的"桥梁"。日本向印支地区的靠近,是田中内阁1972年中日实现邦交正常化、1973年石油危机之际开展"阿拉伯外交"以来"自主外交"的延长,也是1978年1月福田首相提倡的"全方位外交"的重要内容。此时,日本对印支国家的政策是以政府开发援助(ODA)为武器,改善东盟与印支三国之间的关系,从根本上谋求东南亚地区的发展和稳定。③福田主义明确提出要向越南提供援助,并于1978年4月提供无偿援助、7月提供贷款、12月表明1979年的援助与1978年相同,约为140亿日元。1978年7月,越南参加了经济相互援助会议,日本担心中苏对立加剧,便邀请越南外交部副部长到日本,直接进行日越协商。园田直外相表示"坚持自主独立外交路线是经济援助的条件",意欲牵制越南的外交。④由此可见,日本是要通过对越援助来发挥"桥梁"作用,进而通过"桥梁"作用以在东南亚地区发挥独立的政治作用。

其次,日本欲成为东盟与世界(主要是发达国家)之间的"桥梁"。1978年6月,日本—东盟外长会议召开,本次会议作为福田主义的继续,受到东盟的高度评价。与日本外相初次就亚洲形势和世界政治经济动向等共同关心的问题进行协商,这在东盟历史上尚属首次,而且是划时代的。原因在于,日本外相向东盟各国代表许诺,将"在发达国家首脑会议上反映东盟声音"。特别是,新加坡外长拉惹勒南强调"国际社会中的东盟与日本的关系"⑤,也就是说,东盟也希望借日本之"口",通过日本这

① 外务省编:《我国外交近况》,1978年,第22号,第329页。
② New Straits Times,November 17,1976;《朝日新闻》,1976年12月8日(晚报),第2页。
③ 详见园田直:《世界　日本　爱》,新潮社1981年,第137—200页。
④《朝日新闻》,1978年7月6日。
⑤ Straits Times,June18,1978. 荒木喜代志:《园田外相与东盟外长的外长会谈及对泰国的正式访问》,《经济与外交》1978年7月,第2—8页。

座"桥",走向世界,进一步扩大影响。日本借日美首脑会谈等各种机会,向美国等主要发达国家表明应该认识东盟的重要性。例如,1978 年 7月在波恩召开的首脑会议上,日本根据东盟国家的希望,积极发言要求发达国家抑制保护主义,研究共同基金,增加援助等。同时就此次首脑会议的成果,日本派遣对外经济大臣牛场信彦前往东南亚,向东盟各国做了说明。

总之,日本要发挥双重桥梁作用,以便左右逢源,借助各方力量,在东南亚事务上获得主动权,提高其国际地位和影响力。然而,随着越南入侵柬埔寨、东盟与越南对立,日本的"东西桥梁"作用渐失功效;同时伴随着东盟影响力的增加、美欧势力在东南亚地区的再次加强,日本这座"南北之桥"的搭建也失去了必要性。

四、福田主义产生的原因

福田主义的产生,有着复杂的国际背景和国内原因。从 70 年代初期开始,由于资本主义政治经济发展的不平衡,美国势力相对衰落,其霸权在全球范围内受到严重挑战。美国继抛出"尼克松主义"之后,逐步实行战略收缩,开始调整对华政策和东南亚政策,1975 年结束越南战争,有步骤地从东南亚地区收缩势力。另一方面,苏联则以咄咄逼人的攻势乘虚南下,扩张势力,插手东南亚事务。同时由于越南战争结束,美国支持的南越阮文绍政权、老挝西萨旺·瓦达纳政权以及柬埔寨朗诺政权彻底崩溃,共产党在印支三国取得胜利,这样东南亚地区的地缘政治发生了重大的结构性变化。东南亚地区的基本格局是东盟组织与印支三国在意识形态和政治体制上的对立。为了填补美国势力收缩后出现的"真空",维护自由主义体制,美国也希望日本作为补充力量,加强经济援助和合作,在该地区发挥政治作用。1976 年美国总统卡特上台后,提出的"新太平洋主义",即新亚洲政策表明:抑制或抵消苏联在东南亚乃至亚洲的影响;积极发展与东盟的关系;与中国全面改善关系;与日本、澳大利亚、新西兰合作,参与东南亚经济发展计划。"70 年代后半期的卡特时代,是美国外交参与国际政治最弱的时期,此时,福田时代的日本外交可以在亚洲享受到行动的自由。"①

从东盟国家的角度来看,经过 1967—1976 年第一阶段的摸索,以 1976 年第一届东盟首脑会议为标志,东盟打破徘徊局面,进入了第二个发展时期。1976 年 2 月 23 日—24 日,在印度尼西亚巴厘岛召开了东盟有史以来五个创始国政府首脑的第一次会晤,这成为东盟发展的一个转折点。印度尼西亚总统苏哈托、马来西亚总理拿督·侯赛因、菲律宾总统马科斯、新加坡总理李光耀、泰国总理克立·巴莫出席了会议。会议签署了三个在东盟发展史上具有重要历史意义的文件,即《东南亚友好合作条约》、《东南亚国家联盟协调一致宣言》和东盟首脑会议《最后公报》。会议在组织建设上,签署了关于成立东盟秘书处的协议,并提名哈托诺·雷克索·达索诺担任秘书长。在政治和安全合作、内部经济合作和对外经济合作方面,都提出新的举措,特别是加强政治合作、培养东盟整体意识被明确地作为东盟各国合作的一个目的。《东南亚友好合作条约》第 9 条指出:"缔约国将努力加强合作,以推动地区的和平、和谐与稳定。为此,缔约国彼此之间将就国际和地区事务保持定期的接触和协商,以协调观点、行动和政策。"②

在印支形势发生变化的情况下,东盟为了维持自身体制,希望通过大国间的力量平衡来维持本地区稳定,实现中立地带构想;同时加强东盟组织内部经济、政治合作,提高合作层次,与不同体制的印支三国发展关系。于是,在美国战略从亚洲收缩的情况下,东盟为了自身的巩固和发展,希望经济大国日本代替美国,进一步加强经济援助与合作。

日本在总结以往经验的同时,伴随着东南亚地区国际形势的变化,提出了日本对东盟外交政策的基本框架。一是日本逐步认识到东盟自

---

① 友田锡:《入门现代日本外交》,中央公论社 1988 年,第 112 页。
② 《东南亚友好合作条约》(Treaty of Amity and Cooperation in South-East Asia),山影进编《ASEAN 资料集成 1967—1996 》(CD—ROM),日本国际问题研究所,1999 年。

成立以来不断发展壮大,在地区事务中愈来愈发挥着重要作用,所以,日本要尽快采取措施,消除 70 年代初期特别是 1974 年东盟各国反日运动的后遗症,这成为日本外交面临的重要课题;二是在东西对立的形势下,日美在东南亚政策上意见不尽一致,而日本与美欧贸易摩擦日渐加剧,为了摆脱这种相对孤立的处境,日本准备在东盟寻找出路;三是日本外务省欧美派倡导的“经济外交”处于转折时期,“亚洲派”势力逐步抬头。日本首相也对东南亚地区表示出特别的关注,意欲探索日本的“自主”“全面”外交之路。早在佐藤荣作执政期间,他就曾表示:“日本将在亚洲地区的稳定中发挥主要作用,美国则将起次要作用。”1976 年 2 月第一次东盟首脑会议召开之际,三木首相和宫泽外相以不同形式发去贺词,而当美国国务院就发贺电事宜询问日本外务省时,日方表示美国不发为好,一定程度上表现出日本要在东南亚积极发挥地区“责任”的姿态。1977 年 3 月,福田与美国总统卡特举行日美首脑会谈,在日方的极力提议下,共同声明第五项加入了日美合作帮助东盟地区统一、发展的内容。①

福田主义正是在这种力求拓展“自主外交”的情况下出台的。需要指出的是,此时日本外交的“自主”,是摸索中的自主、相对的自主,即对美依存下的相对自主外交。1977 年 1 月 31 日,福田赳夫上台之初,在第 80 届国会的施政方针演说中,首先强调的就是日本与西方发达国家特别是与美国的合作。“日本外交当前亟待解决的紧急课题是日本与美国、西欧等主要发达工业国之间强化合作”,“对于日本外交,具有根本重要性的是支撑战后日本繁荣与安全的日美两国的友好合作关系。政治、经济和安全保障,无论哪一方面,日美关系对于日本均具有显著的重要性。”②

福田赳夫在回忆录中阐述其外交思想时指出,“福田内阁外交方面

① 矢野畅:《东南亚政策 从怀疑到信赖》,塞玛尔出版会 1978 年,第 32 页。
② 福田赳夫:《回顾 90 年》资料篇,岩波书店 1995 年,第 354—355 页。

的使命基本上有两个,第一就是如何扩大日本的外交框架。70年代末,日本国力开始得到国际社会客观的承认。我所说的'世界中的日本'影响增强,在现实问题上抛开日本来强化国际秩序是不可能的,此种认识在各国间逐步加深。因此,各国欲积极和日本建立伙伴关系的趋势不断高涨。日本地位在经济领域已经确立,但是在政治领域仍未成为客观现实。其次,第一次石油危机之后,异常混乱的国际经济特别是宏观世界经济的整体调整是主要国家的突出课题。其中,日本如何取得领导地位非常重要。这两个是福田内阁外交上的基本课题。第一点是如何扩大日本外交的基础。于是,我提出了'全方位和平外交'的想法⋯⋯例如,在仅以日美关系为中心的两国间的框架中,日本外交不是被动地调整,而是在更广泛、各种各样的地区问题上也发挥作用。但遗憾的是,这种提法也引起若干误解。我所提倡的'全方位和平外交'被理解为'全方位外交',而且认为这是在美苏双方之间搞'等距离外交'而遭到批判。这完全是误解,不是等距离外交。我表明的甚至也不是全方位外交,而是全方位和平外交"。"因此,全方位和平外交的基础是强化日美关系,是以日美关系为基轴,在其他地区积极发挥作用。⋯⋯我认为不先切实巩固日美关系,就不能强化扩大外交的基础。在内阁成立后不久的1977年3月访问了美国。""在巩固基础后,我于同年8月访问了东南亚各国,其中特别是在新层次上构筑了ASEAN(东南亚国家联盟)与日本的关系,这是全方位和平外交的一个明确表现。"①

但是,从历届内阁的对外政策中可以看出,"即便不脱离日美协调的基本框架,在70年代的变动中,日本外交摸索扩大行动的自由是明显的。从田中内阁开始,中间是三木内阁,到福田赳夫内阁,可以说是探求自由外交时期。福田首相所提倡的'全方位外交',虽不是损害对美基轴,但与大家广交朋友的本意,就是欲积极推进其他方面的外交。具体到福田,其主要对象就是1977年8月提出的'马尼拉主义'所表明的东

---

① 福田赳夫:《回顾90年》,岩波书店1955年,第270—272、276—277页。

南亚。简而言之,就是表明在美国收缩后的这个地区,非军事的经济大国日本欲强化合作的方针。这里有两点需要注意,一是与东盟各国继续协商,美国战略收缩后的越南也应包括在援助对象之内。也就是日本作为援助者,帮助东南亚的两个阵营(东盟和越南)重建,同时促进双方的和解。二是没有和美国协商,这个计划是以外务省亚洲局为主推进的"①。

福田主义的出台,标志着日本与东盟国家关系进入了一个新的历史阶段。它是对此前日本在东南亚各国推行经济外交政策的调整,即从过去单一的经济外交向今后的政治、经济并重的外交政策转变,标志着日本对东盟外交政策的正式开始,是日本东南亚外交的分水岭,在日本战后外交史上具有里程碑的意义。

---

① 五百旗头真:《日本外交的决定要素》,见有贺贞、宇野重昭、木户蓊、山本吉宣、渡边昭夫编《讲座国际政治 4 日本的外交》,东京大学出版会 1989 年,第 40—41 页。

第十二章 东西关系与南北问题中的日本和东盟

日本与东盟的关系，是东西关系的一个地区缩影，也是南北问题的一个全球典型。由于经济关系是双方关系的基础与核心，故南北问题始终是日本与东盟关系中的主要问题。然而，由于东方的日本又是西方发达国家集团中的一员，所以日本与东盟关系又折射出了东西方的色彩。

一、东西关系下的日本与东盟

第二次世界大战结束后，东西方两极格局逐步形成。东西冷战以美苏全球争霸为主要特征，表现为在经济体系上的对立、政治上的争斗、军事上的对峙，以及对"中间地带"的争夺，严重威胁着世界的和平与发展。作为美国亚太半月形包围圈上的几个环节，日本与东盟地区成为东西方冷战的前沿地带。在这种东西关系框架下，日本通过东盟政策·发展壮大了自身实力，巩固了西方阵营，对美国的东亚战略起到"补台"作用；而且，在稳定冷战局势的同时，也加剧了东西两极的对峙和分裂。

首先，日本与东盟经济关系的发展得益于冷战格局，同时提升了西方对东南亚地区的影响。在美国的扶植与支持下，日本加入了国际组织，也迈进东南亚及欧美市场。在东西阵营对立的情况下，日本与东盟的经贸关系,实际上就是在资本主义经济体系下进行的,①旨在扩充经济实力,也相应巩固了西方营垒,其本身就带有东西关系的色彩。针对日本与东盟国家经济关系中存在的问题,尼克松做了一个类比:"从狭隘的贸易和利润的眼光来看,日本作为美国竞争对手的崛起,对有些人来说也许是一个不幸的事件。但在东西方斗争这一更广阔的背景下,它却具有深远的积极意义。因为在自由国家的世界里,日本的实力正如强大的西欧经济一样,弥补了我们的不足。"推而广之,"日本应以长远眼光来看待同贫困国家的关系。不能使这些国家滑入苏联轨道",日本最好能中止同共产主义的尼加拉瓜、古巴和越南的贸易,更多地同那些需要援助以抵抗共产主义的国家发展贸易关系。② 事实上,东西冷战一定程度上规定了日本对外经济的活动范围。当然,日本主要是从经济利益的必要性来考虑问题的,并没有完全受意识形态及不同阵营等政治制度上的限制。

其次,日本通过对东盟的战略援助和政治支持,配合美国的东亚战略,抵制了苏联和越南在东南亚的影响与扩张。东盟作为一个经济、社会和文化合作组织,囊括了当时东南亚地区几乎所有市场经济国家,不可否认,其亲西方反共的政治因素是促进内部联合的主要因素之一。所以,东盟成立后,美国评价其为"亚洲的新风",希望盟国日本给予支持与合作。70 年代以来,美国经济实力相对下降,加之越南战争失败,开始逐步从亚洲收缩势力;苏联则以咄咄逼人的攻势乘虚南下,插手东南亚事务。为了填补美国撤离后出现的"真空",维护自由主义体制,美国也希望日本作为补充力量,加强经济援助和合作,在该地区发挥更大的政治作用。福田主义的出台就是一个重要标志。其中对越援助政策,就是日方把经济援助作为政治杠杆,对越施加影响。1978 年,日本先后向越南提供了无偿援助和日元贷款,并邀请越南外交部副部长赴日协商。日本

---

① 罗宾·科恩、保罗·肯尼迪:《全球社会学》,社会科学文献出版社 2001 年,第 265 页。
② 理查德·尼克松:《1999 不战而胜》,中国人民公安大学出版社 1988 年,第 272 页。

外相园田直表明"坚持独立自主的外交路线是经济援助的条件"①。越南入侵柬埔寨后,日本应东盟的要求,冻结了对越援助,并且增加了对泰国、菲律宾和老挝等国的战略援助。这就是如大平首相组织的综合安全保障小组的研究报告所建议的,"不仅要向重要的原材料供给国提供援助,而且还应从军事角度,向有着重要战略地位的第三世界国家提供援助"②。同时,日本响应东盟的要求,坚持联合国决议和柬埔寨国际会议宣言的政治解决方针,支持东盟国家的外交努力,积极开展外交活动,维护民主柬埔寨在联合国的合法席位。在柬埔寨问题的解决上,日本发挥了重要的政治作用。

再则,日本积极调整安全战略和防卫政策,介入东南亚地区的安全事务,也是其配合美国对苏遏制战略、分担东西冷战责任的表现。1969年尼克松主义的诞生,是美国霸权地位衰落的产物和表现,其核心目的在于减少对盟国的军事义务,要求盟国分担责任。70年代中期后,随着苏联经济军事实力的增强,勃列日涅夫奉行霸权主义,积极推行进攻性的国际战略,加紧美苏争夺。由于苏联海军在印度洋的活动增多,自1969年起,日本政界和财界就曾展开过"马六甲海峡安全"的讨论。③ 两次石油危机,严重冲击了日本的经济基础。如何填补美国战略收缩后空缺的政治地盘,阻止苏联势力的南下,同时控制东南亚地区及其周围海域,确保海上"生命线"的畅通,成为摆在日本政府面前的一个现实课题。1979年大平首相提出了综合安全保障构想。翌年1月25日,大平在第91届国会施政方针演说中强调:"我国对外政策的根本是,强化与自由阵营的合作关系,以此为基础推进与全世界的友好合作关系","苏联军事入侵阿富汗,无任何正当理由。……我国要求苏联尽快撤军,为此坚决支持联合国特别大会决议","而且,我国对印支地区事态发展深表忧虑,

①《朝日新闻》,1978年7月6日。
② Mike Mochizuki, "Japan's Search for Strategy", *International Security*, Winter 1983-84, pp. 159—160.
③ 西和夫:《经济合作——面向政治大国日本之路》,中央公论社1970年,第182—135页。

欲与东盟国家一道为恢复该地区的和平继续努力。"①同年,日本《防卫白皮书》提出"要从世界中的日本防卫出发,考虑如何增强防卫力量"。1981年,铃木首相访美,战后双方首次在联合公报中一致肯定在太平洋防卫上进行责任分工,并且,铃木还表示日本要"保卫1 000海里航线"。中曾根则抛出"不沉的航空母舰"论,强调以"西方一员"的身份与美国加强合作。日本在分担责任、抑制苏联的烟幕下,谋求发挥军事安全作用,专守防卫政策随之发生质变,无形中加剧了地区紧张局势。

东西方原本是地理概念,相应也具有文化和社会意义。第二次世界大战结束后,以美苏争霸为特征的冷战兴起,形成资本主义与社会主义两大阵营在政治、经济、军事上的全面对立,赋予东西关系以意识形态的含义。如今,冷战体制已经解体,西方发达国家与东方发展中国家、社会主义国家之间,主要表现为"南北问题"。然而东西之间的矛盾与斗争虽已淡化,但依然存在。有的学者认为是"一个冷战结束了,两个冷战开始了"。一个冷战即美苏争霸的结束,使两个冷战即资本主义发达国家同社会主义国家、同第三世界的冷战突出起来。② 日本的特殊性就在于,它既是西方发达国家的一员,又是"天然"的东亚国家;既受西方社会文化的熏陶,又属于东方文化圈。因此,从上述意义来说,包括日本的东盟政策,如何摆脱冷战思维,超越意识形态的对立,重新看待东西关系,仍是一个现实的重要课题。至于能否还"东西"以地理文化之本意,还有待历史见证。

二、南北问题中的日本与东盟

南北问题,一般指大部分位于南半球的发展中国家与大多数位于北半球的发达资本主义国家之间存在的问题。历史上的南北问题,源于帝

---

① 外务省:《我国外交近况》第25号,1981年,第332—334页。
② 卫建林:《历史没有句号——东西南北与第三世界发展理论》,北京师范大学出版社1997年,第262页。

国主义的殖民统治,既包括宗主国对附属国的经济盘剥,也包括对殖民地国家的政治压迫,由此形成了一种长期的不平等的经济政治关系。冷战体制下,南北问题的政治侧面为东西矛盾所抑制或掩盖,主要表现为经济方面。冷战两极格局解体后,尽管经济发展问题仍是南北问题的主旋律,但是,南北矛盾在政治领域的表现也日益突出,有学者称之为"南北问题政治化"。日本作为后进资本主义国家,与东南亚及东盟国家的关系,可以说经历了南北关系发展的全过程,是南北问题的一个典型例证。

首先,冷战结束后,日本与东盟之间的南北政治矛盾凸显。日本等北方发达国家将人权、安全和军控的矛头,由原苏联和东欧国家转向南方的广大第三世界国家。美国打出人权是其对外政策基石的旗号,为保障所谓"人权"甚至不惜动用武力。1989年欧共体在签署第四个"洛美协定"时,第一次将民主和人权列为该协定的基本条款。经济大国、援助大国日本,也把ODA与人权和军事安全等挂钩,以求影响受援国的内外政策。1991年海部俊树首相出访东盟,在新加坡发表演讲时指出:"日本将在实施政府开发援助之际,充分考虑发展中国家的军事支出、武器进出口等动向。"[1]1992年宫泽喜一内阁制定了《政府开发援助大纲》,提出了"ODA四原则",其中三项原则涉及军控、民主、市场经济、人权等问题。1993年日本《ODA白皮书》指出:"东南亚各国中那些增加军费、致力军事现代化的国家,自然引起我国的关注。在向这些国家提供ODA时,当然应注意其军费支出和武器进口动向。"[2]日本在要求东盟各国"军控"的同时,却在不断加强自身军事力量、扩大军事活动范围。例如,冷战结束后的90年代中期,日本与美国对同盟体制进行了"再定义",适用范围扩大到包括东南亚在内的亚太地区,并在最近几年日本借海盗问题不断介入东南亚安全事务。2004年3月,日本内阁会议通过"有事法制"七法

---

① 佐佐木芳隆:《跨海出动的自卫队:PKO立法与政治权力》,岩波书店1992年,第104页。
② 外务省经济合作局:《日本政府开发援助ODA白皮书》,1993年,第51—52页。

案,法案中提及的"周边",不仅包括邻近的台湾海峡,也包括稍远的马六甲海峡,从而为日本在"紧急事态"下的海外干涉准备了法律依据。

至于人权、民主和市场化原则,在表现形式上,日本主要是从正面积极支持越南、柬埔寨等国的民主化和市场化,而对缅甸军政府持批判立场。日本企图在发挥 ODA 经济效果、巩固经济大国地位的同时,突出对外援助的政治、军事安全影响与战略目的,从而为日本走向政治大国、军事大国铺平道路。

总之,日本等北方发达资本主义国家以人权、军控为幌子,以援助、宣传甚至武力为手段,软硬兼施,诱使、逼迫南方国家加入其体系,听从其安排。如德国人所言,"东方崩溃以来,由于我们没有了敌手,不必害怕敌手竞争,所以我们能够单独做出决定,南方必须走什么样的道路"①。这不能不说是强权政治在当今时代的典型表现。

其次,经济全球化迅速推进,而南北经济关系中的矛盾也愈加尖锐,日本与东盟关系亦不例外,双方矛盾主要表现在以下几个方面。

1. 日本与东盟关系并没有改变南北国家在建立国际经济新秩序问题上存在的根本性意见分歧。1974 年 4 月,联合国第六届特别会议通过的《关于建立国际经济新秩序宣言》和《行动纲领》,反映了包括东盟国家在内的南方发展中国家的呼声,即要求建立公正、平等、互利的国际经济新秩序。然而,从 1975 年起,日本等北方发达资本主义国家每年召开七国首脑会议,协调立场,主张按照其制度和价值观,建立日、美、欧三极共同主宰的世界"新秩序",拒绝在贸易、资金和货币等领域做出重大让步。近半个世纪后的今天,面对北方国家主导推动的全球化浪潮,东盟等发展中国家面临的境遇并没有得到根本改善。

2. 日本与东盟关系仍反映了南北贸易权利不公、南方贸易条件相对恶化的状况。1999 年,在日本对东盟的出口中,仅半导体零部件一项贸

---

① 《北方对南方发动的战争开始了吗?》,《法兰克福汇报》,1992 年 3 月 19 日,转引自卫建林《历史没有句号——东西南北与第三世界发展理论》,北京师范大学出版社 1997 年,第 6 页。

易额就达107亿美元,而东盟向日本出口的食品、原料、燃料三大类加在一起贸易额才178.7亿美元。一块芯片换几十吨木材,这样的交换仍然在日本与东盟之间进行着。日本拥有名牌产品、雄厚资金和发达科技等垄断优势,而东盟国家生产的主要是低附加值的资源密集型和劳动密集型产品,结果造成高科技产品与初级产品的价格剪刀差越来越大。这恰恰是南北问题中存在的一个普遍现象。现行世界贸易的一个基本事实是:占世界人口大多数的贫穷国家,只能得到世界贸易收入3％的收益;而占世界人口14％的富裕国家,得到了世界贸易收入的75％。① 总体上南方国家的贸易条件比10年前更加恶化。

　　南方发展中国家贸易条件的恶化,主要是由北方发达国家施行的关税壁垒、农业补贴及非关税壁垒等政策造成的。以日本与东盟为例,日本对东盟各国深加工食品征收的关税约是粗加工食品的一倍,从而削弱了东盟各国农副产品的优势,限制了东盟各国商品附加值的增加。日本还通过农业补贴、非关税壁垒等方式阻碍东盟各国农副产品的进入。经合组织的调查报告显示,2000年日本的农业补贴已达到国内生产总值的1.4％,而同期农业收入仅占1.1％,日本对农业的补贴显然已经超过农业收入。日本政府补贴最多的农产品当属大米。尽管日本生产1公斤大米的成本约等于泰国的9.6倍,可是在取消农产品补贴问题上日方态度强硬,拒绝开放大米市场,这就限制了泰国、菲律宾等东盟各国大米的对日出口。2003年,日本又实行了"大米身份认证制度",并且成立了"食品安全委员会",两道新的贸易壁垒,使日本可以继续堂而皇之地将东盟国家的农产品拒之门外。这种现象同样存在于其他南北国家之间。例如,发展中国家向发达国家出口时要缴纳的平均关税,是发达国家向同一市场出口关税的4倍。② 欧盟的牛每天得到2.5美元的政府补贴,而非洲75％的人口每天生活费不到2美元,真可谓"人比牛穷"。世界银

---

① 施晓慧:《坎昆谈判,富国勿打黑算盘》,《人民日报》2003年9月15日。
② 世界银行:《2000/2001年世界发展报告》,中国财政经济出版社2001年,第180页。

行《2000—2001 年世界发展报告》明确指出：发达国家的农产品关税和其他扭曲性措施，如补贴等，严重地阻碍了穷国的发展进程，严重制约着穷国经济增长的努力。[①] 马来西亚前总理马哈蒂尔 2003 年 11 月 29 日在世界粮农组织第 32 届大会上的基调讲演中亦呼吁："我们要坚持的不是自由贸易，而是公平贸易。"

3. 日本与东盟关系体现出北方发达资本主义国家垄断着资本和技术，以保证从发展中国家稳定地获取高额利润的基本特征。

从资本的角度来看，日本对东盟的投资仅仅是其对外总投资的一小部分。1951 年到 1999 年，日本累计对外直接投资达 7237.32 亿美元，其中对美投资就占投资总额的 40.3％，对欧投资占 21.7％，对东盟五国（泰、马、印、菲、新）的直接投资仅占 9.6％。[②]世界范围内亦是如此，2000 年，全球近 80％的外国直接投资流向发达国家和地区，流入发展中国家的仅为 18.9％。可见，当今世界资本流动高度集中即发达国家"内部化"，造成了广大南方发展中国家总体上的"边缘化"。

即便是如此有限的投资，其主要受益者也并非发展中国家，而是发达国家本身。以马来西亚吸收日本等发达国家的投资为例，马来西亚早在 20 世纪 60 年代就开始吸引外国投资，当时其工资水平大约相当于投资国工资水平的 5％，而且还要对投资方实行多年的税收减免政策。此外，外国直接投资并不一定意味着资本的流入，马来西亚吸收的"外资"中有五分之四是从当地银行借贷的，另外五分之一则是服务等形式，实际上并没有资本进入。可见，外资赚取利润的前提是穷国的低工资、免税、提供资本等鼓励措施。如今，多数发展中国家竞相出台优惠政策以吸引外国直接投资，最终获益的必然是外国投资者。

从技术的角度来看，日本强化了知识产权保护，而且技术的交易和流动高度集中于日本与其他发达国家之间或本国公司内部，造成南北双

---

① 世界银行：《2000/2001 年世界发展报告》，中国财政经济出版社 2001 年，第 180 页。
② 日本贸易振兴会：《2001 年 JETRO 投资白书　世界与日本的海外直接投资》，财务省印刷局，第 527—528 页。

方差距日趋扩大。日本的住友、三菱、三井、松下等跨国公司都与欧美跨国公司组成"战略联合",通过成员之间的合同关系组织整个活动,从而构成纯粹意义上的垄断网络,这是北方国家之间的水平合作分工。日本与东盟各国多年来形成了垂直型的分工结构,即所谓的"雁行模式"。在新的发展形势下,日本技术转让保守,仍力图确保经济优势,使该模式固定化,以此为依托在东亚确立自己的主导地位。至于日本跨国公司的内部技术和产品交易情况,从马来西亚日资企业生产摄像机所需要零部件的来源就可以看出,日本企业内部采购率达到91.3%。东盟各国如今面临的是一个比较严酷的经济环境,发展形势不容乐观。面对日益扩大的技术差距,发达国家仍在采取措施强化知识产权保护,并在1993年"乌拉圭回合"临近结束时强行达成了《与贸易有关的知识产权协定》,进一步为知识产权保护提供了法律依据。对此,长期在经合组织科技与工业领导机构从事研究的法国经济学家弗朗索瓦·沙奈指出:新的法律规定使大公司更有办法阻止别人接近技术。……这些规则体现的是强权政治,表现了这样一种意志:穷国除了提供以债务利息为代表的供品之外,还要额外进贡。①

　　4. 日本与东盟关系的发展也反映了南北双方在环保问题上的矛盾。人类工业化时代的进程发展到今天,环境问题日益引起世界各国的普遍关注。然而,环境问题的主要责任者事实上应是发达国家。以日本与东盟为例,日本的森林覆盖率高达65%,居世界前列,但日本是亚洲最大的木材收购商,每年进口木材占总需求量的75%左右。泰国、菲律宾、马来西亚和印尼的原始森林被大量砍伐。日本长期以"愿买愿卖"为招牌,从东盟各国低价大量进口资源和初级产品,却并没有补偿其环境成本。日本还将本国的化工、钢铁等污染工业大量转移到东盟各国,既确保了本国的环境又赚取了利润,但东盟各国却要为此付出高额的环境成本。

　　据统计,拥有五分之一人口的发达国家在享用着世界四分之三的资

---

① 弗朗索瓦·沙奈:《资本全球化》,中央编译出版社2001年,第166页。

源(包括资本资源、自然资源、环境资产),[1]日本、美国等发达国家资源消耗量与污染排放量分别占世界总量的四分之三和二分之一以上。正是这种资源高消耗、污染高排放及生活高消费的不可持续的发展模式,造成了严重的全球性环境问题。但北方发达国家显然并不想对环境问题负责,美国的布什政府拒绝执行《京都议定书》,温室气体排放量位居世界第三的日本也借机"讨价还价"。更有甚者,发达国家还炒作出第三世界威胁、"中国威胁论"等论调,将环境问题归咎于南方发展中国家的工业化、人口增长以及贫困加剧等。

5. 日本与东盟的经济发展水平,有力地证明了南北贫富差距在持续扩大。2001 年,日本的 GDP 是东盟的 7.6 倍,是东盟各国的 29—2 358 倍,人均 GDP 是东盟的 28.7 倍,是东盟各国的 1.6—235 倍。具体来看,从 1985 年到 1999 年,日本与东盟国家的 GDP 和人均 GDP 比值,除了新加坡 GDP 比值从 75.9 倍缩小到 51.2 倍、人均 GDP 比值(1.56→1.57)几乎保持不变之外,印尼、马来西亚、菲律宾和泰国等国与日本的差距均在扩大,GDP 比值的扩大分别为 15.4 倍→31.7 倍、43 倍→55.2 倍、43.7 倍→56.7 倍、34.5 倍→35.1 倍,人均 GDP 比值也程度不同地在扩大,分别为 20.9 倍→52.6 倍、5.6 倍→9.9 倍、19.8 倍→33.5 倍、14.7 倍→17.1 倍。[2]同样,在世界范围内,从 1980 年到 1997 年,发达国家(OECD 成员国)人均国民生产总值从 10 450 美元提高到 26 380美元,发展中国家(世界银行划分的中低收入国家)则从 810 美元提高到 1 250 美元,二者的差距从 12.9∶1 扩大到 21.1∶1。当今世界实际上是一个南北两极分化的时代。

总而言之,以日本与东盟关系为代表的全球南北问题,不仅仅是一个经济问题,而且已成为一个政治问题。南北差距拉大、世界经济严重失衡的根源主要是不平等、不公正、不合理的国际经济旧秩序。因此,北

---

[1] 胡鞍钢作序,陈百强:《谁在养活美国》,商务印书馆 1998 年,第 8 页。
[2] 据国际货币基金组织《国际金融统计年鉴》1997 年、2000 年数据算出。

方发达国家需要基于平等互利、协商一致的原则开展南北对话,在向南方开放市场的同时,必须赋予他们更多的发言权。① 当然,南方国家首先应该对内推动政治经济改革,利用或创造后发优势,缩短与发达国家的科技差距,自力自强是南北合作的基础;同时也要加强南南合作,提升集体的竞争力,力求改善南方国家在南北合作中的地位和形象,增强南方国家的发言权;还应该积极推动南北合作,使合作的运作规则更多地反映南方国家的利益和要求,以促进区域合作的健康发展和国际经济政治新秩序的建立。然而,几十年的发展实践已经证明,北方发达国家在世界经济中的主导和支配地位没有改变,毋庸讳言,国际新秩序的建立将是一个长期而艰难的过程。

---

① 2000 年 8 月,世界银行行长詹姆斯·D. 沃尔芬森在《2000/2001 年世界发展报告:与贫困作斗争》的前言中提出了旨在削减贫困的关键的五项行动:其中包括"促进全球金融稳定,为穷国的农产品、制造业和服务业而开放富裕国家的市场;通过穷人组织的国际联合等方法,赋予穷国和穷人在国际论坛上的发言权。"

第十三章　冷战后期日本安全政策的发展演变

　　二战结束后,美国和苏联从盟国转变为对手,在全球范围内展开了"冷战"。美国通过 1951 年《日美安全条约》和 1954 年《东南亚集体防御条约》(SEATO),把日本、东南亚地区分别纳入美国在亚太地区的军事安全体系。冷战前期,处于冷战前沿的日本,在安全方面与东南亚并未发生直接关系,主要是在美国的保护下,渐进地发展自己的防卫力量。冷战后期,尤其是 20 世纪 80 年代以来,随着国内外政治经济形势的变化,日本积极调整安全战略和防卫政策,扩大防卫范围,欲介入东盟地区的安全事务,在东亚地区发挥安全作用。本章试图在分析七八十年代日本安全战略调整背景的基础上,阐明日本安全政策的发展演变过程及特征,进而指出其受到的制约因素。

一、日本安全战略调整的背景

1. 国际环境

　　美国亚洲战略的变化及其分担防务的要求是促使日本调整防卫政策的重要动因。20 世纪 70 年代,美苏两极对峙的国际格局分化,多极化趋势加强。美国在国力相对衰退的情况下开始调整全球战略。1969 年 7 月,美国新任总统尼克松在关岛宣布了新的美国亚洲战略。"尼克松主义"的核心目的在于减少美国对盟国承担的军事义务,寻求盟国分担责任。

在日本经济实力上升、苏联军力剧增的情况下,1976 年美国国防部长布朗公开表示:希望日本自卫队"强化在日本周边对苏联潜艇的警戒、防卫能力",同时要求日本分担驻日美军费用。80 年代,里根政府打出"扩军抗苏、重振国威"的旗号,其太平洋战略的核心就是要打乱苏联的进攻计划,抑制其进攻能力。美国国防部长温伯格曾对日本的军事价值作过这样的评价:"如果我们的报复性核武器保护伞能使日本免受核讹诈,如果日本在本土周围的海域和空中拥有有效的空军和潜艇侦察以及摧毁能力,来自海参崴的所有苏联飞机和舰只在寒冷的北部 300 英里的范围内都将被置于监视之下,南部 1 000 英里的范围内也逃不出日本的跟踪。日美联合的力量使苏联日趋咄咄逼人的太平洋计划大大复杂化了。"①于是,温伯格在近七年的任期内(1981 年 1 月—1987 年 11 月),数度访问日本,八次接待来访日本防卫官员,促使日本加强自身防卫、支援驻日美军以及转让军事技术。

"苏联威胁论"也成为日本国家安全战略转化的契机。在美国实行战略收缩的同时,苏联则由守势转为攻势,积极发展军事力量,与美国争夺世界霸权。70 年代后期,苏联在日本周边的军事活动急剧增加。1979 年春,苏联开始在远东配备最新式的超音速逆火式轰炸机和 4.3 万吨的明斯克航空母舰,大规模增加了在北方四岛的武器和军事物资储备。大平首相在会见外国记者时表示:"对于苏联增加远东军事力量感到担忧,日本在强化侦察能力的同时,必须保持可能的抑制力";"苏联的增兵是出于一种好战,还是出于一种自卫的考虑,尚不明朗。但是,对于苏联在远东集中力量增强军备不能不引起关注。"②

此外,苏联在越南的金兰湾建立了庞大的海空基地,常驻一支海军特遣分队以及一些远程侦察、巡逻机,而且进驻了图—16 中程轰炸机,同

---

① 卡斯珀·温伯格著,傅莹等译:《温伯格回忆录——为和平而战》,世界知识出版社 1991 年,第 167 页。
② 大岳秀夫:《日本的防卫与国内政治》,三一书房 1983 年,第 272 页。

时增加了西太平洋、南中国海和印度洋的海军活动。1979 年 1 月,苏联支持越南侵略柬埔寨;12 月入侵阿富汗,加快推进"南下"战略。苏联进攻阿富汗 10 天后,日本外务大臣发表谈话,认为"这是对非同盟国的第一次直接军事行动,必须重新看待苏联的行为",并决定"为了从新视角重新看待苏联的世界战略、亚洲外交,要在外务省内设置重新探讨对苏方针的委员会"。① 这样,苏联的扩军行动,促进了日本增强防卫力量。

东南亚地区因国际形势剧烈变动而出现的"权力真空",也是日本积极调整防卫政策的一个诱因。美国由于越南战争失败而逐渐收缩势力,于是,1977 年 6 月,反共军事同盟"东南亚条约组织"正式解散,亚洲另一个反共组织"亚洲太平洋协议会"(ASPAC)也自动解体。苏联则趁机加强军事基地,意欲扩张势力。东盟组织增强力量,反对越南侵略柬埔寨,积极主张把东南亚建设成为"和平、自由和中立"的地区。此外,两次石油危机,严重冲击了日本的经济基础。如何填补美国撤走后空缺的政治地盘,阻止苏联势力的南下,同时控制东南亚地区及其周围海域,确保海上"生命线"的畅通,成为摆在日本政府面前的一个现实课题。

2. 国内动因

首先,从"经济大国"走向"政治大国"的战略追求,是日本安全战略和防卫政策调整的内在动力。70 年代的"福田主义"提出日本要发挥政治作用。1983 年 7 月,中曾根首相在家乡群马县的选举演说中,第一次明确提出日本要从经济大国走向政治大国,声明"今后要在世界政治中加强日本的发言权,不仅要增加日本作为经济大国的分量,而且要增加日本作为政治大国的分量"。显然,日本业已具备经济实力,因此,军事力量和参与国际事务的能力成为其走向政治大国主要追求的目标。此后,日本历届内阁都把政治大国作为面向 21 世纪的国家战略目标。于是,安全战略的调整、防卫力量的加强,就更具迫切性和现实性。所以,

---

① 米庆余监修,肖伟著:《战后日本国家安全战略》,新华出版社 2000 年,第 162 页。

才有日本积极地分担责任和扩大防卫能力，其速度之快，令美国国防部长温伯格惊喜不已。

其次，经济实力的壮大是日本扩充防卫力量的基础。可以说战后日本渐进"扩军"伴随了日本经济恢复、成长、发展的全过程。日本经济复兴期，朝鲜战争爆发，吉田茂拒绝了美国让日本迅速重新武装的要求，采取了"重经济轻武装"的渐进路线，理由是："不能只根据军事上的要求决定兵力数量。目前，充实国家的经济力量以安定民生，乃是先决问题。日本由于战败，国力消耗殆尽，如同一匹瘦马。如果让这匹晃晃悠悠的瘦马负荷过度的重载，它就会累垮。"①随后他在日本保安队成立的训词中重申："政府方针是不再重新武装，这是因为国力不允许。连一艘军舰也造不起的薄弱国力，不可能创建军队。……但是作为一个独立的国家，怀有保卫自己国家的抱负是理所当然的，假如国力允许的话，我想立即拥有军队。"②这句话颇具"卧薪尝胆"的意味。

70 年代初，日本经济仍处于高速增长时期。1970 年 3 月，防卫厅长官中曾根便提出大规模的"四次防"计划，1972 年 2 月，确定了《第四次防卫力量整备计划大纲》(1972—1976 年)，强调对周边海域和空域的控制能力，提高日本武装力量的现代化。其被称为"专守防卫"战略，实际上日本已经具备了主动出击，歼敌于日本国门之外的能力。1976 年 10 月，三木内阁通过了《防卫计划大纲》，这是继 20 年前的《国防基本方针》之后，提出的集防卫政策、防卫方针和具体量化财政的更加系统的安全政策体系。1984 年 12 月 8 日，和平问题研究会向中曾根首相提出的报告中指出："一国的安全政策必须同该国的国力和国际环境相适应。国力弱小的国家，即使要为世界和平做贡献，它的作用也是有限的；而大国则不然。近年来随着国力的增强，日本正在向着'国际国家'的目标努力。综合地提出包括和平在内的安全政策，就是为了找到与这种变化相适应的妥善政策。"③

---

① 吉田茂著，王维平译：《十年回忆》(第 2 卷)，世界知识出版社 1964 年，第 117 页。
② 田中明彦：《安全：战后 50 年的摸索》，读卖新闻社 1997 年，第 87—88 页。
③ 赫赤等：《战后日本政治》，航空工业出版社 1988 年，第 408 页。

另外,日本政治、国民意识的保守化、"大国情绪"的滋生为日本扩充防卫力量提供了适宜的政治土壤。佐藤作为资本主义世界第二大经济强国的首相,1969 年在日美首脑会谈时就公开表露了"大国意识",他说,"太平洋时代是日本与美国合作为亚太地区、乃至全世界和平与繁荣作贡献的时代"。1978 年 1 月,福田首相第一个在国会的施政方针演说中论述了防卫问题,他指出,"国防的根本取决于国民保卫自己国家的气概和国民的共同意志。近年来,国民对于国防的理解与关心已经有很大提高,这令人感到非常高兴"。[①] 特别是,80 年代以来,随着日本经济实力的增长,国民的"中流意识"普遍增强,大国意识和民族优越感抬头,"改宪"风潮高涨,对日本防卫的关心也有所升温。从有关研究统计(图 13 - 1 和图 13 - 2)可以看出,日本国民对修改宪法和自卫队的支持率虽间或有波动,但是整体上却在不断上升。

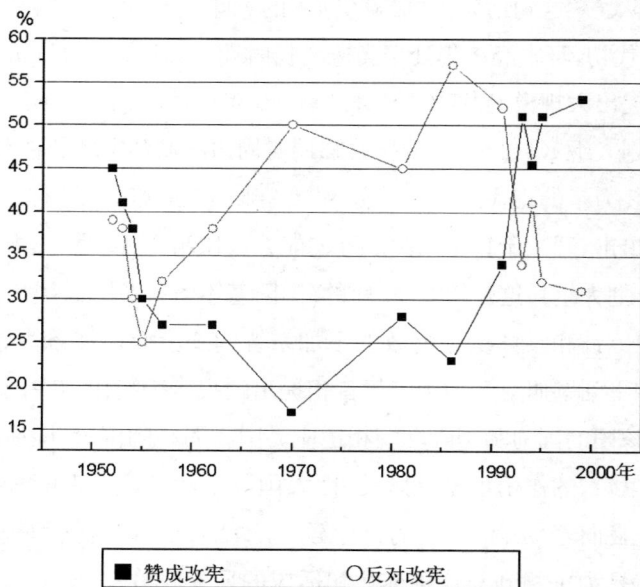

■ 赞成改宪　　○反对改宪

图 13 - 1　日本宪法意识的变迁
资料来源:五百旗头真编《战后日本外交史》,有斐阁 1999 年,第 108 页。

---

① 外务省编:《我国外交近况》,第 22 号,1978 年,第 309 页。

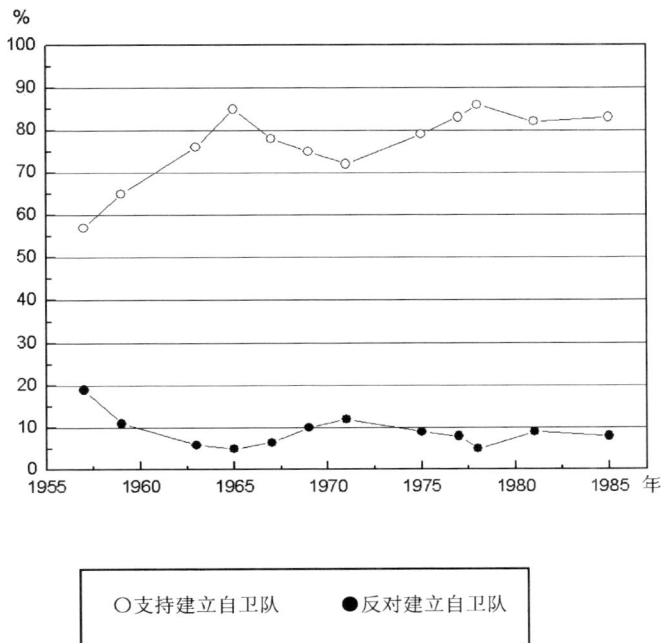

图 13-2　国民对自卫队支持率的演变
资料来源:依据内阁宣传室舆论调查,见五百旗头真编《战后日本外交史》,有斐阁 1999 年,第 109 页。

二、日本安全政策的发展演变

　　60 年代后期开始,日本"自主防卫论"喧嚣一时。1967 年 12 月,佐藤荣作首相在临时国会演讲中指出:"我通过访问东南亚、大洋洲和美国,切实感受到我国国际地位飞跃性的提高。战后 23 年,便成为继美苏之后的世界第三工业国的赞赏之词不绝于耳。然而国际地位提高的同时,承担的国际责任也相应更大。……我们日本国民在切实履行这种国际责任的同时,只有举国一致并抱有靠自己双手来保卫本国的气概,来考虑现实对策,才能提高我国国际地位,促进亚洲的安定。确信这是与不久的将来冲绳回归祖国相互联系的。"①这对战后以来一直强调依靠日

――――――――――

① 楠田实编:《佐藤政权·2797 天》(上),行政问题研究所出版局 1983 年,第 298—299 页。

美安全保障体制的日本,可以说是一次重大的政策调整。1970 年 3 月,防卫厅长官中曾根提出大规模的"四次防"计划,1972 年 2 月,确定了《第四次防卫力量整备计划大纲》(1972—1976 年),强调对周边海域和空域的控制能力,提高日本武装力量的现代化。其被称为"专守防卫"①战略,实际上日本已经具备了主动出击,歼敌于日本国门之外的能力。

1976 年 10 月,三木内阁通过了《防卫计划大纲》,提出了"基础防卫力量构想",明确了质量建军的战略。这是继 20 年前的《国防基本方针》之后,提出的集防卫政策、防卫方针和具体量化财政的更加系统的安全政策体系。同时,1976 年 7 月,日美成立防卫合作小委员会,研究双方实际开展军事合作的具体对策。经过两年多的磋商,1978 年 10 月制定了《日美防卫合作指针》,成为双方开展具体军事合作的纲领性文件。其中,在"指针"最后的条款,即所谓的"日本以外的远东事态对日本安全产生重大影响时日美间的合作"中指出:"当日本以外的远东事态对日本安全产生重大影响时,日本依据日美安全保障条约及其相关条例、其他日美间的相关法案和日本有关法令,为美军提供方便。"②于是,日美安全保障体制从一种抑制体制,逐步变为能够发挥联合作战功能的军事合作体制,也为冷战结束后日本借日美进一步军事合作扩大在亚太地区的军事影响埋下伏笔。

第一次石油危机之后,日本野村综合研究所受综合研究开发机构委托,于 1977 年 12 月发表了研究报告《国际环境变化与日本的对应——面向 21 世纪的建议》,首次提出了"综合安全"的概念,并在确保安全的"日常性原则"中特别指出"要与东南亚加强经济、技术合作关系"。1979

---

① 只能拥有最小限度的自卫力量,不拥能有战略进攻性武器;不实施先发制人的攻击,只有在受到武力侵略时才进行有限的武装自卫,防御作战只限定于日本领空、领海及周边海域,不攻击对方基地,不深入对方领土实施战略侦察和反击;对于小规模局部入侵依靠独自力量予以排斥,对于中等规模以上的战争依靠美军的支援。专守防卫:(1) 受到对方攻击之后才开始使用武力;(2) 武力的使用必须限制在自卫所必要的最小限度内;(3) 保有的武力也限制在进行自卫所必要的最小限度;(4) 不拥有能给其他国家以侵略性威胁的武力。
② 防卫厅:《日本的防卫》,1979 年 7 月,第 267—272 页。

年 3 月,大平首相在防卫大学的毕业典礼上第一次完整地阐述了"综合安全"构想,他指出:"确保我国的安全,在建设防卫力量的同时,还要综合地运用经济、外交、文化等我国拥有的一切力量,方能做到。"即综合安全战略有三根支柱:(1) 有限度、高质量的防卫力量和日美安全条约的切实运用;(2) 秩序井然且充满活力地运用以民主政治为核心的日本内政;(3) 努力开展积极的外交。①这是因为"资源和市场都依赖于海外的我国,世界上的争端都会威胁到其存在。何况武器在开发迅速发展的今天,一旦我国成为直接的攻击对象,无论如何单靠自身力量是不可能的,以往的集体安全体制也是不充分的"。1980 年 7 月,由 20 余名专家、学者和官员组成的研究小组提出了"综合安全战略"的书面报告。

1981 年 5 月 8 日,铃木首相访美,与美国总统里根举行正式会谈后,双方发表了联合公报。该公报第一次将日美关系称之为"同盟关系",也是战后首次双方在公报中一致肯定在太平洋防卫上进行责任分工。公报中最关键的是第八条,"首相和总统重申,他们相信日美合作及安全条约是远东和平与稳定,以及保卫日本的基础。为确保地区和平与稳定,以及对日本的防卫,他们承认有必要在日本与美国之间进行必要的分工。首相表示,日本将主动地根据其宪法和防卫政策做出更大的努力,改善在本土、邻海及空域的防卫能力,并进一步减轻驻日美军的财政负担。总统表示理解首相的态度。他们认识到增强日本防卫力量的共同利益,并希望两国在安全问题上进行更有成效的对话"②。

翌日,铃木在美国全国新闻俱乐部召开的记者招待会上公开表示:"日本依靠海外资源和贸易而生存,因此确保海上运输的安全,是关系到日本生死存亡的问题。特别是石油,近 70% 来自中东地区,如何保护这条航线的安全,是个重要问题。""至少作为日本庭院的周边海域,日本应该自己保卫,周边海域的数百海里以及关系到海上航线的约 1 000 海里,

---

① 猪木正道、高坂正尧编:《日本安全保障防卫的紧急建议》,讲谈社 1982 年,第 35 页。
② 盐田庄兵卫等编:《日本战后史资料》,新日本出版社 1995 年,第 631 页。

日本要根据宪法在自卫的范围内加强防卫能力。"①这样,日本的防卫范围就由原来的"太平洋一侧 300 海里、九州一侧 200 海里、日本海 100 海里和远洋航线 500 海里",扩大为"周边数百海里和航线 1 000 海里"。"1 000 海里航线"是个什么概念?铃木虽然没有点明,但事实上包括了西北太平洋的大部分,当然也包括了菲律宾等东南亚海域。如果说大平的综合安全战略主要是从能源或经济安全的角度来考虑东盟地区的话,那么铃木的安全政策则在此基础上明确地把该地区纳入了军事安全的范围。这无形中架空了日本的"专守防卫"原则,意味着日本防卫将走出本土,扩大到远东,日本也将由"防卫小国"迈向地区军事大国和美国全球性的军事伙伴。

1982 年上台的中曾根继承了大平和铃木的综合安全战略的基本思想,强调以"西方一员"的身份与美国加强合作,并将强化军事力量作为综合安全之首。1983 年 1 月,中曾根在访美前 3 天,不顾大多数民众(民意测验 80%以上)的反对,以藤田官房长官谈话的形式,承认可以向美国出口军事技术,突破了"武器出口三原则"。中曾根在与美国总统里根的会谈中明确表示"两国是命运共同体","将根据日本国情和他本人的判断,负担更大的责任"。1 月 18 日,他在接受《华盛顿邮报》记者采访时声称:"整个日本列岛或日本本土将像不沉的航空母舰一样,成为对抗(苏联)逆火式轰炸机的堡垒。……我们希望,随着海上交通安全网的确立,使关岛至东京、台湾海峡至大阪的海上交通畅通无阻。"②中曾根内阁承诺"确保海上交通线",为了适应 1 000 海里远洋防卫战略,着重扩充海空力量。在 1 000 海里航线上为美国舰队护航,突破了不参加集体防御的原则。日本所谓的"专守防卫"已经名存实亡,日本正从一个"专守防卫"者转变为战略态势的进攻者,性质上发生了质的变化。

1983 年 8 月 5 日,中曾根在"和平问题研究会"的首次会议上,就综

---

① 防卫年鉴刊行会编:《防卫年鉴》1983 年,第 110—111 页。
② "Because of Expansion〔We Risk〕Being Isolated",Washington Post,1983. 1. 19. 细谷千博等编:《日美关系资料集 1945—1997》,东京大学出版会 1999 年,第 1028 页。

合安全战略表明自己的观点："当今世界,相互依存关系日益加深,为了确保我国的和平与安全,为了在属于西方阵营的我国与西方各国共同协调的基础上确保世界和平,为了作出与我国国力、国情相适应的贡献,我们必须进一步加强以防卫为首,包括经济、外交等广泛内容的综合安全。"①这样,综合安全战略,作为一个政策方案,成为 80 年代日本历届政府制定内外政策的一个重要依据。1983 年日本的《防卫白皮书》首次正式提出了"海上击破"的防御战略方针。1985 年 9 月,日本国防会议和内阁会议决定了"1986—1990 年度五年中期防卫力量整备计划",将防卫厅计划升格为政府计划。1987 年,日本年度军费支出达 250 亿美元,占同年 GNP 的 1.004％,突破了 1976 年三木内阁规定的军费不得超过"GNP1％"的限额,为日本进一步扩军扫除了政治阻碍。的确,GNP1％的框框也许没有什么军事上的合理性。但是,作为向内外表示的日本安全政策基本态度的象征性数字,作为经济大国日本不当军事大国的政治保证,却起了重要的作用。

三、日本安全政策的特征

内外因素的合力促使日本安全政策发生了重大调整。日本防卫力量从战后初期被解除武装发展到拥有装备精良的陆海空三军自卫队;防卫内容从单纯的领土防卫发展到包括军事、经济等安全在内的综合安全保障;防卫范围则从日本领土延伸到周边及东南亚地区。纵观这一时期大平、铃木和中曾根等几届内阁的安全政策,可以看出其主要特征表现在以下三个方面。

1. 综合性

此前日本的"防卫计划""日美安全保障条约",一般都局限于狭义和

---

① 和平问题研究会报告书:《国际国家日本的综合安全保障政策》,1984 年 12 月 18 日,和平问题研究会,第 1—2 页。

传统意义上的安全保障,相比之下,综合性无疑是 80 年代日本安全政策的首要特征。顾名思义,大平、铃木阐述的"综合安全保障战略",中曾根指出的"综合安全保障政策"无不体现了综合性的特征。《综合安全保障战略》首先强调了安全保障的综合性,指出:"所谓安全保障,是因种种威胁而保卫国民生活。安全保障政策应由以下三个层面的努力构成:(1) 为了使之不成为威胁而努力全面改善国际环境;(2) 为了对付威胁而努力自助;(3) 中间环节是与理念、利益相同的国家共同保卫安全,努力改善部分国际环境。这既适用于狭义的安全保障,也适用于经济安全保障……安全保障问题,不仅具有以上意义,而且在对象领域和手段的多样性上,其意义也是综合性的。"①铃木内阁的综合安全保障会议认为:"日本的综合安全保障如没有世界的和平与安定,是难以确保的,特别是与西方社会的和平与安全关系密不可分……为了确保西方全体的和平与安全,对付以苏联为首的东方是重要的,但仅此是不够的,还必须注意处理与第三世界的关系,对西方社会自身的问题也应从长期观点出发加以考虑,要从政治、外交、军事、经济等各个侧面,在广阔的范围内采取妥当、综合、相互配合的政策。"②中曾根在其著作中明确指出:"日本的防务必须在广阔的全球战略中,将政治、经济、科技,共产圈和自由世界,美、苏、中、西欧和发展中国家的意图全部都包括进去,并在错综复杂的竞赛关系的结构上加以统筹研究。"③由此可见,日本的安全战略是全局性、长期性、复合型的政策体系,旨在石油危机的冲击下,与美国等西方国家协调,运用综合性的手段,扩大在第三世界的影响,以对抗苏联势力。而东盟地区控制着日本海上运输线,也是日本石油等能源和资源的重要来源地,作为"中间地带",地处冷战前沿,自然成为日本安全战略考虑的必要对象。

---

① 综合安全保障战略研究小组:《综合安全保障战略》,大藏省印刷局 1980 年,第 7 页。
② 猪木正道、高坂正尧编:《日本安全保障防卫的紧急建议》,讲谈社 1982 年,第 37 页。
③ 中曾根康弘:《新保守理论》,世界知识出版社 1984 年,第 131 页。

2. 主动性

铃木在访美期间多次强调,日本的对美关系要从"被动的受益者"转变为"积极的创造者"。正如日本学者指出的那样,"保卫 1 000 海里航线"的实质,不是为了日本船舶的"海上交通安全"或"保护船舶",无非是在美苏两个超级大国的核战略对峙加剧的情况下,日本海上自卫队配合美国的基本战略,如何封锁苏联潜艇的问题。为此不可缺少的手段便是封锁三个海峡,海上自卫队就要进行以某种方法布设鱼雷的作战。这与其说是前首相铃木所言的保护"自己的庭院",莫如说是闯进对方院子的作战。[①] 1984 年 6 月,出席伦敦七国首脑会议的中曾根,在英国国际战略研究所发表演讲表明:"(第二次世界大战战败后)我国对安全保障问题特别慎重。一方面与美国缔结安全保障条约,一方面则依据宪法规定,不保持对他国构成威胁的军事力量,其目的与性质只限于自卫。……其间,世界形势巨变,曾优势显著的美国经济、军事力量相对下降。在世界格局变革之中,日本将不会像以往那样被动地应对形势变化,而是要为了世界和平与繁荣,积极主动地发挥作用。日本从维护世界和平的观点出发,为防卫本国安全,应该发挥更加积极的作用……"[②]和平问题研究会的报告则尖锐地指出:"自卫队成立 30 年,其组织的相当部分是靠惰性而动",今后必须"切除惰性""加强三军自卫队的统一指挥体制",并且进一步提出"有事法制",即要求确认平时属于民用的航空、铁路等,在有事情况下由自卫队使用,以及所谓的"快速反应机制"。[③]由此可见,日本在战后初期还是"经济弱国""防卫小国"的情况下,不得不被动依附于美国,而到 80 年代成长为世界最大债权国、最大贸易黑字国的经济大国之后,为了追求政治大国的地位,则要主动增强防卫力量、

---

① 山本进等:《战后日本外交史 VII 日本外交的课题》,三省堂 1985 年,第 19—20 页。
② 牧太郎:《中曾根政权・1806 天》(上),行研出版局 1988 年,第 310—311 页。
③ 和平问题研究会报告书《国际国家日本的综合安全保障政策》,1984 年 12 月 18 日,第 73—78 页。

扩大防卫范围,配合美国的军事战略,分担地区防务,以谋求扩大在东亚地区的安全影响。

3. 经济性

70 年代前期,美元危机、石油危机的爆发,促使日本开始关注"经济安全"。早在 1974 年 7 月,日本通产省就发表了题为《我国经济的安全保障》的报告。"综合安全保障"的概念就是在上述思想的基础上逐步形成的。《综合安全保障战略》中表明:"作为综合安全保障的一环,日本必须特别推进经济合作,理由有很多","经济合作是日本在国际关系中惟一的积极手段。"[1]1981 年 1 月,铃木首相在国会施政方针演说中指出:"显然单靠整备防卫力量难以确保我国的和平与安全,为此,综合、协调地全面推进外交、内政等各项政策是必要的",表明要积极进行经济、技术合作。[2]同年 1 月 8 日至 20 日,铃木访问东盟五国时提出的今后合作重点之一就是能源开发。毋庸置疑,这是出于确保日本能源安全、经济安全的重要举措。尽管中曾根积极主张加强防卫力量,推进日美合作,但是从实践来看,在核武器时代,经济作用上升的情况下,经济手段的运用仍是经济大国日本扬长避短的现实选择。

四、日本安全政策的制约因素

日本安全战略的调整与防卫力量的加强,在国内外引起较大反响,造成东亚地区力量对比的不平衡,加剧了地区紧张形势。作为迈向"政治大国"的重要一步,对冷战后以及 21 世纪日本的国家走向产生了不可低估的影响。尽管如此,鉴于历史及现实的原因,其不能不受到内外种种因素的制约。

---

① 综合安全保障战略研究小组:《综合安全保障战略》,大藏省印刷局 1980 年,第 49、50、40 页。
② 外务省编:《我国外交近况》,第 26 号,1982 年,第 358 页。

1. 日本防卫力量的迅速增强，引起东盟国家的警戒。铃木承诺"保卫1 000 海里航线"后，1982 年 9 月，菲律宾总统马科斯访美时，要求里根总统转达（东盟国家）对日本防卫力量增强的担忧。同年 10 月，访日的印度尼西亚总统苏哈托也向铃木首相表明了对日本防卫力量增强以及海上交通线防卫的担心。印度尼西亚的一位专家指出：日本增大地区安全保障方面的作用，会招致如下负面结果：（1）改变东北亚地区力量的均衡，引起中国、朝鲜半岛、苏联的军备竞赛；（2）与苏联的政治关系紧张；（3）造成东南亚地区的不安定，引起东盟对日本动机的怀疑。印尼感到特别困惑的，就是有关日本将来防卫范围的定义问题，即因为日本的原材料、石油依赖进口，所以防卫界限是否包括远离日本领土的航线和海峡的问题。[①] 菲律宾的一位政治学者断言，日本的"军事大国"化，无须说对东南亚国际体系的效果是否定的。现在，日本的行动方式若是和平对外的话，那么其制度支撑就是日本宪法（第 9 条），倘若日本推进"军事大国"化道路，则其制度上的刹车器一定会被撤去。[②]

为了消除东盟各国的担心，求得对方理解，铃木出访东盟时重申"日本不走军事大国道路的决心不变，的确，为了适应当前严峻的国际形势，从确保自身安全角度出发，日本正在努力加强自卫力量，而且，国民对安全保障问题的关心亦高涨。但是，日本坚持的方针是'国防基本原则始终是专守防卫'。这是因为日本深切认识到过去的选择犯下了严重错误。日本不做威胁其他国家的军事大国是全体国民的意愿，任何人不得推翻这一原则。期待日本在国际社会中发挥军事作用是错误的，而且完全没有理由担心日本的军事大国化"[③]。中曾根也解释说："日本在基于和平主义与国际协调主义精神的宪法下，积极开展外交，坚持日美安保体制以及整备必需的最小限度的自卫力量，是基本的安全保障政策"，

---

① FEER, sept. 11, 1981; Look Japan, Oct. 10, 1981, pp. 2 - 3.
② 1980 年 11 月 21 日，在菲律宾大学对 Ajit Singh Rye 等教授的采访。坂本义和、松本繁一编：《变动的亚洲国际政治》，亚洲经济研究所 1984 年，第 157 页。
③ 外务省编：《我国外交近况》，第 25 号，1981 年，第 398—399 页。

"自卫力量的整备,日本旨在专守防卫,决心不做威胁邻国的军事大国,这个意思在各种场合下已多次阐明。我认为应该切实遵守日本战后一贯维持的这个基本防卫方针,原因在于其不单单是一个政策,而且深深扎根于对过去深刻反省、强烈不变的国民感情之中","我认为通过这次访问,日本的这种安全保障的想法,可以得到各国首脑充分的理解"。①尽管铃木、中曾根反复进行了解释、说明,但东盟各国人民鉴于第二次世界大战时的历史教训,对日本军事力量的强化所构成的威胁仍感到不安。从表13-1可以看出,相比1983年的民意测验,印尼、菲律宾、新加坡和泰国对日本的信赖程度有所降低,同时马来西亚、新加坡和泰国认为日本成为威胁性军事大国的比率也均有所上升。周边国家的戒备,一定程度上制约着日本军事力量的迅速扩充和安全、军事作用的发挥。

表 13-1   东盟各国的对日感情   单位:%

(1) 作为贵国的友邦,您认为今天的日本值得信赖吗?

	信赖	一定程度地信赖	一定程度地不信赖	不信赖	不知道
印度尼西亚	36(34)	52(53)	5(5)	2(2)	4(6)
马来西亚	20(29)	56(49)	9(9)	3(3)	12(9)
菲律宾	29(19)	63(58)	3(15)	1(4)	4(4)
新加坡	19(17)	50(57)	9(10)	4(4)	19(12)
泰国	15(14)	63(64)	15(11)	3(2)	5(9)

(2) 将来日本在军事上会成为怎样的国家,请选择一个恰当的答案。

	会成为让人感到威胁的军事大国	坚持爱好和平的立场、不做军事大国	不知道
印度尼西亚	21(19)	68(65)	12(16)
马来西亚	34(37)	45(48)	21(15)
菲律宾	47(28)	46(60)	7(12)
新加坡	29(35)	46(46)	25(19)
泰国	53(54)	37(22)	11(24)

注:括号内的数字是上次的百分率。
资料来源:外务省《东盟5国民意调查》,1987年7月。

---

① 外务省编:《我国外交近况》,第28号,1984年,第398—403页。

2. 日美安全保障体制制约着日本地区安全作用的发挥。美国的目的是希望日本成为美国军事战略的补充、支援者和防卫费用的分担者，而不是竞争者甚至是威胁者。美国国防部长温伯格指出："由于日本防卫方面的努力，我们在太平洋的安全和威慑大大增强了。1988年日本对美国驻日本军队的财政支持逾25亿美元，按人均计算相当于美国派驻日本的每个服役人员为4.5万美元以上。这是美国在世界各地的东道主中所获最慷慨的支援。此外，90年代美日通过FSX计划①和其他分享技术的计划获得日本技术的潜力也展现了美好的前景。"②同时，美国以"日美两国应该使用多种相同的主要兵器系统"为由，要求日本"从美国直接采购主要武器系统"，这样美国就获得了大量武器出口外汇，也可借机适当控制日本的防卫水平和发展规模。因此，美国反复要求日本增强防卫力量，主要热衷于日本在经费和技术方面的对美支援，以减轻美国在亚太地区的防务负担，增强军事技术水平；而不是支持日本迅速扩军，成为军事大国，这是不符合美国利益的。美国海军作战部长莱曼1986年4月10日在参议院听证会上曾表示，"不会使日本成为西太平洋上的超级大国"。

3. 日本和平宪法与国内革新政治势力，一定程度上制约了日本防卫力量的扩充和安全保障政策的调整。1946年11月颁布的《日本国宪法》，是战后日本实现民主政治、走和平主义道路的重要保证。特别是宪法第九条规定："日本国民衷心谋求基于正义与秩序的国际和平，永远放弃以国权发动的战争、武力威胁或武力行使作为解决国际争端的手段"，"为达到前项目的，不保持陆海空军及其他战争力量，不承认国家的交战权"。这一非军事化条款，客观上制约了日本军事力量的大规模扩充，促使日本把主要精力用于经济社会的建设。同样，围绕"改宪"与"护宪"、"日美安全保障条约"以及军备扩充问题，日本始终存在着共产党、社会

---

① 日美合作研制新型空对地支援战斗机的计划。
② 卡斯珀·温伯格：《温伯格回忆录——为和平而战》，世界知识出版社1991年，第188页。

党等革新势力与自民党等保守势力的两条路线斗争。执政当局也不得不顾及在野党的反对呼声和广大民众的和平意愿,采取渐进、稳妥的措施推行日本的安全战略。

总之,这一时期日本安全战略的调整是内外因素合力的结果,外因主要是通过内因发挥作用的。其政策的核心内容是在日美安全同盟体制下,着力充实自身防卫力量,谋求一国的"综合安全保障",突出地表现为综合性、主动性和经济性三个特征。在冷战形势下,作为"西方一员",日本"安全责任"的分担,固然有对西方战略补台的意味,但具体到日本安全作用的对外发挥,以及对东盟或东亚的地区影响时,其范围和力度还是有限的。提倡做出"国际贡献"、积极追求构建地区安全秩序,则是在冷战体制崩溃之后。

第十四章　二战期间日本研制核武器计划与对华铀矿的调查和开采

　　众所周知,1945 年 8 月美军在广岛、长崎投下原子弹,日本成为世界上唯一遭受原子弹轰炸的"受害国",然而,不大为人知晓的是二战期间日本也是最早着手研制核武器的国家之一,作为法西斯侵略战争的发动者,事实上日本曾积极扮演了一个"加害者"的角色。在这一秘密研制核武器的过程中,日本政府不仅在国内组织专家研制核武技术,而且在中国等殖民地展开了原料铀矿的调查,还严酷奴役当地劳工进行开采,掠夺了大量铀矿等稀有资源。

　　然而,因战败前日本政府下令销毁了有关研制核武器的档案资料,加之战后在原子弹"唯一受害者"意识的支配下,日本自身原子弹受害状况的研究盛行,而可能强化"加害者"色彩的日本研制核武的研究,反倒一定程度上成为社会舆论的"禁区"。在二战结束半个多世纪的今天,除核武计划几位参与者的简单记述、回忆或媒体的个别采访录之外,① 有关

---

① 山本洋一:《日本制原子弹的真相》,株式会社创造 1976 年;安田武雄:《关于研究制造原子弹的回顾》,《原子能工业》第 1 卷第 4 号,1955 年 7 月;铃木辰三郎:《秘密稿件 临近完成的日本制原子弹全貌》;读卖新闻社编:《昭和史的天皇 4 》,读卖新闻社 1968 年等。

215

该问题的研究仍然较少，①二战期间日本研制核武器计划的全貌依旧存在诸多谜团。进而，关于日本研制核武器重要组成部分的铀矿采集方面，国内外学界鲜有研究，②特别是对日本对华铀矿的调查与开采方面的研究基本上处于空白状态。

本章拟通过美国国家档案馆收藏的盟军总司令部的档案、日本核武器研制计划参与人员（包括地质学者、采矿公司负责人等）的证言、手记、传记、书信以及有关地质学研究方面的论文等，来探究第二次世界大战期间日本为了研制核武器而在中国进行调查并开采铀矿的状况，旨在阐明日本核武器研制计划不仅是一个单纯的尖端武器研究计划，也是一个掠夺殖民地中国的资源、奴役中国劳工的侵略行为。

一、日本秘密研制核武器

1938 年底德国科学家哈恩和斯特拉斯曼发现核裂变现象之后，随着1939 年 9 月第二次世界大战的全面爆发，美德英法日苏等国相继开展了核武器研制计划，其中日本研制核武器计划包括陆军的"仁号研究"和海军的"F 研究"。

1. 陆军"仁号研究"计划

1940 年夏季某天，日本陆军航空技术研究所所长安田武雄中将在通勤列车上从理化研究所仁科芳雄的口中得悉其"准备着手进行原子弹制

---

① 山崎正勝「日本の核開発：1939～1955——原爆から原子力へ」、積文堂、2011 年；保阪正康『日本の原爆：その開発と挫折の道程』、新潮社、2012 年；*John W. Dower. Japan in War & Peace：Selected Essays*，The New Press，New York，1993.
② 例如东京工业大学教授山崎正胜在《日本的核开发（1939—1955）》中叙述了"日本陆海军在殖民地的铀矿探测"和"福岛县石川町的铀矿开采"的情况，其中只提到日本海军通过儿玉（儿玉誉士夫）机关从中国上海购买了约 100 公斤氧化铀；日本中津川市矿物博物馆在编写的《饭盛里安博士 97 年生涯》中也简单介绍了日本政府在日本国内和朝鲜半岛等地探测铀矿的情况；韩国朝鲜大学教授任正爀在《日本的核武器开发与殖民地资源掠夺》（《战争责任研究》第 69 期、2009 年秋季）中专门探讨了日本在朝鲜半岛开采铀矿的状况。

造的实验研究"消息,[1]遂命令刚从东京帝国大学理学部毕业的部下铃木辰三郎,"调查一下原子炸弹的可能性!"[2]于是,铃木向其东京帝国大学理学部的老师嵯峨根辽吉请教后,于同年10月提交了一份20页左右的报告。安田拿着该报告游说了陆军大臣东条英机等军队领导层,并公开配发陆军各学校、海军相关技术机构、三菱飞机制造公司、住友金属、日本特种钢材以及各大学物理系等。该报告指出:"(1)原子弹出现的可能性很大;(2)铀235一千克发生核裂变可以产生相当于黄色火药1.8万吨的爆炸能量;(3)在包括日本在内的亚洲各国,有可能埋藏着铀矿石。"[3]1941年5月,安田正式下令委托理化研究所所长大河内正敏研究制造原子弹,大河内将任务交给了仁科芳雄博士。同年12月日本挑起太平洋战争,但由于战争初期日方战事顺利,陆军对研制核武也并未予以很大关注,仁科研究室只是进行了有关理论计算和基础研究。

　　然而,太平洋战局很快逆转,1942年6月中途岛海战后,日本失去了制海权与制空权,研制新式武器的需求急剧增加。1943年5月,仁科向陆军方面提出一份研究报告。该报告指出:(1)技术上研究了原子弹制造的可能性,结果认为是可能的;(2)通过浓缩分离天然铀中的同位素铀235一公斤,可以制造相当于1.8万吨黄色炸药爆炸威力的炸弹;(3)为浓缩分离铀235,制造六氟化铀,采用热扩散法最好。因此分离筒要镀金或镀白金为好,是否可以用铜,须进一步研究。[4]接到仁科的报告后,首相东条英机命令已升任航空总部部长的安田武雄,令其以该部为中心推

① 安田武雄「日本における原子爆弾に関する研究の回顧」、『原子力工業』第1巻第4号、44—47頁。
② 読売新聞社編『昭和史の天皇4』、78頁。鈴木辰三郎「秘稿完成寸前にあったニッポン製原子爆弾のぜん全貌」、『丸』14(11)、30頁。
③ 鈴木辰三郎「原子爆弾の開発を命ず」、『宝石』23(1)、90頁。読売新聞社編『昭和史の天皇4』、79頁。二者在时间上稍有出入,前者作者撰文表示调研报告提出时间为7月,后者铃木在接受采访时表示时间为10月。
④ 鈴木辰三郎「原子爆弾の開発を命ず」、93頁。読売新聞社編『昭和史の天皇4』、83頁。

进核武器研制。[1] 据航空总部总务课长川岛虎之辅回忆,他也被叫到首相办公室,东条指示他说:"美国和德国的原子弹制造计划已取得相当进展,若我们落后,战争就会失败。一句话,以你为中心推进研制!"[2]安田立即命令总务课长川岛和技术总部部长谷口初藏制定研发计划,大力推进研究,并将其作为最高军事机密,由航空总部直接管理。作为绝密军事研究,负责制定具体方案的航空总部技术科员小山健二按照一种传统的计数法,将该计划标记为日语片假名"NI",正好与研究承担者仁科芳雄姓名的第一个字母相同,于是该项计划被命名为"NI 号研究"(即"仁号研究")。川岛受命后拜访理化研究所的仁科,表明:"资金和器材要多少我们也出,您需要的东西,无论如何也给您筹集",仁科则表示:"我们研究是先制造原子弹,还是先制造核反应堆,还不知道。总之是没有原材料铀矿,这方面就有劳军方帮着搜寻铀矿了。"[3]

2. 海军"F 研究"计划

海军方面就核能的军事应用展开调查,是在日美开战前夕的 1941 年 11 月。海军技术研究所电气研究部的伊藤庸二在 1939 年就得悉核能实用化模拟实验成功的消息,1941 年他从德国军事考察回国后,与电气研究部部长佐佐木清恭征求了东京帝国大学医学部日野寿一和理学部嵯峨根辽吉教授的意见,1942 年 3 月提出了研究军事利用核能的计划"原子核物理应用研究"。1942 年 6 月中途岛海战日军惨败后,联合舰队司令山本五十六大将希望海军技术研究所"设法开发划时代的超级武器",伊藤便提出了研制核武器和电磁波武器。1942 年初夏,伊藤与理化所的仁科芳雄协商后,组织成立了"物理恳谈会",即"核物理应用研究委员会",该委员会由 11 名科学家组成,仁科芳雄出任委员长。该委员会

① 防衛庁防衛研修所戦史室編『戦史叢書　本土防空作戦』、朝雲新聞社、1968 年、631—632 頁。
② 読売新聞社編『昭和史の天皇 4』、84 頁。
③ 読売新聞社編『昭和史の天皇 4』、85、142 頁。

从 1942 年 7 月 8 日到 1943 年 3 月 6 日召开了十多次会议，据伊藤 1953 年回忆，委员会最终得出的结论是："……日本没有原矿石，朝鲜稍有希望，但还未开发，在日本占领地区，缅甸最有希望；即使是美国，在这次战争中恐怕也难以利用核能。"[1]于是，海军技术研究所决定中止研制核武器，集中资源研发雷达。研制核武器的主体自然转到了陆军方面。

　　然而，在中途岛海战惨败的日本海军颇具危机感，在海军舰政总部的主导下，海军方面重启了核武器研制计划。1942 年 10 月，舰政总部第一部（大炮和火药部门）第二课长矶慧在与第一部部长谷村丰太郎中将商谈后，将研制核武器计划委托了母校京都大学理学部的荒胜文策教授，每年支付研究费 3 000 日元。[2] 该研究计划暗号称为"F 研究"（还有一种说法称为"日研究"），名称取自六氟化铀的字母 F（也有说法是取自核裂变的英文单词 Fission）。F 研究由 19 名科学家组成，荒胜文策负责领导工作，采取了有别于陆军"热扩散法"的"远心分离法"，希望用天然铀矿提炼出浓缩铀。海军面临的不仅是制造回旋加速器等技术方面的问题，同样亟待解决的瓶颈问题是缺乏制造核武器的原料——铀矿。诚如荒胜文策在海军省正式商谈接受"F 研究"时所言："我们理论上认为可以造出原子弹，但实际上怎样不知道。倘若能大量弄到铀就好了，总之就其可能性研究一下吧。"[3]

　　研制核武器的焦点问题之一，就是首先如何获得制造核武器所必须的大量铀矿。有鉴于此，首相东条英机命令军方负责人川岛虎之辅："给我按仁科说的，全力找铀矿！"[4]于是，日军在国内寻找铀矿的同时，1944

---

[1] 読売新聞社編『昭和史の天皇 4』、181 頁。
[2] 关于海军"F 研究"的开始时间存在多种说法，読売新聞社編『昭和史の天皇 4』、182—183 頁。"F 研究"正式启动应为 1944 年 10 月，参见安田武雄「日本における原子爆弾に関する研究の回顧」、『原子力工業』第 1 巻第 4 号、44—47 頁。山崎正勝『日本の核開発：1939～1955——原爆から原子力へ』、積文堂、2011 年、47 頁。
[3] 「荒勝先生覚え書き」、「資料 10—12 本文」C、日本科学史学会編『日本科学技術史大系第 13 巻・物理学』、第一法規出版、1970 年、469 頁。
[4] 読売新聞社編『昭和史の天皇 4』、142 頁。

年 4 月,川岛少将通过参谋本部第四部,通令"大东亚共荣圈"下的各地所有军政长官,让他们在其辖区极力调查并开采稀有金属矿床,特别是钍和铀。[①] 日军在日本国内开采了福岛县的石川矿山,但矿石品位低,含量很少。在朝鲜半岛开采了黄海道的菊根矿山,但该矿为砂矿,含量低,且有两米以上的表土,开采成本高。[②] 在东南亚马来半岛,日方发现锡渣含有铀,用专用运输船运到日本 4 500 吨之后,因运输船被美国潜艇击沉而告终。一海之隔的中国,遂成为日本探查和开采铀矿资源的重要目标。

二、日本对华铀矿资源的探查

随着日军在太平洋战场战局逆转,核武器研制计划全面展开,资源调查对象也由强调地下资源转变为战略性矿物的紧急开发调查,铀矿调查首次成为地质调查的重中之重。搜寻铀矿,亦提升为日本军政日程中的重要工作。从军方、政府到研究机构、公司、大学等,在中国各地四处探查稀有的铀矿资源。

1. 军队部门的调查

军部从日本国内直接派遣矿床地质专家赴华调查铀矿资源。理化研究所的长岛乙吉参与了陆军航空总部"仁号研究"计划,在饭盛里安研究室负责原料铀矿的供应。他不但奔走于日本国内各地搜寻铀矿,[③]还被派往中国进行了铀矿资源的调查。1944 年 8 月,长岛参加了由技术院总裁、科学动员协会会长多田礼吉中将组织的"满蒙"资源调查团,9 月到 10 月间对中国的内蒙古和伪满洲国的辽宁等地进行了调查。据长岛的

---

① 安斎育郎編『GHQトップ・シークレット文書集成　第Ⅳ期——原爆と日本の科学技術関係文書——　第 3 巻』、柏書房、1998 年、11 頁。読売新聞社編『昭和史の天皇 4』、145 頁。
② 梅野實先生伝記編さん委員会『梅野實翁伝記』、秀巧社印刷株式会社、昭和 47 年、122 頁。
③ 山本洋一『日本製原爆の真相』、株式会社創造、昭和 51 年、91 頁。

手记《蒙古、满洲以及朝鲜产稀有元素矿物》记载,他分别调查了平地泉赵秀沟(今乌兰察布市集宁区赵秀沟)的黑金石,集宁鱼心的褐钇铌矿,陶林黄花(今乌兰察布市察右中旗黄花沟)的重砂,三岔沟(卓资县)的伟晶岩、锆石,辽宁省海城县(今辽宁省海城市)三台沟的黑稀金矿、褐钇铌矿,海城县大房身的褐钇铌矿,海城县中滩的锆石等。[①]

中方的政府档案记载亦印证了日本军方大规模派人来华调查铀矿的事实。据台湾《新新闻》周刊报,台湾方面首次曝光了十余份密电,其中一份指出,1946 年 2 月 1 日北平行营上将主任李宗仁在给重庆的国民政府主席兼军事委员会委员长蒋介石的密电中汇报:渝委员长蒋:"据敌'华北交通会社'日人西田称:(一)日陆军省曾派来我国张家口地区技术人员七十余,从事采取原子原料……(二)该项技术人员曾在张家口取得一部原子弹原料,空运回国。对察绥各地矿产,探查甚详,两地原子铀出产,仅百灵庙一处,年产铀可达六吨……"[②]

驻屯伪满洲国的关东军则成立了"关东军稀有元素调查班"(即关东军地质调查班),以作战命令的形式,展开了对当地铀矿资源的调查。据 1993 年日本地质学会成立 100 周年搜集到的未公开资料即地质学家山村礼次郎(北海道大学工学部矿山学科第 13 期)的手记记载:"1944 年 6 月,我突然收到转任关东军司令部参谋部第四课的命令……来到满洲首都新京中心一幢高大巍峨的城楼式建筑——关东军司令部,向第四课长刚一报到,就接到一项意想不到的任务,即'你是最高学府矿山专业毕业的专家,此次大本营向全军下达作战命令,最高命令是截止本年(1944年)12 月,必须要向东京送达 10 吨铀(矿石)。……满洲这里有铀矿石,尽快制定并提出有关调查以及开发生产的作战计划。'……当时在满洲国经济部矿山司任职的大学同届同学千村勘也来到司令部,情况很清

---

① 長島乙吉「蒙古、満州及び朝鮮産稀元素鉱物:昭和 19 年 9 月〜10 月　調査団採集」、中津市
　鉱物博物館編『飯盛里安博士 97 年の生涯—放射性鉱物研究の先達—』、2003 年、36 頁。
② 唐人:《蒋介石在大陆秘制原子弹、蒋批"如拟"、十余封密电首次曝光》,台湾《新新闻》周报,
　2007 年 10 月 24 日。

楚。……在满洲国的许多地质、采矿专业毕业的都被召到军队,大家不知所措。于是,最大限度地摸清政府、满铁或者矿山方面公司的有关成员,将其召集到关东军司令部,军队本身萌生了成立一个从铀矿探查到开发生产的核心机构的想法。这就是世界上独一无二的'关东军稀有元素调查班'诞生的契机。一直到战争结束,该机构是全军中唯一一个用轰炸机向东京运送铀矿石的机构。"①

　　1944 年 9 月,山村礼次郎被任命为新成立的"关东军稀有元素调查班"班长,成员有 18 人,1945 年 4 月,又增加了 6 人。② 山村在手记中也记述到,"该调查班成员,当初 18 名,随后增为 20 多名……技术中尉的我担任队长,其中有战后成为东京大学教授、担任过 NASA 宇宙开发计划月球岩石研究主任的久野久(当时是兵长),北海道大学理学部毕业的斋藤林次(熊本大学名誉教授),九州大学名誉教授野田光雄等地质专家,与我同届的北海道大学矿山专业的金曾吉夫和各大学矿山专业毕业的技术人员一同聚在一起,组建了一支罕见奇特的军队"③。满铁地质调查所松田龟三在私人手记中也表明,当时东京大学副教授久野久(1932年毕业)作为二等兵应招加入关东军,成立"稀有元素矿物调查队",即上文提到的"关东军稀有元素调查班",开始调查。他们确认在三台沟有数十条伟晶岩,放射性矿物有数种的情况。而且,在锦州省兴城县(今辽宁省兴城市)夹山也有类似矿物,于是从满铁调查部第四调查室招募的士兵丹野正王与久野进行挖掘,测试其含量,发现黑稀金矿含量不及三台沟。④ 然而,他们也认识到,海城县三台沟"伟晶岩矿藏的特性是,铀矿的含量不过百万分之几克,无须说从经济上看肯定不合算,但技术上进行

① 山村礼次郎「関東軍稀元素調査班」、13—16 頁。矢島道子「資料：戦時中のウラン探鉱」、『科学史研究』第 2 期、第 45 巻、2006 年、96—97 頁。
② 安斎育郎編『GHQトップ・シークレット文書集成　第Ⅳ期——原爆と日本の科学技術関係文書——　第 3 巻』、柏書房、1998 年、11 頁。
③ 山村礼次郎「関東軍稀元素調査班」、『科学史研究』第 2 期、97 頁。
④ 松田龜三『満鉄地質調査所私記』、博栄社、1990 年、134 頁。

生产是完全可能的。于是,便向关东军司令部提交了报告"①。

另据有关人员证实,关东军参与了日本研制核武器计划的情况。该人士指出,在关东军参谋本部的特殊房间设有"原子能研究室",这些进出关东军准备的那个研究室的男人们,是些相当怪异的同伙;为此,关东军一下子就拿出 300 万日元的研究费。后日,这位证人又奇怪地要求,"对不起,就当那话没说过"②。这里亦应该是指关东军参与研制核武器计划的探矿工作。

2. 政府及科研机构的调查

1941 年 1 月,日本政府成立"资源科学诸学会联盟",将总部设在文部省,旨在调查"东亚共荣圈"的资源。同年 12 月,成立资源科学研究所。1942 年 4—7 月,应日本当地驻军的要求,政府派遣了涵盖地理、地质、动植物等领域的大规模的"山西省学术调查团",重点是矿物资源的调查。多田礼吉中将的科学动员协会则于 1942 年 9—12 月,组织了由民间公司技术人员组成的"南方特殊资源调查团",前往中国、东南亚等地进行调查。据时任陆军航空总部总务部长的川岛虎之辅少将回忆,"该协会说是要协助寻找铀矿,因此,由航空总部向该调查团提供了一架当时三菱公司制造的大型运输机(MC),赴满洲、中国以及南方各地搜寻,结果徒劳而返"③。进而,1944 年 8 月,科学动员协会又派出了"蒙疆稀有元素调查团",即上述的满蒙资源调查团。④

日本政府的在外驻留机构积极参与了铀矿的调查。据日本地质工作者在侵华战争期间撰写的地质报告资料显示,1943 年日本驻华大使馆北平事务所奉命在中国华北地区调查稀有元素矿藏,其真实意图是寻找

① 山村礼次郎「関東軍稀元素調査班」、『科学史研究』第 2 期、97 頁。
② 杉田望『満鉄中央試験所——大陸に夢を賭けた男たち』、講談社、1990 年、202 頁。
③ 読売新聞社編『昭和史の天皇 4』、146 頁。
④ 廣重徹『科学の社会史:近代日本の科学体制』、中央公論社、昭和 48 年、202 頁。

铀矿,特别是品位高、储量大、易开采的无矿脉型沥青铀矿。[1]

1944 年日本政府还在中国成立"华北科学动员协会",设在被日军占领的旧北平沙滩嵩公府夹道北京大学原地质馆内,是具体负责铀矿调查工作的机构。日本地质学家对我国辽宁省海城、辽阳以及江西省星子县等地的伟晶岩十分重视,因这种矿物含有稀有元素铀。日本地质专家还把调查结果写成了专题报告,例如嵩田达写过《中国境内有无矿脉型沥青铀矿之理论的考察》。然而,结果令其失望,日本人没有在中国找到沥青铀矿。[2]

满铁地质调查所[3]最早发现并调查了辽宁海城铀矿。1938 年 6 月,一位长石采矿人员让地质调查所的池田早苗帮着鉴定在辽宁海城三台沟发现的一块暗褐色直径约为 10—20 厘米圆形矿物,刚来伪满洲国的三井矿山技师西肋亲雄看后认为是锌。池田表示怀疑,将其放在感光玻璃板上进行了感光测试,发现其感光。满铁的坂本峻雄猜测是铌钇矿或烧绿石。于是坂本委托满铁中央试验所化验室主任内藤传一研究员进行化验,实验结果确认该矿物含有铀和镭。坂本和池田又赴该地进行调查后,将部分样品送交东京帝国大学化学研究室的木村健二教授进行定量分析。1939 年 3 月,木村教授的分析结果显示,该矿含有三氧化铀(UO_3)1.41%、二氧化铀(UO_2)3.84%、镭(Ra)14 800 个单位,为黑稀金矿;而超过 10 公斤的大块矿物含有二氧化钍(ThO_2)3.06%、镭 1 343 个单位,为褐廉石。1942 年 4 月,作为在伪满洲国镭矿的最初发现者,坂本

---

[1] 转引自修义嵩编:《原子弹秘闻录》,军事科学出版社 1988 年,第 29—30 页。

[2] 修义嵩编:《原子弹秘闻录》,第 30 页。

[3] 满铁地质调查所 1938 年 4 月划归伪满洲国大陆科学院,满铁新设调查部,由四个调查室组成,其中第四调查室分为矿务、采矿、金属、测量、冶金、化验等 11 个班,负责对伪满洲国,北部中国的铁、黄金、煤炭、石油和工业原料矿物等的调查。1941 年第四调查室改称矿床地质调查室,坂本峻雄担任主任,调查人员约有 160 人,其中地质专家 35 人,第四调查室的实际调查范围,不限于伪满洲国,而是扩大到中国北部、南部,包括 1942—1944 年的海南岛调查,以及 1943 年以后对东南亚地区的缅甸、印尼爪哇、印尼西里伯斯岛、文莱等地的调查。日本地学史编纂委员会、東京地学協会「日本地学の展開(大正 13 年—昭和 20 年)〈その2〉」、「地学雑誌」110(3)、2001 年、380 頁。

和池田被满铁总裁授予功劳奖和奖金一份。①

隶属于外务省的上海自然科学研究所②也参与了日本对铀矿资源的调查。创建于1931年的上海自然科学研究所，是日本一个综合性的殖民科研机构，设有地质学研究室。据前所长佐藤秀三在日本战败后为国民党政府提供的《原子能研究计划书》指出，"上海自然科学研究所研究员渡边新六博士在绥远省发现确实含有'铀'及'钍'之地层，又因日本投降，中止研究。此外尚有其他调查，如在湖南、广西、福建等地区均有散在……"，"上海自然科学研究所……对原子核子研究并未开始，对中国矿产中放射能之资源，却有相当广泛之调查与研究"。③

3. 企业的调查

日本企业也参与了中国铀矿资源的调查。时任千叶大学文理学部教授神尾明正，曾经是北支那开发株式会社调查局的一员。其回忆说："我京都大学文学部地理系毕业后，从青岛的华北航业总公会调到燕京大学成立的华北综合研究所，又进入北京交民巷的北支那开发会社，在这里进行了大规模的经济调查和地质调查。这里有数百日本地质专家，调查对象地区亦非常广泛。我先是负责华北五省和蒙疆地区，搜寻战争所必须的煤炭和铁等，然而到了1944年，就开始搜寻军方要求的稀有元素。1945年1月某日，我被叫到像是大使馆的地方，那是一次关于稀有元素矿物的会议，出席会议的少佐讲'用什么办法，我们不讨论，总之从华北一个月要拿出一吨独居石（磷铈镧矿）！'记得此时朝鲜和满洲也每月各摊派了一吨，直觉这是需要钍，钍是独居石的主要成分。听说真是要搞核炸弹……"，"以往调查，山东半岛高大的海角间有凹入的平缓沙

---

① 坂本峻雄、池田早苗、松田亀三、林逎信「奉天省海城縣下のEuxenite（?）及Orthote」、『地質学雑誌』第46卷、昭和14年5月、250頁。松田亀三『満鉄地質調査所私記』、博栄社、1990年、134頁。
② 上海自然科学研究所1931年创建时隶属于外务省，七七事变之后1938年转归兴亚院，1943年转归大东亚省管辖。
③《国民政府致中央研究院代电》附件，南京中国第二历史档案馆，全宗号393。

滩。这些沙滩向下挖三四十厘米,就有发青光的黑色钛铁矿,往下就是约 10 厘米厚的无色透明的锆石,再往下边就是比黄色米粒稍小的精美的独居石结晶,用过去淘金的简单方法可以筛选出来。然而,麻烦的是,这地方全是匪区,我们不可能轻易过去。因此,与他们背后进行交涉,宪兵偷着交给他们想要的东西,然后凭着在华北航业总公会的面子,用帆船将开采的矿物先运到青岛,许多矿石还没来得及运走,就稀里糊涂地迎来了战败。"①

4. 大学的调查

　　大学在对殖民地铀矿的勘探中也扮演了特殊角色。以京城帝国大学(首尔大学的前身之一)理工学部教师今村丰、泉靖一等为首组织的京城帝大第三次蒙疆学术调查团(第一次 1938 年、第二次 1939 年),分为物质资源调查班和人力资源调查班,调查范围涉及资源、医学和人文等,然而重点是矿产资源即铀矿资源。该调查团 1944 年 7 月 30 日从朝鲜汉城(今首尔)出发,坐着汽车沿北京、张家口、大同、厚和(今呼和浩特)、包头进行了一个月的调查。物质资源调查班中的地质、稀有元素两个班,调查了白云鄂博、固阳沿线,矿山班调查大青山、乌拉尔山一带,土木班调查包头周边的黄河灌溉,药草班调查大树湾、昭君墓、百灵庙附近,人力资源班也调查了百灵庙、大树湾和昭君墓附近。② 该调查团 1944 年以油印版形式出版了《京城帝国大学第三次学术调查队报告》,该报告书第2 号便是理工学部岩濑荣一博士写的调研报告《蒙疆稀有元素矿物及其产地》(共 10 页)。③

---

① 読売新聞社編『昭和史の天皇 4』、148—149 頁。
② 『朝鮮』351 号、1944 年 8 月 1 日、50 頁。全京秀「京城学派の人骨研究と戦時人類学:今村豊の南柯一夢(?)と絆」酒井哲哉、松田利彦編『帝国と高等教育:東アジアの文脈から』、国際日本文化研究センター、2013 年、94 頁。
③ 中生勝美「植民地大学の人類学者:泉靖一論」、『国際学研究』第 5 号、2014 年、59 頁。

三、日本对辽宁海城铀矿的开采

日方在广泛调查中国铀矿资源之后,将辽宁省海城地区作为重点开采地区。开采工作由军方牵头,组织民间财团成立专门公司,政府还紧急修改矿业法,大规模征用中国当地劳工,采取军事化管理,进行了野蛮式开采。

1. 设立铀矿开采公司

据泰亚工矿株式会社原董事岸本春一回忆,日本侵华期间,松竹京都摄影所的电影演员高木新平来到中国(战争期间其隶属于近卫联队),从华北的大同到伪满洲国四处搜寻,结果在辽宁海城发现了"钨矿石",钨矿石的颜色和重量与铀矿相似。高木以为是钨矿,将其带回京都,让京都帝国大学名誉教授中泽良夫博士检测后才知道是铀矿。其通过人找到了根津财团的镇目泰甫,镇目则将铀矿石的事汇报了军方。负责"仁号研究"的陆军航空总部总务部长川岛虎之辅少将要求镇目的公司来负责开采铀矿。川岛指示:"你们干吧,现在是日本危急存亡关头!拜托!"[1]

于是,镇目来到伪满洲国,拜访了伪满洲国工矿业技术员协会理事长梅野实,希望其对成立铀矿采矿公司给予合作。梅野实与关东军、伪满政府以及满洲矿业开发株式会社竹内德亥理事等人商谈后,决定创立泰亚工矿株式会社,公司设在奉天市(今沈阳市)朝日区东亚街,两个派出机构分别设在新京特别市(今长春市)新发路和奉天省(今辽宁省)海城县海城大街。镇目泰甫出任公司董事长,与子田敏雄任常务董事长,藤泽拓水、岸本春一、矶野励三任董事,梅野实和田中知平任顾问。

因此前稀有元素矿物属于非法定矿种,所以日本政府急忙修改矿业

---

① 梅野實先生伝記編さん委員会『梅野實翁伝記』、125—126 頁。

法,将铀矿等稀有元素类矿藏定为法定矿种,指定并特许泰亚工矿株式会社和满洲矿业开发株式会社开采铀矿。1944 年 9 月,满洲矿业开发株式会社的技术人员已进驻海城,帮助制定开采计划。① 关于矿区的划分,关东军参谋部第四课门田雅夫中佐当着两个公司负责人的面,划分了海城县三台沟一带,分摊给泰亚工矿株式会社的是第 44 矿区。② 1944 年 10 月 10 日,泰亚工矿株式会社正式运营。

2. 野蛮式开采与征用劳工

据《梅野实翁传记》记载,因铀矿是战争所需的重要且紧急物资,在动力来不及的情况下,便在安排准备重力法选矿、磁力选矿、放射性分选法等设备与凿岩机的同时,匆忙采取了各种临时性的原始方法进行开采。③ 然而,据美国国家档案馆收藏的资料显示,实际上除了运输卡车之外,没有使用任何机械设备,都是人工开采。④ 因矿石禀赋状态不定,所以采用露天挖掘式作业方法,在母岩硅石上打孔,装上炸药爆破,然后从碎石中拣选。另外,也挖掘坑道,或者用铁锹、洋镐等去掉表土,寻找矿石。因为铀矿石较重,且带有黑褐色的特殊颜色,而母岩是白硅石,好像白米中长着稗子一样,连小结晶也可以较容易地用手摘取出来。⑤

采掘的矿石在现场收集在一起,严格选矿之后,将精矿存放到现场办事处,然后过称、标记、贴封、上锁,进行保管。采满一百公斤以上,就配置护卫,用关东军调拨的汽车运到奉天(今沈阳),从奉天搭载战斗机,送到日本。并且,为了保密,公司将那里开采的铀矿命名为海城石。⑥

① 安斎育郎編『GHQトップ・シークレット文書集成　第Ⅳ期——原爆と日本の科学技術関係文書——　第3巻』、13頁。
② 梅野實先生伝記編さん委員会『梅野實翁伝記』、123頁。
③ 梅野實先生伝記編さん委員会『梅野實翁伝記』、124頁。
④ 安斎育郎編『GHQトップ・シークレット文書集成　第Ⅳ期——原爆と日本の科学技術関係文書——　第3巻』、13頁。
⑤ 梅野實先生伝記編さん委員会『梅野實翁伝記』、124頁。
⑥ 梅野實先生伝記編さん委員会『梅野實翁伝記』、124頁。

由于研制核武器任务紧急,加上又是重体力的采矿劳动,日方从海城当地大规模地征用了劳工。为了推进采矿任务,从白石村、南台海城地区按照每户一人的比例,征用了大量劳工。[①] 具体征用了多少人,有待进一步深入研究。据美国国家档案馆公布的资料记载,约在1944年11月1日,400名当地劳工在20名日本工头的监督下,开始开采并用手捡拾,来精选铀矿石。[②] 另据泰亚工矿株式会社的高木证实(表14-1),到1945年,该公司在海城五处矿区的21个作业区,每天征用约近千名(950人)劳工在开采铀矿。因没有找到另一家满洲矿业开发株式会社征用劳工的数据,若据此做简单推断,其征用劳工人数亦不会少于千人。此外,承包商的工人们以及满蒙青年义勇队的一个团队也加入到采矿队伍中。采矿人员像军队一样,编成小队、中队、大队,在指挥官的号令下统一进行开采作业。

表14-1 各矿区劳工人数与铀矿日产量

矿区	作业区数	劳工人数	精矿产量(千克/天)	监工人数(日本人)
向阳寨	4	300	5	1
北沟	8	400	5—6	3
白石寨南沟	3	200	4—5	1
小台沟	4	100	3—4	1
小南沟	2	50—60	2	(中国东北人)
合计	21	950	15	

资料来源:安斋育郎编:《GHQ绝密文件集成 第4期——原子弹与日本科技关系文件 第3卷》,第28页。

关于海城劳工的具体劳动境况,尚未看到有关记述,但从同时期日本在朝鲜菊根矿山征用劳工开采铀矿的情况亦可窥见一斑。据美国国

---

① 梅野實先生伝記編さん委員会『梅野實翁伝記』、124頁。
② 安斎育郎編『GHQトップ・シークレット文書集成 第Ⅳ期——原爆と日本の科学技術関係文書—— 第3巻』、13頁。

家档案馆公布的一份资料显示,从 1943 年 9 月到 1945 年 8 月期间,日方在菊根矿山最初征用了 1 200 工人,结果工人们不断逃亡,最后只剩下600 人。他们一天劳动 10 个小时,要开采 5 000 坪(每坪约 3.3 平方米)。① 毋庸置疑,海城的铀矿开采工作同样是相当严酷的重体力劳动。时任"满洲重工业开发株式会社"(统一管理伪满洲国工矿企业的组织)总裁高碕达之助在战后初期回忆:"日本对满洲国农民重大失政之一,就是强制征用劳力。随着战争扩大、日军弱化,劳动力日益不足。因此,为了弥补工矿业劳力不足的状况,政府强制征用并不情愿的农民,将其送入工厂……在勤劳奉献的名义下,数十万农民被强制征用,在不熟悉的工厂被役使着。这种强制征用劳力与强制征收农产品,结果导致日本完全失去了民心。"②

3. 铀矿开采量的探究

关于日本到底在辽宁省海城是否开采过铀矿? 究竟从海城地区掠夺了多少铀矿? 这是一个值得深入探究的问题。日本"仁号研究"负责人陆军航空总部总务部长川岛虎之辅少将回忆说,"不知何时下面汇报说,满洲抚顺有铀矿,现在有三到五吨原矿石,于是我说'那就立刻送来!'可从此杳无音信,什么也没送来。"③川岛的说法显然有误,抑或是故意混淆事实。一是他连大概时间也没说明,作为核武器研制计划负责人不可能不清楚;二是地点有偏差,抚顺距离海城有上百公里,距离兴城、绥中则更远,当时日方发现只有海城地区才出产品位较高的铀矿石;三是用军用战斗机直接运送铀矿的事,作为负责人的他不可能不知晓。

研究二战期间核武器研制计划的科技史专家、日本东京工业大学教授山崎正胜,在 2011 年出版的专著《日本的核开发:从原子弹到原子能

---

① 安斎育郎編『GHQトップ・シークレット文書集成　第Ⅳ期──原爆と日本の科学技術関係文書──　第 7 巻』、柏書房、1998 年、275 頁。

② 高碕達之助『満州の終焉』、実業之日本社、昭和 28 年、141 頁。

③ 読売新聞社編『昭和史の天皇 4』、146 頁。

(1939—1955)》中专设一目"陆海军在殖民地对铀矿的探查",然而遗憾的是,该书在仅有的两段文字中只提及了日本在朝鲜菊根矿山开采铀矿、从马来半岛运来黑砂和海军从上海黑市购买约 100 公斤氧化铀的事,不知为何对日本在辽宁海城开采铀矿的事只字未提。

　　然而,在日本核武器研制计划中负责筹集铀矿的陆军第八技术研究所山本洋一曾明确指出日本开采海城铀矿的事,只是未说明具体数量。他在著作《日本制原子弹的真相》(1976 年)中表明:"关于满洲大石桥附近海城县出产的黑稀金矿,满洲矿业开发公司以及都商会进行了开采,这里开采的矿石,由满洲 237 部队购买等事,是明白无误的。"①

　　"关东军稀有元素调查班"班长山村礼次郎在 1948 年 6 月 29 日第一次接受美军讯问时表示,估计开采了十吨并送到了日本;然而在稍后同年 9 月 30 日的第二次讯问中,他却改变了先前的说法,说是开采了五或六吨,并且不确定有多少运到了日本。②

　　"关东军稀有元素调查班"的久野久则对美军证实从 1944 年 10 月到 1945 年 3 月在满洲每月生产铀矿精矿约一吨。③ 也就是说半年间共生产精矿在 6 吨左右。久野在《东亚地质矿产志》(1952 年)发表的论文中也披露了日本从辽宁海城开采的铀矿总量。该文指出:"从 1944 年夏到 1945 年 3 月,放射性矿物主要是露天开采,选矿是通过手选进行的。上述期间该地区精矿总产量约达 4 吨。1945 年月产量约达一吨。"④

　　泰亚工矿株式会社常务董事长与子田敏雄证实该公司从 1942 年到 1945 年开采了 5.5 吨铀矿石,并且这些铀矿由满洲的第 237 空军部队空

① 山本洋一『日本製原爆の真相』株式会社創造、昭和 51 年、80 頁。
② 安斎育郎編『GHQトップ・シークレット文書集成　第Ⅳ期——原爆と日本の科学技術関係文書——　第 3 巻』、13 頁。
③ 安斎育郎編『GHQトップ・シークレット文書集成　第Ⅳ期——原爆と日本の科学技術関係文書——　第 3 巻』、14 頁。
④ 久野久「南満洲海城地方ペグマタイト中の長石、石英、雲母及び稀元素鉱物」、『東亜地質鉱産誌』(1952 年)満州之部、満州・金属— 15d、3 頁。

运到了日本。① 需要说明的是与子田证实的公司开采的起始时间有误，如上所述，泰亚工矿株式会社正式运营是在 1944 年 10 月。

原满洲地质调查所的松田龟三在《满铁地质调查所私记》(1990 年)中表明："据说太平洋战争末期，陆军委托理化所仁科研究室研制核武器，铀矿石重要性剧增，设立了泰亚工矿业公司，在三台沟粉碎岩石，连小的结晶也用手选取，一攒到 100 公斤，就用飞机从奉天空运回日本，送到理化所约 3 吨。"②

原满洲重工业开发株式会社总裁高碕达之助在《满洲的终结》(1953 年)一书中也指出："在战败前不久，(日本)发现了大石桥附近的原子弹的原料铀矿，选矿约 5 000 吨矿石，运到日本内地。"③

中国铀矿地质与勘探专家谢家荣在 1947 年 12 月发表的《中国之独居石矿》一文中指出："辽宁海城之铀矿：据日人勘探估计金属铀质储量为 13 吨，曾经于十个月之探矿工作期间内获得精独居石矿砂 4.4 吨，其成分为含 8% 的 UO_2，计含金属铀量 362 公斤。"④中科院地球物理所的王德孚也在新中国成立后查阅到了日本地质工作者在侵华期间撰写的地质报告。该报告指出，日本关东军曾秘密地在海城的大房身和三台沟开矿，这是一种含有铀的稀土铌酸盐矿物——黑稀金矿、铌酸钇矿及褐钇铌矿，取得精矿 4 447 公斤，急忙用飞机运回东京，在仁科芳雄的指导下，约有百名专家进行极秘密的冶炼提铀及制造原子弹的研究。⑤

综上所述，从 1944 年 10 月到 1945 年 3 月的半年左右时间内，日本在中国海城地区破坏性开采的铀矿石总量约为 5 000 吨，运到日本的精矿少则 3 吨，多则 10 吨。从中国海城等地开采的铀矿被送到东京，然而直到 1945 年 2 月，理化所使用热扩散法的分离实验始终没有成功，没有

① 安斋育郎编『GHQトップ・シークレット文書集成　第Ⅳ期──原爆と日本の科学技術関係文書──　第 3 卷』、14 頁。
② 松田龟三『満鉄地質調査所私記』、博栄社、1990 年、134—135 頁。
③ 高碕達之助『満州の終焉』、実業之日本社、昭和 28 年、114 頁。
④ 谢家荣：《中国之独居石矿》，1947 年，全国地质资料馆，档号 4972。
⑤ 修义嵩编：《原子弹秘闻录》，第 30 页。

提取出铀 235。荒胜文策的远心分离机也远未达到每分钟 10 万次的转数，无法制造出铀 235。1945 年 3 月关东军稀有元素调查班收到"大本营的秘令，'本次大战中预计敌美英造不出原子弹，本次作战中上'"①。1945 年 4 月理化研究所实验室的分离塔在美军空袭中烧毁，事实上日本研制核武器计划基本告终。同年 5 月伪满洲国政府下令停采铀矿。日本战败投降后的 1945 年 9 月 5 日，关东军稀有元素调查班才宣布正式解散。②

第二次世界大战期间日本研制核武器计划，不是一个只有日本科学家参与技术研发的内部军事研究计划，而是一个包括原料铀矿的探查、开采、运输等环节在内的庞大的"国际性"工程项目，更是一个伴随着大规模殖民奴役和大量宝贵稀有资源掠夺的殖民计划。

在"举国一致"的法西斯体制下，日本对华铀矿的调查与开采计划是在日本政府和军部的统一指挥下进行的，政官财学媒的社会各界人士都被动员参与到计划中。一些调查队是在新闻媒体（如《朝日新闻》等）后援下开展活动的，调查队有地质专家，也有记者、医生等随行。采矿公司（如泰亚工矿株式会社）所需的必要物资、衣服和食品等，有些是关东军直接援助的。泰亚工矿株式会社所需的部分资金，也是通过满洲兴业银行总裁冈田、孙澂副总裁和斋藤理事等人从兴业银行筹集的。

日本对华铀矿的调查与开采活动，从始至终是在军队的管理下开展的。无论是沦陷区，还是国统区，日本的调查开采活动不可能得到中国当地居民的认可，日本军人随行调查开采，除了确保日方人员安全之外，行动明显带有强制性。调查队员不管写什么东西，都被视为涉及军事机密，他们往往将报告书偷着用油印印刷若干，封面盖上"秘"的字样，只在朋友间传阅。参与调查的关东军稀有元素调查班本身都是从大学、研究所或公司招募的现役军人，采矿现场的监工亦基本上是现役日本军人。

---

① 山村礼次郎「関東軍稀有元素調査班」、『科学史研究』第 2 期、97 頁。
② 安斎育郎編「GHQトップ・シークレット文書集成　第Ⅳ期——原爆と日本の科学技術関係文書——　第 3 巻」、11 頁。

　　总之,二战期间日本研制核武器计划,既是一个军事研究计划,也是一个殖民奴役与资源掠夺计划,其带有明显的"军事性"、"殖民性"和"侵略性"特征。在当今反对核武器问题上,若单纯强调日本是核武器"唯一受害者"的结果,而未认识到日本也曾积极扮演"加害者"的历史事实,就不可能实现"历史和解",也不可能真正达成"反对核武、争取和平"的共识。

第十五章　战后日本核政策再探讨

　　关于战后日本的"核政策",目前国内外研究基本上都是单纯从军事安全与外交角度进行探讨的,而把与之紧密相关的"核电"另行纳入能源领域,作为不同问题予以探讨。一般研究认为战后日本和平利用核能,在美国的核保护伞下,坚持了无核三原则。[①] 然而,鉴于特殊的历史原因和战后国际政治环境,日本的核政策,实际上是以核电的表面形式推进的,在"和平利用"核能与无核三原则的背后,隐藏着追求核武的军事意图。有的学者进一步深入研究了美国向日本"运进"核武和缔结"核密

---

① 从外交军事角度论及的有宋成有、李寒梅等:《战后日本外交史(1945—1994)》,世界知识出版社 1995 年;姚灯镇等:《日本军事研究:步入二十一世纪的日本自卫队》,军事译文出版社 2002 年;盛欣等:《富士军刀——日本军事战略发展与现状》,解放军出版社 2002 年;浅井基文《非核の日本・無核の世界》,労働旬報社、1996 年;岩田修一郎《核戦略と核軍備管理——日本の非核政策の課題》、日本国際問題研究所、1996 年;川崎哲《核拡散》、岩波書店、2003 年等。从能源或核能角度论及的有尹晓亮:《战后日本能源政策》,社会科学文献出版社 2011 年;吉岡斉《原子力の社会史》、朝日新聞社、1999 年;日本原子力産業会議編《原子力は、いま——日本の平和利用 30 年》(上下巻)、中央公論事業出版、1986 年;斉藤優、佐藤栄一編《核エネルギー政策》、日本国際問題研究所、1979 年等。

约"的内幕,指出无核三原则之一"不运进"原则存在的问题。① 关于另外两个原则,即日本是否真正坚持了"不制造""不拥有"核武器的原则,以及"和平利用"核能是否有军事意图的探讨,由于资料方面的限制,可以说至今仍缺乏基础性的研究。2010 年日本外务省绝密档案的公布与原外交官等当事人的证言,可以说为该问题的研究提供了有力的佐证。本章拟在这些新文献的基础上,通过解读日本、美国的档案和有关当事人的证言、回忆录等资料,系统分析战后日本核政策的表面原则与实际政策,探讨日本核电开发与核武装的关系,阐明日本通过发展核电积极追求"拥有""制造"核武器能力的基本政策路线。

一、日本核政策的缘起:和平利用三原则与重新武装

一个国家是否实行"核武装",通常取决于政治意愿、经济技术能力和国内外环境三个因素。从 1945 年战败投降到 20 世纪 50 年代中期是战后日本核政策的萌芽期。从战败之初核研究被禁到日本取得独立后的核开发体制初创,战后日本的核开发是从核电入手的。众所周知,1955 年 12 月日本政府通过《原子能基本法》,公开打出了"和平、民主和公开"三原则。那么,从所谓"和平利用"核能的起点上看,日本到底有没有军事意图,即有无发展核武器的政治意愿,这是首先需要探讨的问题。

首先,战后初期日本的核开发被保守派政治家们定位于修宪、重新武装的延长线上。

---

① 王少普:《战后日本防卫研究》,人民出版社 2003 年;肖伟:《战后日本国家安全战略》,新华出版社 2000 年;外冈英俊、本田優、三浦俊章《日米同盟半世紀——安保と密約》,朝日新聞社 2001 年;不破哲三《日米核密約》,新日本出版社,2000 年;太田昌克《盟約の闇——「核の傘」と日米同盟》,日本評論社,2004 年;若泉敬《他策ナカリシヲ信ゼムト欲ス——核密約の真実》,文藝春秋,2009 年;太田昌克《日米「核密約」の全貌》,筑摩書房,2011 年;新原昭治《日米「密約」外交と人民のたたかい——米解禁文書から見る安保体制の裏側》,新日本出版社、2011 年;Hans M. Kristensen, "Japan Under the US Nuclear Umbrella", Nautilus Working Paper, July 1999. Peter Hayes, Lyuba Zsrsky and Walden Bello, *American Lake: Nuclear peril in the Pacific*, New York: Penguin Books, 1986.

1945 年 8 月,日本战败投降。9 月 22 日,盟军总司令部下达第 3 号指令,全面禁止日本进行核研究。① 在民主化和非军事化方针的指导下,1947 年 1 月 30 日,远东委员会明确做出决议,禁止日本进行核能领域的研究、开发和利用。② 然而,随着冷战展开与美国对日占领政策的转变,对日限制有所松动,日本对核问题的关注逐渐高涨。原海军军人中曾根康弘自称亲眼目睹广岛原子弹爆炸的蘑菇云而深受刺激,得悉东京理化研究所的回旋加速器被占领军拆掉丢进东京湾亦倍感屈辱。③ 1947 年投身政界后,他积极倡导"自主修宪""重新武装"。1951 年 1 月,他向赴日举行媾和谈判的美国特使杜勒斯提出建议,明言修改宪法、组建军队,并呼吁解除对核科学研究的限制。④

在朝鲜战争爆发和东西冷战激化的形势下,美方强烈要求日本扩充军力。吉田茂表面上拒绝了杜勒斯"重整军备"的要求,1951 年 2 月 3 日,私下却向美方提出"密约",同意"在对日和约以及日美合作协定实施同时,开始重新武装。"⑤1951 年 9 月 8 日签署的"旧金山和约"中没再纳入禁止或限制日本从事核研究的内容,核能研究全面解禁。

1952 年 4 月,未及"旧金山和约"正式生效,吉田茂首相就迫不及待地下令组建"科学技术厅"。自由党议员前田正男模仿美国国防部科技局,制定了总理府下设科技厅的方案,其附属机构"中央科学技术特别研究所"的任务就是"从事包括核武器在内的武器研究、核动力研究和航空飞行器研究"⑥。同年 4 月 20 日,《读卖新闻》刊载了该消息,标题为"准

① 连合国最高司令官司令部《指令第三号》,1945 年 9 月 22 日、外務省外交記録、A'0106。
② 極東委員会《原子力の分野における日本の研究ならびに活動に関する政策》,原子力開発十年史編委員会編《原子力開発十年史》、日本原子力産業会議、1975 年、12 頁。
③ 中曽根康弘《政治と人生——中曽根康弘回顧録》、講談社、1992 年、75—76 頁。中曽根康弘《自省録——歴史法廷の被告として》、新潮社、2004 年、42 頁。
④ 中曽根康弘《天地友情——五十年の戦後政治を語る》、株式会社文藝春秋、1996 年、140、142 頁。
⑤《再軍備の発足について》、1951 年 2 月 3 日、外務省条約局法規課《平和条約の締結に関する調書 IV》、外務省外交記録、CD1、01—297—4—1。
⑥ 日本原子力産業会議編《原子力年表(1934—1985)》、中央公論事業出版、1986 年、24 頁。

备生产重新武装的武器,新设科学技术厅"。在距广岛、长崎的核灾难不到7年,日本执政者就已萌生了"拥有"核武器的想法。由于有的专家担心其成为军事性研究机构,还可能造成官僚管制科技研究的后果,该方案被暂时搁置。

1953年7—11月,在美国研修的改进党议员中曽根,接受了哈佛大学教授基辛格"力量均衡论"的主张,对日本重新武装信心倍增。他还参观了美国的军校、军港及核研究设施,就核问题先后拜访了在哥伦比亚大学留学的原旭硝子公司纽约特派员山本英雄和在加利福尼亚大学留学的原理化研究所的嵯峨根辽吉①。据山本回忆:"中曽根对核武器,特别是小型核武器的开发非常感兴趣。因为他是重新武装论者,将来或许会考虑日本也有必要拥有核武器。"②战前曽参与日本原子弹研究计划的嵯峨向中曽根提出的三点建议则是:"确立长期的国策;制定法律和预算,明确国家意志,保证稳定的研究;召集一流学者。"③

其次,战后日本核开发是以发展民用核电入手,在政府主导下推进的,从一开始就带有明确的研究"制造"核武器的军事意图。

鉴于政府的动向,学界也开始积极讨论核研究问题。物理学家武谷三男在1952年10月《改造》杂志上发表论文《日本原子能研究的方向》,提出了"和平、公开和民主"的"核能和平利用三原则"。同年10月,大阪大学伏见康治和东京大学茅诚司在日本学术会议大会上提出方案,主张设置"原子能委员会",作为国家事业,以和平利用为目的,推进核能研究。该方案遭到与会学者的强烈反对。

当了解到美国改变核政策的动向后,中曽根认为"在这种紧急的非常事态下","交给左翼学者主导的日本学术会议的话,结果只能是变成

① 嵯峨根辽吉,日本的核物理学家、东京帝国大学(现在的东京大学)教授。战前曽参与日本核武器开发计划,战后曽先后出任日本原子能研究所理事、副理事长,日本原子能发电公司董事、副社长、产业计划会议委员等职务,并担任过日本原子能委员会参事。
② 佐野眞一《巨怪伝——正力松太郎と影武者たちの一世紀》,文藝春秋,1994年、510頁。
③ 中曽根康弘《政治と人生——中曽根康弘回顧録》,166頁。

马拉松式的争论,空费数年时日,必须以政治力量打开局面,通过预算和法律"。① 1954年3月3日,中曾根代表改进党、自由党和日本自由党,突然向国会提出了2.35亿日元的《核反应堆建造基础研究费及调查费》预算案。一时间舆论哗然,纷纷批判其为"无知的预算""暴力性预算"。②

日本学术会议的学者前往众议院和改进党党部陈述反对意见,被政治家们拒绝。此时学界普遍对核能开发持强烈的怀疑态度,担心被"动机不纯的政府"利用,失去研究自由,也忧虑政府主导下的核能研究,和平利用是不可能的,反倒有可能在对美从属的状况下卷入美国的对外军事战略,用于发展军事。③ 企业界也对核电并不积极,相对于研发阶段的核电,当时火力发电成本大幅下降,水电技术业已成熟。号称"电力之父"的松永安左卫门也认为,水坝可以半永久性地利用,还不是搞核电的时候。

面对为何是如此精确的2.35亿日元的质询,政治家的回答居然是因为"浓缩铀是铀235",为此引发一阵哄堂大笑。④ 其实,他们提案的目的很明确,就是要开展核武器研究,浓缩铀本身就是制造铀核弹的原料。在预算提交翌日,即1954年3月4日,改进党的小山仓之助在众议院大会上就预算堂而皇之地指出:"……现代武器发展日新月异,使用也需要相当先进的知识。以现今日本的学术水平不易理解,故有必要从青少年开始就进行科学教育,亦必须对日本教育进行划时代的变革。我相信使用这些新式武器,必须要充分积累训练经验。……在《日美相互防卫援助协定(MSA)》下,为了防止美国借与旧式武器,也要了解新式武器和现今正在制造的核武器,还要掌握使用这些武器的能力,此乃先决条件。"⑤

---

① 中曾根康弘《天地友情——五十年の戦後政治を語る》,167頁。中曾根康弘《政治と人生——中曾根康弘回顧録》,166頁。
② 原子力開発十年史編委員会編《原子力開発十年史》,26頁。
③ 吉岡斉《原子力の社会史》、朝日新聞社、1999年、59—61頁。
④ 中曾根康弘《政治と人生——中曾根康弘回顧録》,167頁。
⑤ 第19回国会衆議院本会議議事録、第15号、1954年3月4日。

这一军事色彩浓厚的解说,可谓如实地反映了日本政治家们推进核能研究的真实意图。

再次,日本介入核开发,是战后美国转变核政策后双方"同床异梦"的产物。

二战结束后,杜鲁门政府对核技术实行严格的保密制度,意欲维持核垄断政策。然而,随着苏联、英国原子弹研制的成功,美国核垄断政策破产。1953 年 3 月苏联试爆氢弹,东西冷战局势下核军备竞争的激化,引发各界的担心。与此同时,苏联、英国还积极研发核电技术,大有走在美国前面的势头。因此,艾森豪威尔上台后,1953 年 12 月 8 日,在联合国大会上发表了"和平利用原子能"的演说,主张向盟国或友好国家提供核技术和原料,并创建国际原子能机构。美国核政策,表面上由过去的核垄断转变为推进核能贸易与开展国际合作,其真正目的在于从军事方面牵制苏联,拉拢盟国和第三世界国家,壮大西方阵营;并通过国际机构掌控各国的核开发,以确立美国在核领域的国际性支配地位;从经济方面,在核电发展上夺取主导权,利用军工产业打入并控制西方盟国的资本市场,从军事、经济两方面维护美国的霸权地位。

意欲推销"和平利用原子能"的美国政府与打算积极介入"核武器"研究开发的日本政治家可谓各取所需、不谋而合。1954 年 3 月 16 日"比基尼事件"(即"第五福龙丸事件")的曝光,一举加速了日本导入"核电"的进程。日本国民继广岛、长崎之后再度遭受核辐射,在各地掀起了声势浩大的反核、反美运动。为了消弭核试验给日美关系带来的不利影响,负责报道 GHQ 的《读卖新闻》记者柴田秀利给美方提出的建议是:"日本有句老话叫'以毒攻毒',原子能是柄双刃剑,为了对付反对原子弹的,就要大力宣传原子能的和平利用。由此,无非是让其对伟大的产业革命明天抱有希望。"[1]根据解密档案,在事件曝光后的 3 月 22 日,美国国防部长助理阿斯金向美国国家安全委员会(NSC)提出报告,建议"向

---

[1] 柴田秀利《戦後マスコミ回遊記》、中央公論社、1985 年、301 頁。

日本提供核反应堆"，他认为"非军事使用核能的强大攻势，作为对抗苏联宣传的措施是符合时宜、富有成效的，加之，可以将在日本发生的危害控制到最小程度。"①于是，通过美国中央情报局，意欲进军政界的原甲级战犯、时任日本电视台和《读卖新闻》社长的正力松太郎，在宣传原子能"和平利用"方面扮演了重要角色。

　　1955 年 1 月，日美两国开始私下秘密交涉"核能援助"问题，在绝密的口头备忘录中指出："对反对与美国合作建造核反应堆的部分学者以及对核能问题敏感的舆论，要避免造成无用的刺激。"②11 月 14 日，双方正式签署《日美原子能研究合作协定》，全称为《日本与美国关于非军事利用原子能的合作协定》。该协定规定美国向日方提供用于研究的核反应堆器材和 6 公斤以内的浓缩铀（最大浓度为 20％），但条件是日方要遵守秘密条款，返还生成的副产品钚，并有义务保存研究记录，接受检查。众所周知，钚正是制造钚核弹的基本原料。该协定成为战后日本介入核研究开发的重要契机。

　　1955 年 10 月，以中曾根康弘为首的各党议员组建了"参众两院原子能共同委员会"，以所谓"举国一致"的体制积极推进核开发。12 月国会通过"原子能三法"，即《原子能基本法》、《原子能委员会设置法》和《总理府设置部分修正法》。《原子能基本法》正式提出"和平、民主和公开"的"和平利用三原则"，其基本方针表明："原子能的研究、开发和利用，以和平为目的，在民主运营下自主研究；其成果公开，以利于不断推进国际合作。"③1956 年 1 月，原子能委员会组建，5 月，科学技术厅正式成立，正力松太郎出任首任原子能委员会委员长、首任科技厅长官。日本核开发体制初步建立。

---

① G. B. Erskine, Japan and Atomic Tests, NSC Staff Papers, OBC Central File, Box ♯46, OCB091. Japan, File ♯1, EL.

②《日米間原子力の非軍事的利用に関する協力協定関係一件》第 2 巻、外務省外交記録、B'0081。

③ 原子力委員会編《原子力白書》第 1 回、通商産業研究社、1957 年、178 頁。

二、日本核政策的发展：核电开发与"核武装"论

从 20 世纪 50 年代中期到 60 年代中期的十年是日本核政策的探索与发展时期。具备政治意愿之后，如何才能有效地实现"核武装"的目的，从短期而言，面临着自主研发和间接引进的现实路径选择问题，从长期而言，则存在着法律环境制约的问题。从 50 年代中期，日本兴起所谓第一次核能热潮。日本保守政治家们在发展核武器的强烈愿望驱使下，一方面举着和平发展核电的招牌，积极引进相关设备，追求着自身制造核武器的技术能力，同时亦尝试间接从美国引进核武器或通过"核密约"获得有效的核保护，另一方面则开始鼓吹"核武器合宪论"，为日本今后能够"拥有"核武器营造法律环境。

首先，日本政府积极推进购入所谓商用核电设备，主要目的却是获得制造核武器的钚，和平利用核能计划暴露出明显破绽。

在第一次核能热潮中，实际上面向实用化推进建设的只有日本原子能发电公司的东海核电站。1956 年 1 月，原子能委员会委员长正力松太郎走马上任后，表明欲与美国签署动力核反应堆协定，引进核电设备与技术，争取早日建成核电站。然而，正力很快改变想法，决心率先引进英国的科尔德霍尔（CalderHall）型黑铅反应堆。日本许多物理学家纷纷指出核电方面还没有足够的运营经验，尚处于研究而非实用阶段；特别是该核反应堆在经济和安全方面存在很大问题，譬如刚发生过大面积污染事故，而且反应堆生产的钚可能会被转用于军事。[①] 事实证明，正力松太郎之所以绕过美国，首先引进英国的黑铅型反应堆，着眼的正是这个钚。

根据美国国务院解密档案，1956 年 7 月 3 日，日本第一次原子能访英调查团团长石川一郎在出访英国前，前往美国驻日大使馆征询美方："现协定规定日本有义务向美方返还浓缩铀生成的副产品（钚等），这从

---

① 長崎正幸：《核問題入門——歴史から本質を探る》、勁草書房、1998 年、97 頁。原子力開発三十年史編集委員会編：《原子力開発三十年史》、日本原子力文化振興財団、1986 年、6 頁。

日本立场来看难以接受,有可能免除这种义务吗?"7月5日,正力松太郎让《读卖新闻》华盛顿特派员坪川敏郎将自己的谈话内容发给美国原子能委员会,再次清楚地表明了日方旨在获取钚的意图。正力的谈话包括如下内容:日本若与英国缔结双边协定(购入核电的原子能协定),关于钚的使用没有限制条件;正力表示,美国的协定(动力)若能解除秘密条款,且价格具有竞争力的话,愿与美方缔结协定;与美国缔结协定时,不知道日本能否从美国购买或借得钚。①

　　尽管日本政府在1956年9月出台的第一个《原子能开发利用长期基本计划》中提出利用钚作为核燃料的想法,表示"为了将来确立符合我国实情的核燃料循环,要提高增殖堆、燃料再处理等的技术水平"②,然而,在动力堆尚未投入实用、增殖堆仍处于初期研发阶段的时点二,正力他们显然不是将钚看作增殖堆的燃料,而是动力堆的产物,即核武器的原料。当时,美国清楚地认识到了这一点。据解密的1957年8月2日美国国务院远东调查部绝密报告《日本制造核武器的预测》,该绝密报告就"日本今后的核武器开发政策"指出:"日本采取一切手段,欲取消限制条件。日本政府竭力推进包括内外对策在内的全方位计划,打算不接受美国和英国在出口核燃料时对副产品利用的限制条件,确保大规模核能计划所需的足够的铀的供给","假若日本在不受外国制约的条件下能够成功确保核燃料,造出核反应堆,那么通过运行该反应堆,就可以获得制造核武器的核分裂物质。(若反应堆是英国的'科尔德霍尔'型,即用天然铀矿的类型,则具有特别重要的意义)。"③

　　若从商业发电的角度看,比起引进规模庞大且发电量又少的英国科尔德霍尔型黑铅反应堆,设备小且发电量较高的美国轻水反应堆显然更

---

① 有馬哲夫:《原発と原爆》,文藝春秋、2012年、79、66—67頁。
② 原子力委員会編《原子力白書》第1回、185頁。
③ 国務省極東調査部《日本の核兵器生産の見通し》、1957年8月2日,国務省情報調査局《情報報告》第7553号。新原昭治編訳《米政府安保外交秘密文書資料・解説》、新日本出版社、1990年、68、71頁。

具合理性,而日本之所以最初选择英国的核电设备,其中一个不可忽视的重要原因在于,美国的轻水反应堆制造原子弹用的高质量钚比较困难,而英国的黑铅减速反应堆,原本就是由军用生产钚的反应堆改良而成,只要调整运行方式,就很容易变成批量生产高品质钚的设备。日本"和平利用"核能的路线,再次露出明显破绽。

其次,"核武器合宪论"是日本"解释修宪"的具体表现,既为将来进行核武装预留了空间,也为对美修改安保条约提供了一张重要的外交牌。

在正力松太郎紧锣密鼓地推进进口核电设备时,同为甲级战犯的"狱友"(东京巢鸭监狱)岸信介爬上了首相宝座,随即抛出了"核武器合宪论"。鉴于和平宪法第9条"不保持战争力量"的限制,1957年5月,刚上台不久的"改宪派"首相岸信介在国会等场合公开表明,"在现行宪法下,为了自卫可以拥有核武器","只因名称是核武器就说违宪,这样的宪法解释是不对的","不过,当前不打算拥有核武器,自卫队也不准备核武装。"①"核武器不违宪"的这种立场,为此后历代自民党政府继承,成为日本政府的正式主张。② 正如岸信介本人在回忆录中的自我坦白那样,"我预先明确区别宪法解释和政策论两个立场,这对日本的将来有利"③。换言之,这为日本将来即使是在不修宪的情况下也可以进行核武装预留了空间。这亦是战后日本"渐进扩军""解释修宪"路线的一个具体表现。

岸信介非常清楚"和平利用"核能的军事意义。1958年1月,他在年初正式访问了日本最早建立的核设施——茨城县东海村的原子能研究

---

① 第26回国会参議院内閣委員会会議録、第28号、1957年5月7日。
② 1978年3月,福田赳夫首相在参议院表明:"根据宪法第九条,只要是防御性的,作为最小限度的防卫力,可以拥有核武器。"1982年4月,内阁法制局长官角田礼次郎在参议院解释:"根据宪法第9条第2项","为了自卫必要的最小范围内的核武器,是可以拥有的。"参见第84回国会参議院予算委員会会議録、第8号、1978年3月11日;第96回国会参議院予算委員会会議録、第20号、1982年4月5日。
③ 岸信介《岸信介回顧録》、廣済堂、1983年、310—311頁。

所。他在回忆录中清楚地表明了核能的"和平利用"与"军事利月"不可分割的主张,还进一步指出了核开发涵盖的多重军事意义。他认为:"核能技术本身,原本可和平利用,亦可用于武器。用于哪方面是政笑、国家意志的问题。日本根据国家、国民意志决定把原子能不用于武器生产,专门进行和平利用,然而即使是和平利用,随着技术进步,作为武器的可能性也会自动提高。日本不拥有核武器,可随着潜在可能性的增加,在裁军、核试验等国际问题上的发言权也会逐渐提高。"①在后来的一次演讲中,他更是明确指出:"核能的和平利用和军事用途只隔层窗户纸……虽说是和平利用,有朝一日也不是不能用于军事目的。"②

有鉴于此,岸信介还将拥有核武器的可能性与"核武器合宪论"作为对美修改安保条约的重要杠杆,这种可能性越高,则越具有说服力。1952 年的旧《日美安保条约》没有明确规定美国防卫日本的义务。为了修改安保条约,岸信介巧妙地打出了"核武器合宪论"的外交牌。据上述美国国务院的《日本制造核武器的预测》绝密报告,当时美方已经注意到岸信介的言论,认识到日本将来可能会掌握制造核武器的能力。该报告指出:"美国政府当局认为,到 1967 年之前日本可能会依靠自己的能力制造核武器","日本防卫当局、国会和执政党自民党内的同道者们,从根本上都想让日本自卫队装备核武器","自民党(政调会)国防部部会长保科善四郎原司令官将研究核战争的笔记在国会议员间传阅,其主张日本能否进行有效的防卫,在于日本本土的军队是否可以使用战术核武器,进而,间接地也在于美国是否拥有比苏联更多的战略核武器","一般都认为岸首相最近暗示日本日后应拥有防卫性核武器的言论,就是受这些人想法的影响。"③

① 岸信介《岸信介回顧録》、廣濟堂、1983 年、395—396 頁。
② 岸信介《最近の国際情勢》、国際善隣倶楽部の講演記録、1967 年 5 月 26 日、13 頁。
③ 国務省極東調査部《日本の核兵器生産の見通し》、1957 年 8 月 2 日、国務省情報調査局《情報報告》第 7553 号。新原昭治編訳《米政府安保外交秘密文書資料・解説》、67、68、72、73 頁。

对于美国而言,虽主张日本重新武装,充当冷战前沿的卫士,但显然也不希望日本核武装,那样的话,日本有可能摆脱美国的控制,成为新的威胁。若不同意修约,日本则可能借口苏联和中国的威胁,公开推进自卫队的核武装。于是,1957 年 6 月岸信介访美时,双方发表共同声明,就修改旧《日美安保条约》达成协议,同时也重点强调了应尽早停止核试验和核武器制造、共同推进核裁军的原则。① 实际上,美国在对日做出大幅让步的条件下,也限制了日本公开推进核武装的政策。

再次,日本追求间接"核武装"和制定"核密约"的行为,本身与和平利用核能方针背道而驰。

日本的核开发一直存在着自主研发和对外引进两条路线,核电与核武均是如此。池田勇人曾考虑通过从外国购入的间接方式实现核武装。他一直对核问题有着很高的积极性,1958 年任大藏大臣时,鉴于美国在欧洲配备核武器的动向,他主张"日本也必须进行核武装"②。当时,美国也存在向日本提供核武器的主张。当美国获悉中国发展核武器的情报后,1961 年 2 月,美国空军参谋部在《共产党中国的远期威胁》的对策报告中,曾建议通过出售或转让核武器的方式,武装美国在亚太地区的盟友(日本、印度以及中国台湾等),但这项冒险违反美国的核不扩散计划,最终被国务卿腊斯克否决。③ 池田出任首相后,也曾试探过美方的态度。1961 年 11 月,在箱根第一次日美贸易经济共同委员会上,他对国务卿腊斯克表明,包括现任阁僚在内,日本自民党内有些政治家主张核武装。腊斯克马上以强硬的口吻回应:"美国反对核武器的扩散。"面对腊斯克的反应,池田没再展开话题,只是表明"到目前为止,我还没有考虑要造核武器,不过我认为在日本要是有核武器的话,对于日本防卫来说是必

① 《岸信介首相・アイゼンハワー米大統領共同コミュニケ》,1957 年 6 月 21 日、鹿島平和研究所編《日本外交主要文書・年表》,原書房、1983 年、806—810 頁。
② 伊藤昌哉《池田勇人——その生と死》、至誠堂、1966 年、197 頁;伊藤昌哉《日本宰相列伝 21 池田勇人》、時事通信社、1985 年、205 頁。
③ 孟昭瑞:《中国蘑菇云:中国核工业发展五十年的惊天巨变》,辽宁人民出版社 2008 年,第 9 页。

要的。然而现在来看,关于核武器,还有很多东西要学习"①。据从大藏省调到防卫厅的小田村四郎回忆,"此时池田的想法是,若能从美军得到核武器的话,就省钱了"②。鉴于日本尚无能力制造核武器的客观现实,池田出于财政经济方面的原因,考虑是否可以从美国购进核武器。然而,美国肯尼迪政府反对核扩散,只是希望利用中国核试验的影响,促使日本扩大防卫能力,但不支持日本核武装。③ 换言之,美方更倾向于向日本配备美国的核武器。

在不能从美国手中购入而"拥有"核武器的情况下,池田政府沿袭前任岸信介政府的政策,继续承认美军向日本"运进"核武器的行为。在1952年确立的日美安全体制下,美军的舰艇和飞机,无论"搭载核武器"与否,都可以自由进入日本领土。在1960年《新日美安全条约》签署时,双方发表共同声明,以"交换公文"的形式,表面上就"美军部署的重要变动、装备的重要变动和作战行动的基地使用"实行"事前协商"制度。④ 然而,据美国解密的档案,实际上双方另以"核密约"的形式(即"安保核密约"),具体确认了美国可以将"包括中远程导弹在内的核武器运进日本,并建立储存基地",搭载核武器的飞机或舰艇进出日本,不属于事前协商对象。⑤ 1963年3月,就美国核潜艇申请停靠日本港口一事,池田在国会上明言:"不允许装备核武的美军潜艇将核武器运进日本国内"⑥,可是,事实上经过赖肖尔大使与大平外相会谈,日美双方再次确认了"核密约",认为"搭载核武器的舰艇通过日本领海或停靠港口",不属于事前协

① Memorandum of Conversation (No. 3, 1961) FRUS, 1961—1963, Vol. 22, p. 711.
② 小田村四郎的证言,中島信吾《戦後日本の防衛政策》、慶応義塾大学出版会、2006年、199頁。
③ Leonard L. Bacon to Mr. Usher. *Chinese Communist Nuclear Explosion*. December 3, 1962. Lot File69D347, Box3, RG59, N. A.
④《内閣総理大臣から合衆国国務長官にあてた書簡》(条約第六条の実施に関する交換公文)、外務省外交記録、CD1、01—456—1。
⑤ Treaty of Mutual Cooperation and Security, Record of Discussion, Tokyo, June 1959,转引自不破哲三《日米核密約》、新日本出版社、2000年、182—183頁。
⑥ 第43回国会衆議院予算委員会会議録、第18号,1963年3月2日。

商对象,不算运进核武。① 最后,池田内阁做出决议,同意美国核潜艇停靠日本港口。

三、日本核政策的形成:无核三原则与核武器制造潜力

从 20 世纪 60 年代中期到 70 年代中期,或者亦可以说佐藤荣作内阁时期是日本核政策的正式确立期。从 60 年代中期起,日本兴起第二次核能热潮,各电力公司纷纷着手兴建核电站。与此同时,当制造核武器的"意愿"与"能力"具备之后,面对国内外环境的制约,何种程度或何种形式上将"核武装"付诸实践,成为日本政府制定核政策的核心问题。在打出"无核三原则"和加入《核不扩散条约》的政策背后,佐藤政府切实地探寻了核电与核武器的"接点",正式确立了保持核武器制造潜力的核政策。

首先,"无核三原则"的基本国策流于表面形式,获得美国的"核保护伞"才是日方的重要目的。

众所周知,1967 年 12 月 11 日,佐藤在众议院预算委员会上正式提出"不拥有、不制造和不运进核武器的三原则"②。然而,1968 年 1 月 30 日,佐藤在施政方针演说中又提出"四大核政策",即"坚持无核三原则;促进核裁军;在日美安全体制下依靠美国的核遏制力;促进核能的和平利用"③。四大核政策,涵盖了日本政府公开场合下的基本立场,一般而言,其标志着日本核政策的正式形成。

相对于全面否定核武器的无核三原则,四大核政策意义明显降低,旨在表明对美国核保护伞的依存。获得美国的"核保护伞",是日本核政策追求的主要目标之一。1965 年 1 月佐藤第一次访美,在与约翰逊总统

---

① U. S. Department of State, Incoming Telegram, from U. S. Ambassador Edwin Reischauer to Secretary of State, No. 2335, April 4, 1963,7 PM (Tokyo-Corrected Copy),转引自不破哲三《日米核密約》、147 頁。

② 第 57 回国会衆議院予算委員会会議録、第 2 号、1967 年 12 月 11 日。

③ 第 58 回国会衆議院本会議会議録、第 3 号、1968 年 1 月 30 日。

会谈中,首次明确要求美国提供"核保护伞"。他指出:"尽管中共(中国)进行了核武装,但是日本不准备核武装,要依靠与美国的安全条约,希望美国保证能够始终保护日本。"①1967 年 11 月,佐藤第二次访问美国,再次向约翰逊总统确认了核保护伞。他声称,"日本不具备核能力,因此,希望在美国的核保护伞下保障安全"②。

为了获得美国的核保护伞并保证冲绳顺利归还,1969 年 11 月 19 日,佐藤第三次访美时,还与尼克松总统签署了一份新的"核密约"(即"冲绳核密约")。日方同意在归还冲绳施政权后,美国仍有权向冲绳"运进"核武器。③ 核密约签署两个月后的 1970 年 2 月,日本在《核不扩散条约》上签字,同意不直接或间接接受核武器,不制造、不取得核武器。1971 年 11 月,日本众议院通过"无核三原则"决议,其作为日本核政策的基本内涵,被定位为基本国策。

其次,利用核电技术设施,日本政府研究并制定了保持核武器制造潜力的核政策。

事实证明,佐藤并不相信无核三原则,也非真心想加入《核不扩散条约》,只是将其作为表面招牌,应对国际社会与本国国民的压力而已。进而言之,在日方看来美国的核保护伞也是靠不住的。借原外务省事务次官、驻美大使村田良平的话来说就是,"美国的核保护伞,并没有以明文规定的形式对日做出保证,原本就内容不明、语焉不详"④。因此,自己"生产""制造"核武器,才是日本统治者们一如既往的真实意图和矢志追求的既定目标。在 1965 年 1 月访美时,佐藤荣作曾对美国国务卿腊斯

---

① 《第 1 回ジョンソン大統領・佐藤総理会談要旨》、1965 年 1 月 12 日、外務省外交記録、CD1、01—535—1。

② 《佐藤総理・ジョンソン大統領会談録(第 1 回会談)》、1967 年 11 月 14 日、外務省外交記録、CD1、01—534—1。

③ 全文参见若泉敬《他策ナカリシヲ信ゼムト欲ス——核密約の真実》、文藝春秋、2009 年、448 頁;佐藤荣作去世后,这份密约原件在家中被发现,2009 年末由佐藤荣作次子佐藤信二(原通商产业大臣)公布。参见《核密約文書が現存》、《朝日新聞》朝刊 2009 年 12 月 23 日、1 頁。

④ 村田良平《村田良平回想録》下巻、ミネルヴァ書房、2008 年、315 頁;村田良平《何処へ行くのか、この国は——元駐米大使、若者への遺言》、ミネルヴァ書房、2010 年、216 頁。

克表明:"我个人认为,中国若拥有核武器,日本也应该拥有核武器。但这不符合日本国民的感情,只能在内部小圈子里谈论。"①1968年9月16日,佐藤还在公车内对秘书楠田实表露了"应该进行核武装"的真实想法。② 当然,这种主张并非仅停留于佐藤个人想法的程度,而是通过相关政府机构对利用核电设施进行核武装可行性的多方研究调查,最终形成为日本政府的"内部政策"。

防卫厅方面,1966年国防会议事务局长海原治以防卫厅干部为主成立了"安全保障调查会"。该调查会在对日本的大学和"动力核反应堆·核燃料开发事业团"(简称"动燃")等相关核电设施进行详细调查的基础上,完成了调查报告《日本生产核武器的潜在能力》(1968年)。该报告从"核弹头的生产能力"、"运载手段的生产能力"和"民间喷气式飞机的利用"三个方面,系统地论证了日本生产和运载核武器的能力。报告指出:"只要改变以和平利用为目的而使用的通常核反应堆的运转方式,就可以很容易地制造出钚","从生产军用钚来看……可以用日本原子能发电公司的东海核反应堆","一年至少约可生产20枚核弹。"③曾任防卫厅长官的中曾根,也证实了防卫厅内部曾对日本核武装进行过秘密研究的事实。据中曾根回忆,当时伊藤博文的孙子是防卫厅的技术官僚,1970年前后以他为首成立专家组,研究了日本核武装的可能性,得出的结论是"需要2000亿日元,5年以内可以造出来"④。

内阁方面,1967年夏,在内阁调查室(现内阁情报调查室)调查官志垣民郎的领导下,由上智大学国际政治教授蜡山道雄、东京工业大学核物理学家垣花秀武等人为中心组成研究小组,邀请不同领域专家,对日本核武装问题进行了两年多的秘密研究。该小组先后向政府提交了两

① Memorandum of Record,June 13,1965,NSF,CO,Japan,1/11-14/65 Sato's Visit Memo & Cables,Box253,LBJL.
② 楠田實《楠田實日記》、中央公論新社、2001年、260頁。
③ 安全保障調查会《日本の安全保障——1970年への展望》、朝雲新聞社、1968年、306、309、314頁。
④ 中曽根康弘《自省録——歷史法廷の被告として》、224—225頁。

份内部报告《日本核政策基础研究(一)——创建独立的核武器战斗能力的技术、组织与财政方面的可能性》(1968 年 9 月)和《日本核政策基础研究(二)——独立的核武器战斗能力的战略、外交与政治方面的诸问题》(1970 年 1 月)。报告认为:其一从技术方面看,用东海村的核反应堆可以较容易地制造少量钚核弹,但当前尚无浓缩铀的制造能力,再处理技术设施正在计划建设中,并且导弹的运载和制导技术亦比较落后;其二,核武装"即使可以宣扬国威,满足民族主义情绪,但效果亦不会长久,反而会制造出一些新的、更难的约束条件",特别是得不到国民的普遍支持,亦面临人力资源、组织和财政方面的困难;其三,日本战略腹地狭小,外交上"不仅会引起中国进一步的警惕,还会招致苏联和美国的猜忌","必然陷于孤立"。因此,报告结论是,"鉴于技术、战略、外交、政治上的限制,日本不应该拥有核武器"[①]。

外务省方面,在原日本海军参谋、自民党参议员源田实等政治家的推动下,外务省也就是否实行核武装与加入《核不扩散条约》问题,进行了多方探讨。根据 2010 年 11 月外务省解密的绝密档案,1968 年 11 月 20 日,外务省审议官近藤晋一等人召开"外交政策企划委员会"会议。国际局科学科科长矢田部厚彦提交了一份题为《"核不扩散条约后"日本的安全保障与科学技术》的绝密报告。该报告指出:"随着原子能的和平利用,特别是原子能发电技术的开发,可以说制造核武器的大门已一扇扇地打开。原本重水堆是制造原子弹材料钚的副产品,轻水堆是开发核潜艇的结果,所谓理想的反应堆——高速增殖堆的开发,就要了解钚的性质与临界状态,这与掌握原子弹的秘密近乎同义。"有鉴于此,"在国际政治上,为了对抗中国,拥有发言权,保持核战能力,恐怕不可或缺"[②]。裁军室主任仙石敬则主张:"(日美)安保条约不可能永久持续下去,若没有安保条约,国民感

---

① 《日本の核政策に関する基礎的研究》,参见蝋山道雄《日本核武装論批判の立場から》,《メールマガジン"オルタ"》第 35 号、2006 年 11 月 20 日。
② 矢田部厚彦《"不拡散条約後"の日本の安全保障と科学技術》、1968 年 11 月、外務省 2010 年 11 月 29 日公開外交記録、文書 13、8、18 頁。

情也许会改变,那时国民若说退出《核不扩散条约》,制造核武器,我们就可以造。"国际资料部部长铃木孝也强调:"在高速增殖核反应堆等方面,一边保持立即可以进行核武装的状态,一边推进和平利用,这是没有异议的。"①据矢田部和志垣民郎证实,当时日本原子能发电公司的嵯峨根辽吉副社长和今井隆吉(后出任裁军大使),为外务省、内阁调查室等提供了原子能与核武器方面的技术情报,还为内阁调研、《核不扩散条约》谈判提供了诸多建议,他们都曾参与了东海村核电站一号堆的建设。②

此外,日本 NHK 电视台依据德国外交部、日本外务省绝密档案和原外务省事务次官村田良平、德国原总统府副长官安功·巴尔的证言透露,在日本外交当局的提议下,1969 年 2 月 4—5 日,日德两国曾就《核不扩散条约》问题在日本箱根举行过秘密会谈,试图找出推翻该条约的方法。外务省铃木孝部长在会谈中表示:"日本因为有宪法第 9 条,不能拥有战争力量,所以在和平利用的名义下,掌握了原子能技术,开发了火箭技术,对此谁也不能有异议";而且,"日本和联邦德国应该与美国保持距离,追求更加自立的道路","为了成为超级大国,两国联合协作是重要的。"其中,令巴尔终生难忘的一句话是"假如我们日本某一天认为有必要的话,就会制造核武器"③。

根据 2010 年外务省的解密档案,经过上述多方研究,1969 年 9 月 25 日,外务省"外交政策企划委员会"制定了内部绝密报告《日本的外交政策大纲》。该报告由"日本外交的前提条件"和"当前我国的外交政策"两部分构成,在第二部分"安全保障政策"第 9 项中指出:"关于核武器,不论是否参加 NPT(核不扩散条约),当前采取不拥有核武器的政策;然而,

---

① 国际资料部《第 480 回外交政策企画委员会记录》、1968 年 11 月 20 日、外务省 2010 年 11 月 29 日公开外交記録、文书 13、33、42 页。
② "NHKスペシャル"取材班《"核"を求めた日本——被爆国の知られざる真実》、光文社、2012 年、89 页。
③ 国际资料部调查课《第 1 回日独政策企画協議要録》、1969 年 2 月 6 日、外务省 2010 年 11 月 29 日公开外交記録、文书 1、1 页;「NHKスペシャル」取材班:《"核"を求めた日本——被爆国の知られざる真実》、33、44、54、55 页。

同时要一直保持制造核武器的经济、技术潜力；对此不容掣肘"①。可以说，《日本的外交政策大纲》的出台，才是日本核政策真正正式形成的标志，而非"无核三原则"，亦非"四大核政策"。

再次，在无核三原则等的幌子下，为了切实保持制造核武器的能力，日本政府排除各方阻力，持续推进了核开发的建设计划和技术研发。

在"无核三原则""四大核政策"的表面原则下，佐藤继续向国内外宣扬着"当前不拥有核武器的政策"。1970年2月，佐藤签署《核不扩散条约》，同时发表政府声明。声明指出，"该条约不得妨碍原子能的和平利用"，"不得泄露产业机密，不得妨碍产业活动"，而且还特意强调："日本政府注意到条约第10条规定的'每个缔约国如果断定与本条约主题有关的非常事件已危及其国家最高利益，为行使其国家主权，有权退出本条约'。"②1971年，众议院通过无核三原则决议。因此，佐藤还获得了1974年诺贝尔和平奖。③ 即便如此，直到1976年6月，福田赳夫内阁时日本国会才正式批准《核不扩散条约》，并再次发表政府声明，重申"条约不应妨碍无核武器的缔约国进行和平利用核能的活动"④。

关于"一直保持制造核武器的经济、技术潜力"，正如在外务省长期担任原子能外交工作的原外交官远藤哲也所言，"所谓潜力，光表现在语言上，没有什么意义"⑤。换言之，就是必须要落实在实践中，即如何通过发展核电切实"保持制造核武器的经济、技术能力"才是日本核政策的核

---

① 外交政策企画委员会《わが国の外交政策大綱》，1969年9月25日、外務省2010年11月29日公開外交記録、文書2、67、68頁。
②《核兵器不拡散条約署名の際の日本国政府声明》、1970年2月3日、外務省2010年11月29日公開外交記録、文書14、2、5頁。
③ 2001年挪威诺贝尔奖评委会刊行的《诺贝尔和平奖——追求和平的百年》，严厉地批评了当时的评委会，其认为："评选佐藤荣作获得和平奖，是诺委会犯的最大错误"，据后来美国公布的档案，佐藤本人曾说日本的无核政策是没有意义的空话。"参见《"佐藤元首相の平和賞は疑問"ノーベル賞委員会が記念誌に記述》、《朝日新聞》夕刊2001年9月5日、1頁。
④《核兵器の不拡散に関する条約の批准書の寄託の際の政府声明》（1976年6月8日）、細谷千博・有賀貞・石井修・佐々木卓也編《日米関係資料集1945—97》、東京大学出版会、1999年、954頁。
⑤ "NHKスペシャル"取材班《"核"を求めた日本——被爆国の知られざる真実》、96頁。

心内容。某种程度上说,这实际上等同于做出了"拥有核武器"的选择。如上所述,日本政府的一系列秘密研究报告的技术评价,正是基于对东海村核反应堆的燃料再处理而进行的,即核电站生产出来的钚,需要经过再处理工厂加工提纯,才能达到核武器级别的纯度。该反应堆是从英国最早引进的黑铅减速反应堆,其原本就是英国用来开发研制核武器的。使用该反应堆的东海第一核电站,1965 年 11 月正式并网发电。1966 年,佐藤政府决定从法国引进高速增殖堆的再处理技术。1967 年 4 月,日本原子能委员会制定第三个《原子能研究、开发以及利用的长期计划》,首次正式提出开发高速增殖堆计划。因为轻水堆燃料再处理后得到的钚 239 纯度为 58%,虽可以用来制造核武器,但难以实现量化生产、配备实战,而经过高速增殖堆提取的钚 239 纯度高达 98%,可以用来生产高性能的战术核武器。

在科技厅的隶属下,1967 年 10 月,特殊法人动力堆·核燃料开发事业团成立,负责推进高速增殖堆、新型转换堆以及核燃料再处理的建设开发。1971 年 6 月,动燃在东海村开始建设再处理工厂,1977 年成功提取出钚。1977 年高速增殖实验反应堆"常阳"建成,1978 年新型转换堆"普贤"建成,1983 年高速增殖堆"文殊"开工建设并于 1991 年建成。与此同时,1969 年 10 月,特殊法人"宇宙开发事业团"成立,负责开发导弹的制导技术。1986 年 8 月,使用自主研发制导技术的 H1 火箭发射成功。事实上,日本进行核武装的技术性问题至此已经基本上全部解决。

为了"不容掣肘",日本政府始终强调核开发是出于电力生产和能源政策的需求,从各方面排除来自国内外的障碍或干涉。1967 年 10 月,在《动燃开发事业团法》表决成立之际,自民党、社会党、民社党和公明党四党共同通过附带决议,强调"从推进能源政策、科学技术等观点来看,建设动力堆、核燃料开发以及原子能产业,是极其重要的国家性课题,因此,政府应将其作为重要国策,不受经济变动的左右,长期地、强有力地推进"[1]。20 世纪 60 年代末在东海村建设再处理工厂时,茨城县议会以

---

① 動燃三十年史編集委員会《動燃三十年史》、動燃開発事業団、1998 年、8 頁。

靠近美军水户射击场而难以确保安全为由表示反对,佐藤政府则通过内阁决议,决定搬迁射击场,推进再处理工厂建设。70年代以来,面对在全国各地掀起的反核电站运动以及由此引发的多达20余起的行政或民事诉讼,日本行政与司法当局极力压制,几乎所有的核电诉讼,法院都采纳了政府与电力公司的主张,被批判为"司法的失败"。[1] 同时,政府默认电力公司在核电站选址、运转和增设核反应堆的公开论证会上动员赞成派公开作秀,冒充民意,积极推进核政策,人为掩盖着核电的"军事目的"。

　　向日本提供浓缩铀的美国,很清楚再处理工厂的军事意义,出于防止核扩散的政策,卡特政权根据《日美原子能非军事利用合作协定》介入了日本第一个再处理工程——东海村再处理工厂,反对日方开工提取钚。福田赳夫首相则在国会上明确指出,"恐怕这是在妨碍和平利用……这种核的和平利用,还有当前东海村再处理设施的启动问题,无论如何不能让步"[2]。为此,福田专门成立了由外务大臣、通产大臣和科技厅长官(兼原子能委员长)组成的"核燃料特别对策会议"。1977年3月,福田与卡特举行日美首脑会晤,双方首次以核问题为主题展开会谈。经过日美代表三轮"白热化"的讨价还价,最终达成协议,日本坚持了开始运转再处理工厂的主张,达到有限度利用钚的目的。本次日美谈判,被日方称为"战后日美间首次真正的对决"。[3] 对日本而言,再处理工厂启动运转瞬间,意味着那将是日本真正掌握制造核武器能力的历史时刻。

　　此后,日本在浓缩铀、核燃料再处理和铀矿开发上加快了自主步伐。1979年冈山县浓缩铀实验工厂开始运转,1986年青森县六所村再处理工厂筹建。1987年中曾根利用与美国总统里根的个人特殊关系,修改了日美原子能协定,获得了大量拥有钚的资格。据2011年7月21日《朝日

---

① 海渡雄一『原発訴訟』、岩波書店、2011年、9、220、221頁。
② 第80回国会衆議院予算委員会会議録、第24号、1977年3月17日。
③ 日本原子力産業会議編《原子力は、いま　日本の平和利用30年》(上巻)、中央公論事業出版、1986年、388頁。

新闻》报道,日本国内已经储存着相当于制造 1 250 枚核弹的 10 吨钚,继美、俄、英、法之后,名列世界第五位。① 事实上,日本例外地成为所谓"非核武器国家"中唯一拥有核燃料再处理设施和浓缩铀设施的国家。

　　总而言之,作为世界上唯一遭受核武器轰炸的国家,日本国民有着强烈的反核意识。由二战"敌国"变为战后"盟友"的美国,亦对日本核开发有着一定的警惕感。在这种内外多重环境的制约下,日本核政策是以政府为主导,从发展民用核电入手的,在表面和平利用的名义下,从一开始就带有明确的追求自己生产核武器的军事意图,其被定位在修宪、重整军备的延长线上,是日本保守政治势力在重整军备形势下力主推动的主要"国策"之一。与此同时,日本也以和平利用核能为由,在日美安全体制下私下通过制订"核密约",承认美国"运进"核武,追求着美国的"核保护伞",旨在通过核武器的"自主生产"和"外在保护"两条路线以确保日本的安全。

　　日本核政策的特殊性在于,表面上主张"和平利用三原则"、"无核三原则"与加入《核不扩散条约》,实际上更倚重美国的"核保护伞";进而,表面上主张依靠美国的"核保护伞",实际上从根本上并不相信美国的口头承诺,而是一直在追求着自己的核武器"制造"能力。在内外环境的制约下,这种核武器潜在"制造"能力,正是隐藏在和平利用核电和无核三原则的表象下。因此,二战后的日本核政策,走了一条"民用与军事复合"的特殊道路,成为一个"核电与核武"互为表里的综合性政策体系。某种程度上而言,战后日本已经做出了"拥有"核武器能力的政策选择。

---

① 《平和利用　潜む核武装論》、《朝日新聞》2011 年 7 月 21 日、3 頁。

第十六章　国际核不扩散体制与日本核政策

2017年10月，日本连续第24年向联合国提交并主导通过了所谓"废除核武器决议案"，然而日本却缺席并拒签同年7月联合国通过的《禁止核武器条约》，前后态度迥异，令人费解。继核密约事件、福岛核泄漏事件、美国催讨钚以及日本漏报钚存量等事件之后，日本的做法一次次震惊国际舆论。日本作为世界上唯一遭受原子弹轰炸的国家，作为《不扩散核武器条约》(NPT)的成员国，也作为美国的核保护国，还作为无核国家中拥有核燃料再处理和浓缩铀设施的国家，其核政策动向引起各方广泛关注。

关于日本核政策的研究，国内外学界已积累了不少成果，但仍存在一些不足之处。首先，从文献资料方面来看，先前研究囿于资料限制，未能清楚地阐明日本核政策的特征。日本到底是一个"无核国""弃核国""依核国"，还是"拥核国"？学界存在多种不同看法。大致可将现有研究分为三类：其一是日本"无核"政策的研究。大多认为战后日本和平利用核能，坚持无核三原则，倡导核裁军，奉行了无核化政策。^① 该类研究基本上是从外交军事角度进行探讨的,而将与之紧密相关的核电纳入能源领域,并未指出日本利用核电与追求核武之间的关系。实际上日本的特殊性就在于,核电利用与核武研究表里一体、密不可分,无论忽视哪个方面,都难以说明问题的关键与全貌。其二是日本"依核"政策的研究。有学者研究日本为了依靠美国核保护伞而与之缔结核密约的内幕,指出核密约的制定与常态化的核武"运入",使得无核三原则流于形式。^② 然而,该类研究在阐明日本依赖美国核保护,追求外在保护路线的同时,没有进一步揭示日本表面上主张依靠美国核保护,背后却一直追求着保持核武制造潜力的自主路线。其三是对日本"拥核"动向、核潜力或核战略的研究。一般认为冷战结束后日本核武装论兴起,核武潜力提升,但在可预见时期内日本不会选择"拥核"战略。^③然而,从微观技术与宏观战略层面展开研究的同时,从政策连续性的角度缺乏对日本政界的政策认识以及与核政策密切相关的核能、航天方面法律政策变化的深入探讨。其次,从研究视角方面来看,先行研究对日本与核不扩散体制的关系缺乏系统研究,对日本核政策的影响制约因素的探讨亦存在明显不足。就一国与核不扩散体制关系而言,现有研究多

---

① 浅井基文『非核の日本・無核の世界』、労働旬報社、1996 年;坂本義和編『核と対決する20世紀―核と人間 1』、岩波書店、1999 年;川崎哲『核拡散』、岩波書店、2003 年。Rosemarie Philips, *The United States, Japan, and the Future of Nuclear Weapons*, Brookings Institution Press, 1995. Felicity Rai, *Japan's Non-Nuclear Policy*, Lambert Academic Publishing, 2010. 赵恒:《日本核政策的回顾与展望》,《日本研究》2003 年第 2 期;黄大慧:《论日本的无核化政策》,《国际政治研究》2006 年第 1 期;夏立平:《论日本核政策的走向与影响》,《国际观察》2008 年第 4 期;崔丕:《美日对中国研制核武器的认识与对策(1959—1969)》,《世界历史》2013 年第 2 期等。
② 不破哲三『日米核密約』、新日本出版社、2000 年;若泉敬『他策ナカリシヲ信ゼムト欲ス——核密約の真実』、文藝春秋、2009 年;太田昌克『日米「核密約」の全貌』、筑摩書房、2011 年;Hans M. Kristensen, "Japan Under the US Nuclear Umbrella", Nautilus Working Paper, July 1999.
③ 核開発に反対する会編『増補新版 隠して核武装する日本』、影書房、2013 年;有馬哲夫『原発と原爆』、文藝春秋、2012 年;徐万胜、付征南:《日本核政策动向》,《现代国际关系》2008 年第 4 期;程晓勇:《政治右倾化背景下日本核政策走向评估》,《太平洋学报》2015 年第 7 期;江天娇:《日本的核战略选择:理论与现实》,《当代亚太》2016 年第 2 期等。

侧重于美中等核大国与核不扩散体制的研究,而对日本与核不扩散体制的研究较少,①对日本在不同阶段到底是如何认识或参与"核不扩散条约"体制,以及日本做出了何种政策抉择的研究均显不足。就核政策的影响制约因素而言,已有研究往往强调安全环境、规范效应、外交压力以及国内舆论等因素,然而,归根结底其是在外压下的内在选择,国内政治因素即保守政治家的政治意图才是决定性的内在因素。

本章拟运用日本、美国解密的外交档案、国会记录以及政治家的回忆录等资料,系统地论述在不同阶段日本与核不扩散体制的关系,阐明日本核政策的具体内容,进而指出日本核政策的特征,分析在核不扩散体制下的主要影响制约因素。

一、核不扩散体制与日本核政策的演变

美国学者马克·阿姆斯特茨认为,一个国家对外政策的形成,是一个复杂的动态过程,受到国内外诸多因素的影响。即使是同一个政策,也往往反映出不同层面:(1)反映意图的政策;(2)公开宣布的政策;(3)实际操作的政策。第一个层面反映的是政府的真正利益与目标,第二层面是政府官员精心阐述的政策,第三层面则是政府实际采纳的对外政策。② 其中有的公之于众,有的秘而不宣,在理论上三者应当一致,但实际上往往未必如此,甚至看上去相互之间还存在着一些矛盾。核不扩散体制下日本的核政策,恰好是体现了一国对外政策不同层面的典型

① 譬如姜振飞:《美国约翰逊政府与国际核不扩散体制》,中国社会科学出版社 2008 年;夏立平:《冷战后美国核战略与国际核不扩散体制》,时事出版社 2013 年;李少军:《中国与核不扩散体制》,《世界经济与政治》2001 年第 10 期;高望来:《中国参与核不扩散机制的实践进程分析》,《国际论坛》2012 年第 3 期;李春玲:《国际核不扩散机制与日本的"核武装"问题》,《世界经济与政治论坛》2005 年第 4 期;尹晓亮、文阡箬:《从"潜在拥核"到"现实拥核":日本核政策的两面性与暧昧性——基于日本加入〈核不扩散条约〉的分析》,《外交评论》2016 年第 2 期等。

② Mark R. Amstutz, *International Conflict and Cooperation*: *An Introduction to World Politics*, Boston: McGraw-Hill College, 1999, pp. 177 – 178.

案例。

战后国际核不扩散体制的形成与发展经历了一个较长的过程,而日本对核不扩散的认识与对核不扩散体制的参与,也随着国内外形势变化不断调整,经历了一个从消极认识到初步参与,再到寻求发挥所谓"主导作用"的积极倡议的过程。在这个过程中,日本对核不扩散体制的政策与"无核三原则"国策,共同构成了"无核"政策,无核政策则与依赖美国核保护的"依核"政策以及追求自身核武制造潜力的"拥核"政策三者之间相互影响,相互作用,形成了一个多重复合性的日本核政策。

(一) 消极认识阶段(1952—1970 年)

从 1952 年旧金山体制成立后核研究解禁到 1970 年签署《核不扩散条约》,日本以和平利用核能的名义追求着核武器制造能力,也在同盟体制下寻求美国核保护伞,并未积极反核,对加入核不扩散体制亦态度消极,甚至尝试进行了消极抵制。

1945 年日本投降后,盟军总司令部及远东委员会明令禁止日本进行核领域的研究、开发和利用。① 随着旧金山体制确立,日本核能研究全面解禁。在重新武装路线的指导下,吉田茂政府积极策划在科技厅下设中央科技特别研究所,旨在从事包括核武器在内的武器等研究。② 该计划因遭到专家反对而搁置。随着美国放弃核垄断,主张和平利用原子能,日本借机在"和平利用"名义下积极推进核开发。1955 年 11 月日美两国签署《关于非军事利用原子能的合作协定》,该协定成为日本介入核研究开发的契机。

然而,日本最初并没有引进美国轻水反应堆,而是率先引进了英国黑铅反应堆,旨在通过引进该反应堆而获得核材料钚。美国国务院远东

---

① 連合国最高司令官司令部「指令第三号」,1945 年 9 月 22 日、外務省外交記録 A'0106。原子力開発十年史編委員会編『原子力開発十年史』,日本原子力産業会議、1975 年、12 頁。
② 日本原子力産業会議編『原子力年表(1934—1985)』,中央公論事業出版、1986 年、24 頁。

调查部绝密报告《日本制造核武器的预测》指出："假若日本在不受外国制约条件下能够成功确保核燃料……就可以获得制造核武器的核分裂物质。"①日本之所以最初选择英国核电，一个不可忽视的重要原因在于，美国轻水反应堆制造原子弹用的高质量钚比较困难，而英国黑铅减速反应堆原本就是由军用生产钚的反应堆改良而成，只要调整运行方式，就很容易变成批量生产高品质钚的设备。

在核不扩散体制的形成过程中，对于禁止核试验问题，日本政府起先对核试验表示支持和理解。1954 年比基尼事件曝光，吉田茂内阁仅要求美国对氢弹试验给日本造成的损害进行赔偿，并未要求停止核试验。外相冈崎胜男在国会上也公开为美国辩护，声称："这种实验不仅对美国，对身为其中一员的自由主义国家安全而言，也是必要的。"②50 年代后期，在社会舆论的压力下，日本政府才不得不向美英苏等国传达了希望停止核试验的要求。对于无核区问题，日本同样态度冷淡，特别是反对在亚太地区建立无核区。50 年代末苏联提出"远东与太平洋无核区"建议和中国提出"太平洋无核区"倡议之后，1959 年 2 月首相岸信介在国会上指出："就通过威慑来确保和平的现状而言，仅在亚洲设置此种无核区，仍不太现实。"③对于禁止使用核武器问题，日本基本上态度消极，甚至公开表示过反对。1961 年 10 月第 16 届联合国大会上，对"禁止使用核武器宣言"，日本出人意料地投了赞成票，成为西方国家中唯一的赞成者。这主要是因此前众参两院刚通过"禁止核试验决议"，政府才不得不顾及在野党与社会舆论的压力。然而，日本本次投赞成票是第一次，也是最后一次。从 1962 年开始，日本就对该决议连续投了弃权票。

对于《不扩散核武器条约》问题，日本实际上并不想加入，还尝试进行间接抵制。20 世纪 60 年代，核不扩散成为裁军谈判中的重要议题。在法国、中国相继拥有核武器之后，美国最担心核扩散的是原敌国日本、

① 新原昭治编译『米政府安保外交秘密文書資料・解説』、新日本出版社、1990 年、71 頁。
② 『第 19 回国会衆議院外務委員会会議録』第 33 号、昭和 29 年 4 月 10 日、15 頁。
③ 『第 31 回国会衆議院予算委員会会議録』第 6 号、昭和 34 年 2 月 7 日、17—18 頁。

联邦德国和意大利等国。①1965 年 8 月,当美国提出《不扩散核武器条约》提案后,日方反应冷淡,深表不满。1966 年 2 月,外务省事务次官下田武三在记者招待会上就核不扩散问题表明:"拥核国家不减少本国核武器,只要求无核国家不要拥有核武器的做法不能接受。我们无法赞成这种大国本位的条约。"②同年 11 月,外务省审议官牛场信彦在第五次日美政策协商会上也指出:"加入《不扩散核武器条约》,结果是日本将永远被定格于世界二流国家,实难接受。"③于是,1967 年 4 月,外务省就《核不扩散条约》发表了五点基本主张:日本政府赞成《不扩散核武器条约》的精神;核国家应努力实现核裁军;以联合国决议等形式确保无核国家安全;条约不应妨碍核能的和平利用与研究开发;希望定期(如每五年)召开会议再行审议条约相关问题,承认核国家的特权地位是不恰当的。④

　　在考虑是否加入《不扩散核武器条约》之前,佐藤政府首先想获得美国核保护伞。佐藤于 1965 年和 1967 年两次访美时都向约翰逊总统要求提供核保护伞,并得到了美方口头承诺。⑤ 于是,1967 年 12 月,佐藤在众议院正式提出"不拥有、不制造和不运进"无核三原则。⑥1968 年 1 月,佐藤在施政演说中进一步提出"四大核政策",即坚持无核三原则,促进核裁军,在日美安全体制下依靠美国核遏制力,促进核能和平利用。⑦

---

① Stephan M. Meyer, *The Dynamics of Nuclear Proliferation*, Chicago: The University of Chicago Press, 1984, p. 41.

②「日本の安全保障に核のカサ頼るな　下田外務次官が新見解」、『朝日新聞』1966 年 2 月 18 日。

③ 浅海保『変節と愛国　外交官・牛場信彦の生涯』、文藝春秋、2017 年、169—170 頁。

④ 外務省編『わが外交の近況』第 12 号、昭和 43 年、104—106 頁。

⑤「第 1 回ジョンソン大統領・佐藤総理会談要旨」1965 年 1 月 12 日、外務省外交記録 CD1、01—535—1。「佐藤総理・ジョンソン大統領会談録(第 1 回会談)」1967 年 11 月 14 日、外務省外交記録 CD1、01—534—1。

⑥ 1971 年日本众议院通过"无核三原则"决议,因此,1974 年佐藤还获得了诺贝尔和平奖。然而,2001 年挪威诺贝尔奖评委会刊行的《诺贝尔和平奖——追求和平的百年》,严厉地批评了当时的评委会,其认为:"评选佐藤荣为和平奖,是诺委会犯的最大错误","佐藤在越战中全面支持美国的政策,日本作为美军补给基地发挥了重要作用。而且据后来美国公布的档案,佐藤本人曾说日本的无核政策是没有意义的空话。"『朝日新聞』2001 年 9 月 5 日。

⑦『第 58 回国会衆議院本会議会議録』第 3 号、昭和 43 年 1 月 30 日、37 頁。

四大核政策涵盖了日本政府公开场合下的基本立场,标志着日本核政策的正式形成。

1968 年 7 月《核不扩散条约》在美英苏三国首都开放签署,日本并未签字。实际上日本并不相信《不扩散核武器条约》,还在背后积极寻求抵制《不扩散核武器条约》的途径。据日本外务省、德国外交部的绝密档案,在外务省提议下,1969 年 2 月,日德两国就《不扩散核武器条约》问题在日本箱根举行过秘密会谈。日本希望德国协助,商讨推翻该条约的方法,追求拥核机会。外务省国际资料部部长铃木孝在会谈中表示:"日本因宪法第 9 条,不能拥有战争力量,所以研究了和平利用核能,开发了火箭技术,对此谁也难有异议。结果,何时若有必要,就可将核能与火箭结合起来,很快造出核武器","即使国际上进行严密监视,日本也可以提取制造核弹头的基础材料",而且,"日本和联邦德国应与美国保持距离,追求更加自立的道路。"① 然而,德国并未支持日本,翌年德国总理府副长官巴尔忠告外务省国际资料部调查课长村田良平:"日本与德国不可能获得(免除《不扩散核武器条约》的)特别待遇。"②

日本在研究是否加入《不扩散核武器条约》与追求核保护伞的同时,从 1966 年到 1970 年期间,内阁、防卫厅、外务省等机构对利用核电设施进行核武装的可行性进行了多方调查研究,结论基本上都认为当时日本不适合发展核武器。③ 然而,根据外务省解密档案,1969 年 9 月 25 日,外务省外交政策企划委员会制定了绝密报告《日本外交政策大纲》。该大纲指出:"关于核武器,不论是否参加 NPT(《不扩散核武器条约》),当前采取不拥有核武器的政策;同时,要一直保持制造核武器的经济、技术

---

① 国际资料部调查课「第 1 回日独政策企画協議要録」1969 年 2 月 6 日、外務省 2010 年 11 月 29 日公開外交記録、文書 1、1 頁;「NHKスペシャル」取材班『"核"を求めた日本——被爆国の知られざる真実』、光文社、2012 年、55、36、54 頁。
② 「NHKスペシャル」取材班『"核"を求めた日本——被爆国の知られざる真実』、44 頁。
③ 详见乔林生:《战后日本核政策再探讨》,《国际政治研究》2014 年第 6 期。

潜力;对此不容掣肘。"①可以说,这才是日本核政策的真实内涵,标志着日本"潜在拥核"路线的正式确立。于是,直到《不扩散核武器条约》生效前一个月的 1970 年 2 月,首相佐藤才签署该条约。

(二) 初步参与阶段(1970—1995 年)

从 1970 年日本签署《不扩散核武器条约》到 20 世纪 90 年代初冷战体制解体,日本对核不扩散体制的参与表面上变得有所积极,但政策多停留于外交口号,比起呼吁核裁军,倒是进一步明确追求着美国核保护伞,并切实加强了自身研制核武器的潜力。

佐藤 1970 年签署《不扩散核武器条约》之后,国会却迟迟没有批准,原因有自民党内部意见不一的因素,也有美国总统尼克松想利用日本批准条约问题来牵制中国的因素。② 然而,不可忽视的一个重要原因是,日本在利用核能问题上想获得自我核查的权力。事实上,经过日本政府与国际原子能机构(IAEA)的反复谈判,1975 年 2 月,日本与 IAEA 签署协定,获得了与欧洲原子能共同体同等的自我核查特权,翌年 6 月,日本国会正式批准《不扩散核武器条约》。

加入《不扩散核武器条约》体制后,日本在多边场合公开倡导核不扩散与核裁军。1978 年 5 月,外相园田直在首届联合国裁军特别大会上重申无核三原则,就核裁军问题阐述了日方基本主张:(1) 停止核军备竞赛,希望美苏就削减战略核武器早日达成协议;(2) 强化核不扩散体制,推进和平利用与核不扩散;(3) 在适当具备条件的地区设置无核区;(4) 希望就全面禁止核试验条约早日达成协议,也呼吁中国、法国参加全面禁止核试验谈判。③ 1982 年 6 月,首相铃木善幸出席第二届联合国裁军特别大会,提出裁军"和平三原则"与六大建议。和平三原则即加强信

---

① 外交政策企画委员会「わが国の外交政策大綱」1969 年 9 月 25 日、外務省 2010 年 11 月 29 日公開外交記録、文書 2、67、68 頁。
② 石井修等监修「アメリカ合衆国对日政策文書集成」第 18 期第 1 卷、柏書房、2006 年、11 頁。
③ 外務省编「わが外交の近況」第 23 号、昭和 54 年、329—31 頁。

赖以推进核裁军,消除社会不稳与贫困,强化联合国维和功能。六大建议即优先实现核裁军;反对核试验,呼吁各国加入部分核禁试条约,缔结全面禁止核试验条约;希望未参加国早日加入《不扩散核武器条约》,努力设置无核区;促进核能和平利用;禁止大规模杀伤性化学武器;与核裁军一起推进常规武器裁军。①

然而,日本政府对"禁止使用核武器协议"依旧态度消极。多次弃权之后,在1980年第35届联大与1981年第36届联大上,日本甚至投了反对票。对于设置无核区问题,日本虽表示一般性支持,但仍认为"如今东北亚地区仍不具备设置无核区的条件"。② 并且,对于苏联等国1978年向第33届联大提出的"不再新配备核武器决议",日本追随美国投了反对票。1982年中曾根上台后,对于美苏中导谈判,日本以所谓西方一员的立场,反对苏联在远东增设核导弹,却支持美国在欧洲部署中程导弹。1986年9月中曾根内阁表明参加里根提出的"星球大战计划"。日本在倡导核不扩散的同时,却积极支持美国的核扩军。

尤其是在《不扩散核武器条约》延期问题上,日本实际上反对无限期延长,并不甘心永远处于无核国家地位。1993年7月在东京召开的西方七国首脑会议上,尽管美国等要求各国支持《不扩散核武器条约》无限期延长,但只有日本不同意,最终在联合发布的《东京宣言》中没有达成一致意见。首相宫泽喜一坚持认为:"NPT的重要性已充分认识,但无限期延长,从理论上说是可笑的。可以延长相当长时期,例如15年或20年如何?"③然而,面对冷战后国际安全局势趋缓以及国内外舆论的压力,为了维持所谓"爱好和平"的国家形象,日本政府不得不迅速改变态度,表示支持《不扩散核武器条约》无限期延长。

这一时期日本也从双边关系角度欲进一步确保美国核保护伞。1968年佐藤在国会上首次表明依靠美国核保护伞之后,1976年10月,

① 外务省编『外交青书』第27号、昭和58年、400—402页。
② 『第84回国会众议院外务委员会会议录』第22号、昭和53年6月2日、3页。
③ 金子熊夫『日本の核・アジアの核』、朝日新闻社、1997年、41页。

日本制定《防卫计划大纲》，明确提出"对于核武器威胁，依靠美国核威慑力"的防卫方针。① 同年7月，即日本批准加入《不扩散核武器条约》后的翌月，日美安全协议委员会设置防卫合作小委员会，经过两年多协商，1978年11月出台《日美防卫合作指针》。该指针指出："美国保持核威慑力的同时，前沿部署快速反应部队，并保持其他增援部队。"②日本希望通过强化日美安全合作机制，来获得核保护伞。

日本在推进核电利用的同时，又进行了两次核武装问题研究，并切实加强了研制核武器的潜力。1981年7月，日本防卫厅下属的防卫研修所（现防卫研究所）从技术层面对日本核武装的可能性进行了第二次研究。最终完成的《核武器装备问题报告》认为，日本单纯制造核武器是可能的，但核武器运输上需要美国援助，而且工业及其技术基础设施将不堪重负，难以形成有效的对抗手段。③ 第三次核武装研究是在20世纪90年代中期。在防卫厅（现防卫省）事务次官的指示下，由防卫厅文职人员与武官组成的小组从军事战略角度进行了秘密研究，于1995年1月完成报告《关于大规模杀伤性武器的扩散问题》。该报告认为日本独自发展核武装绝非上策，其一有可能导致核不扩散体制崩溃；其二将被视为是对《日美安全条约》的不信任；其三将引起国内政治混乱，承担巨大的政治、经济成本。④

在"潜在拥核"思想的指导下，1967年日本政府制定了第三个《原子能研究、开发及利用的长期计划》，成立了特殊法人动力堆·核燃料开发事业团，负责高速增殖堆、新型转换堆与乏燃料后处理的建设开发。1977年东海村后处理工厂成功运转，同年高速增殖实验堆"常阳"建成，1978年新型转换堆"普贤"建成，1979年冈山浓缩铀实验工厂开工运转，1983年高速增殖堆"文殊"开建，1986年自主研发的H1火箭发射成功，

① 鹿島平和研究所編『日本外交主要文書・年表　第3巻』、原書房、1985年、871頁。
② 細谷千博等編『日米関係資料集1945—97』、東京大学出版会、1999年、965頁。
③ 内藤酬「80年代核武装研究から現在の核保有論を問う」、『軍縮地球市民』2007年8号。
④ 太田昌克『日本はなぜ核を手放せないのか——非核の死角』、岩波書店、2015年、162頁。

1993 年青森县六所村后处理工厂开工建设。美国总统特使沃尔特·蒙代尔曾对首相福田赳夫直言:"可以生产武器级核材料的乏燃料再处理设施,按说就是核弹工厂。"①这也是为什么 1977 年卡特总统临时叫停即将运转的日本东海村再处理工厂的原因。双方经过一场被称为"原子能战争"的谈判后,②美国最终同意日本有限度地利用钚。1987 年中曾根还推动修改了《日美原子能协定》,在美国的认可下,日本作为唯一的非核武国家,获得了提取钚和浓缩铀的权利。可以说到 20 世纪 80 年代中后期,日本生产与运载核武器的技术性课题已基本解决。

(三) 积极倡议阶段(1995 年—　)

从 20 世纪 90 年代中期《不扩散核武器条约》无限期延长后,日本在多边领域利用《不扩散核武器条约》体制,宣传核不扩散政策,推动核裁军,积极寻求发挥所谓"主导作用",也在日美同盟体制下不断谋求强化核保护伞,特别是在核能利用上继续完善技术体系,并从舆论上为核武装论脱敏,从法律上为将来可能的核武装松绑。

冷战体制结束以来,日本全面参与并利用核不扩散体制,倡导核不扩散,意欲推动核裁军。1995 年 4 月,外相河野洋平在《不扩散核武器条约》再审议及延长大会上表示,日本决心不再使用核武器,放弃一切核武装的可能性,坚持无核三原则,也支持《不扩散核武器条约》无限期延长。③ 1996 年 9 月,首相桥本作为无核国家第一个签署了《全面禁止核试验条约》(CTBT)。1999 年 12 月,日本签署了《IAEA 附加议定书》。2015 年 5 月,岸田在《不扩散核武器条约》审议大会上强调:所有核武国

---

① Department of State, Memorandum of Conversation, "MinisterFukuda Conversation II", Feb. 1, 1977, Vice President Mondale - Prime Presidential Papers of Jimmy Carter, National Security Affairs Staff Material - Far East, ArmacostChron File, Box. 6 NLJC.

② 日本原子力産業会議編『原子力は、いま　 日本の平和利用 30 年』(上巻)、中央公論事業出版、1986 年、388 頁。

③ 外務省編『外交青書 第 Ⅰ 部』第 39 号、1996 年、188 頁。

家都应削减核武器;也应解决地区核扩散问题。①

　　日本也通过主办(或承办)国际会议、倡议筹建国际组织,在核军控与核裁军领域寻求发挥所谓"主导作用"。1998 年 5 月在印巴核试验之后,首相桥本倡导举办了四次"东京论坛",并向联合国提交了"关于核不扩散与核裁军东京论坛报告"。从 2003 年起,日本又倡议在东京每年召开一届"亚洲核不扩散会议"(ASTOP),讨论加强核不扩散体制问题。从 1989 年以来,日本各城市还每年承办"联合国裁军会议"。此外,2010年 9 月,在日本与澳大利亚的倡议和推动下,十个无核国家组建了国际组织"核裁军与核不扩散倡议(NPDI)",旨在讨论并强化《不扩散核武器条约》体制的可行性方案。2014 年 4 月,该会议首次在广岛举办,岸田表示愿意在核不扩散运动中发挥领导作用,特别是在日本主导下推出的《广岛宣言》中,除对美俄的新《削减战略核武器条约》表示欢迎之外,还要求中国等也应参加核裁军谈判。②

　　日本还通过向联合国提交"废核决议"来扩大国际影响力。从 1994年起日本每年都会向联合国大会提交一份废除核武器决议。2015 年 11月,日本再次向联大提交废核决议,首次加入鼓励访问核爆地的内容。该决议虽获得通过,但未获得五大拥核国的赞成,美英法等 16 个国家投了弃权票,中俄朝等国投了反对票。颇出人意料的是日本因斡旋美国不成,最终自己竟然也投了弃权票。然而,对于由奥地利等国提出的《禁止核武器条约》谈判,高调主张废除核武器的日本,却一直态度冷淡,继2015 年投出弃权票之后,2016 年投了反对票,反对启动制定《禁止核武器条约》的多边谈判,最终 2017 年日本未参加谈判,也未签署加入该条约。

　　冷战结束后日本通过强化日美同盟,力求确保美国核保护伞。日美1997 年同盟"再定义"后,制定了新《防卫合作指针》。该指针指出:日本

---

① 外務省軍縮不拡散・科学部編『日本の軍縮・不拡散外交』第 7 版、平成 28 年、244—245 頁。
② 外務省軍縮不拡散・科学部編『日本の軍縮・不拡散外交』第 7 版、254 頁。

的所有行动遵照专守防卫、无核三原则等基本方针进行,美国为履行承诺,将在保持核威慑的同时,维持在亚太地区的前沿兵力部署。① 从2010年起,日美就延伸威慑定期举行协商,2010年与2013年日本《防卫计划大纲》、2013年《国家安全战略》均强调核武器威胁,"以核威慑为中心的美国延伸威慑不可或缺,为维持并强化这种信赖性,要与美国紧密合作"②。安倍再次上台后,进一步强化日美同盟,实现了日美同盟在亚太及全球范围内的战略对接。2015年4月,新制定的《日美防卫合作指针》重申"美国继续通过包含其核武器战斗力在内的所有能力,为日本提供延伸威慑"③。2017年2月,日美首脑会谈后发表共同声明指出:"美国使用核武器和常规武器等所有武力在内的军事力量来保护日本的承诺没有动摇。"同年8月,日美举行安全磋商"2+2"会议(SCC),再次确认了美国对日提供核保护伞的承诺。④

新时期日本在坚持利用核电的同时,继续推进核技术开发与核材料储备。为了构建核燃料循环体系,1993年日本在青森县六所村开建后处理工厂,最初预计1997年完工,然而出于技术故障和安全防护等原因,项目居然延期24次,推迟到2021年才完工。该厂建成后,将达到800吨的年处理能力,可提取高浓缩核原料4吨、武器级钚9吨。根据历年日本政府原子能委员会发布的有关报告,日本的钚持有量1993年为10 844千克,此后不断上升,2014年持有量达到47 809千克(约48吨)。⑤ 另据2011年《朝日新闻》报道,日本国内已经储存着相当于制造1 250枚核弹的10吨钚,继美、俄、英、法之后,名列世界第五。⑥ 1991年建成的高速

① 外務省編『外交青書』第41号、1998年、316頁。
② 防衛省編『防衛白書』平成27年版、2015年、331、337頁。
③ 防衛省編『防衛白書』平成27年版、349頁。
④ 外務省「共同声明」2017年2月10日、http://www.mofa.go.jp/mofaj/files/000227766.pdf。「日米安全保障協議委員会共同発表」平成29年8月17日、http://www.mofa.go.jp/mofaj/na/st/page4_003204.html[2018—04—18]。
⑤ 核情報「日本のプルトニウム保有量」、http://www.kakujoho.net/ndata/pu_jp.html[2018—04—10]。
⑥「平和利用　潜む核武装論」、『朝日新聞』2011年7月21日。

增殖堆"文殊"因技术事故等,于 2016 年宣布废堆,但日本政府依然维持核燃料循环政策,并在 2021 年前重启停运多年的高速增殖堆"常阳"。

日本政界也打破原来核武装的讨论禁区,误导社会舆论,为敏感的核武装言论"脱敏",甚至出现了推动实现核武装的政治势力。1999 年时任防卫厅政务次官西村真悟公开撰文指出,日本国会应讨论核武装问题。进入 21 世纪后,麻生太郎、石原慎太郎等政客在不同场合多次发表了应拥有核武器或应研究核武器的言论,产生了恶劣影响,国会中支持核武装的议员逐渐增加。据《每日新闻》调查,2007 年在职的 305 名自民党众议员中有 75 人(25%),85 名参议员中有 15 人(18%),认为应研究核武装。① 1995 年成立的右翼政党"新风",在政纲中公开主张放弃无核三原则,实行核武装。其候选人至今虽未获得国会议席,但在参议院选举区选举中的得票却迅速增加,由 1998 年的 42 904 张,增至 2013 年的 157 972 张(0.3%),十多年间将近翻了两番。标榜全国政党的右翼政党"幸福实现党",则鼓吹发展核潜艇,号召改变无核三原则,在 2009 年众议院大选和 2016 年参议院选举(选举区)中分别获得了约 107 万和 96 万张选票,②这些动向不能不引起各方警惕。

尤其是日本政府积极地通过解释宪法,推动修改宪法及相关法律,为核武装的政策选项铺路搭桥。在关于拥有核武器的宪法解释上,日本政府坚持"拥核"不违宪的立场。2002 年时任内阁官房副长官的安倍继承外祖父岸信介的立场,宣称日本宪法允许拥有最小限度自卫所需的核武器。2006 年日本内阁通过的答辩书亦称:"宪法第九条并未禁止我国拥有自卫所需最小限度的实力,即使是核武器,只要在此限度内,那么拥有它也未必在《宪法》禁止之列。"③日本政府在"3·11 核灾难"之后,时

---

① 核開発に反対する会編『隠して核武装する日本』,影書房、2007 年、8 頁。
② 総務省自治行政局選挙部「第 23 回参議院議員通常選挙結果調」、「第 24 回参議院議員通常選挙結果調」、「第 45 回衆議院議員総選挙・最高裁判所裁判官国民審査結果調」、http://www.soumu.go.jp/senkyo/senkyo_s/data/[2018—04—18]。
③「衆議院議員鈴木宗男君提出核保有をめぐる政府の憲法解釈に関する質問に対する答弁書」、内閣衆質 165 第 137 号、平成 18 年 11 月 14 日。

隔34年于2012年6月修改了《原子能基本法》,新增了"核能应为国家安全做贡献"的条款,为核能用于军事开辟了道路。

二、核不扩散体制下日本核政策的特征

纵观战后半个多世纪国际核不扩散体制下日本核政策的发展与演变过程,相比其他有核或无核国家,可以发现日本核政策具有两个明显特征,即结构上的多重性与内容上的矛盾性。

(一)多重性结构

多重性结构是指日本核政策是由一个表层的无核政策、中间层的依赖美国核保护伞与内层的保持核武器制造潜力组成的三重复合体。

首先,日本核政策的表层无核政策,对内表现为无核三原则,对外表现为《不扩散核武器条约》体制下的核不扩散政策。根据马克·阿姆斯特茨的观点,这个层面的政策是国家公开宣布的政策,也是政府官员精心阐述的政策。无核三原则,1967年12月由首相佐藤在众议院公开提出,1971年11月在众议院获得通过,被定位为"基本国策"。此后日本历届政府基本上沿袭了无核三原则,无论在联合国大会等重要国际场合,还是在国会施政演说中都反复提及,而且在每个《防卫计划大纲》中都有记述。日本的核不扩散政策,涵盖核裁军、核不扩散与和平利用核能三大支柱,是无核三原则与四大核政策的对外延伸,是通过加入《核不扩散条约》面向国际社会承诺的约定,也是日本无核政策在国际上的主要体现。日本在1976年批准加入核不扩散体制后,从双边会谈到多边舞台,一直主张推进核裁军,宣传核不扩散政策,强调和平利用核能的权利。日本高举"无核"旗帜,公开宣传核不扩散政策,扩大着国际影响力。基于其是世界上唯一遭受核爆国家的事实,无核政策成为日本核政策的代表性口号与招牌政策,是日本表面看得见的一张面孔。

其次,日本核政策的中间层是依赖美国核保护伞。基于马克·阿姆

斯特茨的观点,该层面政策可以理解为是政府实际采纳、操作的政策。在在野党势力反对安保与日本国民反核的氛围下,日本政府何时决定依靠美国核保护伞的政策,难以确定一个明确时间。至少从 20 世纪 50 年代到 60 年代中期,政府官方文件没有明确记载,政府首脑也没有在公开场合表明,但实际上无论在 1957 年首相岸信介与美国驻日大使麦克阿瑟二世的会谈中也好,还是在 1959 年防卫厅长官伊能繁次郎在参议院的答辩也好,都暗示期待美国核保护伞。[①] 如前所述,到 1965 年、1967 年首相佐藤在访美时得到约翰逊总统的口头承诺之后,才于 1968 年 1 月在国会演说中将其作为四大核政策之一,首次公开表明在日美安全体制下依靠美国核威慑力。1972 年 10 月日本内阁在《第四次防卫整备五年计划决定之际的形势判断及防卫构想》中,以内阁决议形式首次记载了依赖美国核威慑的政策。[②] 1976 年《防卫计划大纲》与 1978 年《日美防卫合作指针》,也均表明依赖美国核保护伞的政策。此后,新出台的《防卫计划大纲》、《日美防卫合作指针》以及《国家安全战略》都沿袭了该政策。依赖美国核保护伞政策,大多数情况下是日本政府对日本普通民众与美国说的,然而又因日本国内存在一些反对该政策的势力,故不宜多说,进而出于"自立自尊",对美国不宜也不愿多说,因此依赖核保护伞政策是日本一副若隐若现的面孔。

最后,日本核政策的最内层是保持核武器制造潜力。根据马克·阿姆斯特茨的观点,这个层面的政策是反映意图的政策,反映的是政府的真正利益与目标。保持核武器制造潜力的政策,是政府秘而不宣的政策。根据 2011 年 10 月日本外务省公布的解密档案,可以认为 1969 年 9 月外务省外交政策企划委员会制定的绝密报告《日本外交政策大纲》,标志着保持核潜力政策的正式确立。日本唯一一次透露出有关政策的真正目标,是 1954 年 3 月改进党议员小山仓之助在众议院大会上的"原子

---

① Letter, MacArthur to Dulles, May 25,1957, FRUS 1955—1957, Vol. 23, Part 1 Japan, 1991, p. 328.『第 31 回国会参議院予算委員会会議録』第九号、昭和 34 年 3 月 12 日、18 頁。
② 塩田庄兵衛等編『戦後史資料集』、新日本出版社、1984 年、649 頁。

能预算"发言。实际上,从 20 世纪 50 年代岸信介的"核武合宪论"到 2012 年日本政府修改《原子能基本法》,从 50 年代后期率先引进原为英国军用的黑铅减速反应堆、确立核燃料循环体制的方针,到 60 年代提出开发高速增殖堆、乏燃料再处理计划,到 90 年代大量囤积敏感核材料钚,再到福岛核事故之后依然坚持开发快堆、续建再处理工厂,种种行为无不在为日本暗自推行潜在拥核政策做出注脚。保持核武器制造潜力的政策是日本一副隐藏的面孔。

(二) 矛盾性内容

所谓矛盾性内容,是指日本核政策中的多边核不扩散体制下的"无核"(或脱核、废核)政策、双边同盟体制下依赖美国核保护伞的"依核"政策与日本独自追求的保持核武器制造潜力的"拥核"政策之间相互存在着多重矛盾。

首先,多边核不扩散体制下日本的无核政策与双边同盟下的核保护伞政策明显存在着矛盾。日本提倡无核三原则,然而却通过结盟方式,依赖美国核保护伞,等于变相"拥有"核武器。特别是为了追求美国核保护伞,1969 年 12 月佐藤第三次访美时与尼克松签署"冲绳核密约",同意美国可以向冲绳运进核武器,使用冲绳的核武基地,[①]实际上是亲手破坏了无核三原则中"不运进"原则,使无核三原则流于形式。而且,日本多年来倡导并每年提出"废除核武器决议",却不赞成《禁止核武器条约》;赞成设置无核区,却对"亚太无核区""东北亚无核区"态度消极,甚至表示反对,都是考虑不要影响到美国为其提供核保护伞。核裁军是《不扩散核武器条约》的第一大支柱,日本同样出于核保护伞的考虑,冷战期间主张核裁军,却支持美国核扩军,冷战后倡导核裁军,却没有积极要求占全世界核弹头拥有量近一半的核大国美国削减核武器,反而将矛头指向

---

① 若泉敬『他策ナカリシヲ信ゼムト欲ス──核密約の真実』、文藝春秋、2009 年新装版、448 頁。

了仅占核弹头总量约 2.6％的中国，[①]令人匪夷所思。

其次，多边核不扩散体制下日本的无核政策与独自保持核武器制造潜力的政策存在着严重矛盾。日本高调主张的无核三原则的核心就是"不制造"核武器原则，然而在保持制造核武器潜力政策的指导下，日本不仅掌握了浓缩铀与再处理钚的核武器制造技术，还发展了航天火箭运载技术，囤积了大量敏感核材料钚，实际上等于变相实现了"制造"核武器的目的。日本外务省某位干部则将通常用来称呼《不扩散核武器条约》承认的五个核大国的略称"N5"，加上了日本，称之为"N6"，[②]从中可以看出"非核武国家"日本的特殊地位，也流露出日本的真正心思。核不扩散是《不扩散核武器条约》的第二大支柱，日本近些年来不仅积极宣传核不扩散政策，而且客观上也为世界核不扩散活动投入了一定的人力、物力与财力的支持，然而，殊不知日本自身积极推进核武器制造潜力的政策，本身就属于"横向核扩散"，是与核不扩散体制的精神背道而驰的。和平利用核能是《不扩散核武器条约》的第三大支柱，也是《原子能基本法》规定的基本原则，然而日本投入巨资，推进高速增殖堆与再处理工厂建设，坚持核燃料循环体制以维持核武器制造潜力的政策，一定程度上说已经违反了国内法与国际法的规定。

再次，日本依赖美国核保护伞政策与独自保持核武器制造潜力的政策之间存在不可调和的矛盾。从根本上说，日本依赖美国核保护伞的前提是自己不发展核武器，不进行核武装，在日美同盟基础上，依靠美国的延伸威慑；而研发核武器，追求核武装的行动，就是不相信美国核保护，也是对日美同盟的否定，甚至会威胁到美国的安全。事实上，在日方看来，美国核保护伞也是靠不住的。借原外务省事务次官、驻美大使村田良平的遗言来说，那就是"美国核保护伞，并没有以明文规定的形式对日

---

① 防衛省編『防衛白書』平成 27 年版、日経印刷、2015 年、314 頁。
② 太田昌克『『核の今』がわかる本』、講談社、2011 年、59 頁。

做出保证,原本就内容不明、语焉不详"①。原外务省国际资料部科学课课长矢田部厚彦在"3·11核灾难"之后接受NHK记者采访时也表示,当时外务省同事们的共识是,保持核武装的选择,在日本防卫、外交上是必要的,"看老天爷的情况,也许会变天,天是会变的。因此,不就是'拿把折叠伞'吗?"②有鉴于此,2015年美国总统奥巴马才利用安倍访美与二战结束70周年的机会,促使日本同意从高速核反应堆临界实验装置中拆除全部高浓铀以及钚燃料,且双方再次确认遵守对《不扩散核武器条约》的承诺,追求无核世界的和平与安全。③ 在《日美原子能协定》自动延期之际,2018年6月特朗普政府的美国国家安全委员会也公开要求日本政府削减钚存量,设置钚存量的上限,妥善利用和管理钚。④

三、核不扩散体制下日本核政策的影响因素

作为世界上唯一曾遭受核武器轰炸的国家,面对核不扩散体制,日本为什么选择了一个集"无核"、"依核"与"拥核"三个矛盾因素于一体的核政策?学界以往研究一国核政策时,通常强调安全环境、外交压力、制度规范和国内政治四个方面中的一个或多个因素,那么具体到日本核政策,究竟哪些因素在政策形成过程中发挥了主要作用呢? 应该说日本核政策是外压下的内在选择,即外在压力主要来自盟国美国,而内在决定性因素则是日本国内的保守派执政者。

---

① 村田良平『何処へ行くのか、この国は——元駐米大使、若者への遺言』、ミネルヴァ書房、2010年、216頁。
② NHK·ETV特集取材班『原発メルトダウンへの道 原子力政策研究会100時間の証言』、新潮社、2013年、331—332頁。
③ 外務省「より繁栄し安定した世界のための日米協力に関するファクトシート」、平成27年4月28日、http://www.mofa.go.jp/mofaj/na/na1/us/page3_001206.html. 外務省「核兵器不拡散条約(NPT)に関する日米共同声明」、平成27年4月28日、http://www.mofa.go.jp/mofaj/na/na1/us/page3_001205.html〔2018—04—18〕。
④「米、プルトニウム削減要求 日本に核不拡散で懸念」、『日本経済新聞』2018年6月10日。

（一）国际上美国的制约

回顾日本核政策的发展历程会发现，日本政府之所以选择放弃核武装，加入《核不扩散条约》，主要压力无疑来自盟国美国。鉴于日本有政治家主张核武装的动向，1961年11月，在箱根第一次日美贸易经济共同委员会上，国务卿腊斯克以强硬口吻回应首相池田，"美国反对核武器的扩散"①。1965年1月，总统约翰逊也对首相佐藤明确表明"不希望再增加拥核国"，不同意日本独自拥核。② 1968年《核不扩散条约》开放签署后，日本依旧态度暧昧。1969年6月，与国务卿罗杰斯一同出席日美会谈的军备控制和裁军署署长史密斯向日本外相爱知揆一指出，期待日本早日签署《不扩散核武器条约》。③ 同年7月，罗杰斯在与佐藤会谈时再次提出日本加入《不扩散核武器条约》问题，并转达了尼克松的立场："总统认为，不论对哪个国家，都要避免给人留下是迫于压力而签署条约的印象。"美方的弦外之音是希望日本主动加入，不要让美国逼着就范。佐藤则在表示担心苏联威胁的同时，原则上不反对《不扩散核武器条约》。④ 曾任首届外务省原子能课长的金子熊夫感慨道：社会上根本不知道，从1969到1970年日本在研究是否签署《不扩散核武器条约》期间，美国对日不时提出要停止供应浓缩铀，施加了无形压力。⑤ 因此，在"美主日从"的安全体制与核能合作框架下，日本自主选择的空间有限。

核保护伞也是美国在反对日本拥核、让其加入《不扩散核武器条约》的条件下拟定的政策选项。1952年日美安全体制确立后，尽管美国在日本建立了核基地并常态化向日本运入核武器，但核保护伞本身内容暧

---

① Memorandum of Conversation（No.3, 1961）FRUS, 1961—1963, Vol. 22, p. 711.

② Memcon, Sato, Shiina and Johnson, Rusk, January 12, 1965, NSF, CO, Japan, 1/11—14/65 Sato's Visit Memo & Cables, Box253, LBJL.

③ Memo, Aichi and Rogers, June 4, 1969, DEF 186/1/69, Box 1724, CF, RG59, NA.

④「佐藤総理とロジャーズ国務長官との会談要旨」昭和44年7月31日、外務省外交史料館、開示文書2001—529。

⑤ 金子熊夫『日本の核・アジアの核』、朝日新聞社、1997年、55頁。

昧。对于有自主拥核意愿且不愿加入《不扩散核武器条约》的日本,也认为日美安全体制并不等同于核保护伞。① 根据美国解密档案,在中国原子弹实验成功之后的 1964 年 12 月 29 日,佐藤在与美国驻日大使赖肖尔单独会谈时透露出拥核的想法后,赖肖尔立即向国务卿腊斯克拍发加急电报,明确表明:"为了不向危险方向(例如日本独自'拥核'的想法)发展,比起池田而言,美国有必要对佐藤进行指导和教育。"②于是,1965 年1 月腊斯克在日美首脑会谈文件中明确建议:"不应该研究日本独自拥核","要坚持日本可信赖的美国核威慑力。"③1965 年 6 月,以汤普森大使为首的"核武器能力委员会"日本小委员会制订了一份对日核不扩散政策的报告。该报告的首要目标就是"维持日本对其基本安全措施的美国核威慑力的信赖,永久性地持续并强化日本不制造核武器的决心",主要方针是"让日本参加世界规模的核不扩散。"④历任约翰逊、尼克松、克林顿等政府安全问题高官的莫顿·霍尔珀林曾表示:"若无美国的压力,日本或许就拥有核武器了。"⑤

(二) 国内舆论与在野党的压力

日本无核政策的出台,并非政府决策者的真实意愿,可以说是在国内舆论与在野党的压力下产生的。佐藤本人也不相信无核三原则,1969年 1 月佐藤在与美国驻日大使约翰逊会谈时亲口表明:"无核三原则是

---

① 例如 1966 年 4 月 18 日,外务省事务次官下田武三在记者招待会上曾强调,"安全条约即'核保护伞'的想法是错误的,两者不是浑然一体、密不可分的"。「核不拡散条約できても日米安保は必要」、『朝日新聞』1966 年 4 月 19 日。
② "Background Paper on Factors Which Could Influence National Decisions Concerning Acquisition of Nuclear Weapons"; Background Paper for Visit of Prime Minister Sato January 11—14, 1965, "Japan's Security Situation," January 7, 1965, NSA, No. 423.
③ 加瀬みき『大統領宛 日本国首相の極秘ファイル』、毎日新聞社、1999 年、32、35 頁。
④ Memo for Members of the Committee of Nuclear Non-Proliferation, "Report on 'Japan's Prospects in the Nuclear Weapons Field: Proposed US Courses of Action'," June 15, 1965, NSA, No. 485.
⑤ 杉田弘毅『検証 非核の選択』、岩波書店、2005 年、89 頁。

毫无意义的东西。"①实际上,根据起草施政演说的秘书楠田实和特使若泉敬教授证实,佐藤之所以在施政演说中正式确认无核三原则,原本目的是打破国民对核问题高度敏感的禁忌。② 由于二战末期广岛和长崎首次遭到核弹轰炸的影响,日本国民的反核心理根深蒂固。被称为"第二次被爆"的 1954 年"比基尼事件",则一举点燃了日本反核的国民感情,仅一年多,"禁止核武器运动"的签名人数就达 3 259 万人。在此背景下,日美两国只好私下秘密交涉"核能援助"问题,在外务省标注绝密的备忘录中记述道:"对反对与美国合作建造核反应堆的部分学者以及对核能问题敏感的舆论,要避免造成无用的刺激。"③

为了防止最大在野党社会党成为国民反核呼声的代言人,威胁自民党政权根基,面对核试验与是否运入核武器等问题的政党论争,自民党政府不得不做出适当解释,以便平息民愤。于是,在吉田、鸠山政府同意美国核试验之后,岸信介不得不要求停止核试验,因为该问题处理不当,有可能危及政权生命。1957 年 9 月藤山爱一郎在日美外相会谈中直言:"日本国民对核试验非常敏感,就政府所处立场,不能不表示抗议。这个问题的处理,对保守政权极其重要。"美国重开核试验后,1961 年 11 月首相池田对美方也表明:"对于核试验,难以公开表示赞同,但作为自己本意,相信肯尼迪总统必须做应该做的事。"④

学者和在野党的态度也直接影响了政府决策。关于"不制造"原则,可以说是日本政府吸收学者们提出的"核能和平利用三原则"(和平、公开和民主)精神而制定《原子能基本法》后催生的。"不持有"原则是 1958年在社会党议员伊藤显道质问下,首相岸信介才表示:"在政策上哪种核

---

① Embtel 267, Tokyo to SecState, January 14, 1969, Pol Political & Aff. & Rel. Japan-US 1/1/69, Box 2249, RG59, CF. NA.
② 田中明彦『安全保障——戦後 50 年の模索』、読売新聞社、1997 年、222 頁。
③『日米間原子力の非軍事的利用に関する協力協定関係一件』第 2 巻、外務省外交記録 B'0081。
④ 太田昌克『日本はなぜ核を手放せないのか——「非核」の死角』、44 頁。

武器也不持有。"①"不运入"原则也是在 1960 年反对修改安保条约斗争空前高涨之际,岸信介在回答社会党议员飞鸟田一雄提问时表的态:"日本不装备核武器,而且也不承认运入核武器。"②佐藤不过是沿袭了兄长岸信介的表述而已。

　　民意也制约着日本政府关于核政策的决策。从日本舆论调查来看,对于无核三原则,据 1968 年到 1985 年《读卖新闻》《朝日新闻》等各大媒体的调查,赞成者达七八成,反对者约一成。③ 2006 年 10 月朝鲜核试验后,《读卖新闻》的民意调查结果显示,依然有八成受访者认为应坚持无核三原则,只有 18％的受访者认为"修改一下也无妨"④。另据 2017 年 9 月产经新闻社与 FNN 的联合调查,结果显示 53.7％的受访者认为应坚持无核三原则,43.2％的受访者则认为应讨论修改。⑤ 对于日本核武装,据 1967 年到 1981 年共同社、《朝日新闻》与《产经新闻》等各大媒体的九次调查,赞成者基本上只占一成,而反对者达六到八成。⑥ 2006 年 11 月,《每日新闻》的舆论调查结果显示,依然有 78％的受访者反对日本拥有核武器。⑦ 据 2017 年 12 月日本言论 NPO 公布的民调显示,在朝鲜拥核的情况下,日本国民赞成日本核武装的只有 12.3％,而反对的达 68.7％。⑧ 毋庸讳言,日本普遍存在的反核民意,是日本执政者不能忽视的重要因素,但也不能夸大社会舆论的影响力。

① 『第 28 回国会参議院内閣委員会会議録』第 30 号、昭和 33 年 4 月 18 日、18 頁。
② 『第 34 回国会衆議院日米安全保障条約等特別委員会会議録』第 20 号、昭和 35 年 4 月 19 日、8 頁。
③ 西平重喜『世論調査による同時代史』、ブレーン出版、1987 年、338 頁。
④ 「非核三原則「守るべき」8 割」、『読売新聞』2006 年 11 月 21 日。
⑤ 「敵基地攻撃、賛成派が上回る」、『産経新聞』2017 年 9 月 19 日。
⑥ 西平重喜『世論調査による同時代史』、339 頁。
⑦ 「核保有ノー、議論は容認」、『毎日新聞』2006 年 11 月 27 日。
⑧ 「北朝鮮攻撃に3 割、日本の核武装にも4 割賛成　米世論調査」、https://jp. sputniknews. com/us/201712294436442/［2018—04—18］。

（三）日本执政者的现实追求

从国家核行为的连续性来看，"拥核"可以说是战后以来日本历代保守派政治家以及官僚根深蒂固的现实追求。该政策受到安全环境和外交压力的影响，但主要取决于政权的意图，即执政者的思想认识。至于"潜在"还是"公开"，那只是基于内外环境采取的形式而已，事实上日本决策者们基本上不在公开场合表露拥核的真实想法。

战前日本统治者对核武器的追求姑且不论，战后当政者中不少人依然认为日本二战失败是败于科技落后。核决策的核心人物之一中曾根康弘，自称目睹广岛原子弹爆炸的蘑菇云深受刺激，得悉理化研究所的回旋加速器被占领军丢进东京湾亦倍感屈辱。战后初期他投身政界后积极倡导自主修宪、重新武装，呼吁解除核能研究。据原旭硝子公司纽约特派员山本英雄回忆："中曾根对核武器，特别是小型核武器的开发非常感兴趣……将来或许会考虑日本也有必要拥有核武器。"[1]日后事实证明，正是中曾根主导通过了日本首项核能预算，组建了参众两院原子能共同委员会，推进了防卫厅对核武装的研究，还通过与美国谈判修约获得了大量拥有钚的资格。首相岸信介则在演讲中指出："虽说是和平利用核能，有朝一日也不是不能用于军事。"[2]他在回忆录中也表明："我此前就说过'在现行宪法下，理论上实行核武装也是可能的'。"[3]岸信介实际上已经提出了日本"潜在拥核"的路线，可以说"核武器合宪论"反映了保守派政治们共同的意志，为日本将来即使是在不修宪的情况下也可进行核武装预留了空间。

美国解密档案也清楚地印证了日本决策者的拥核认识。据1957年8月2日美国国务院远东调查部绝密报告《日本制造核武器的预测》，美

---

[1] 佐野眞一『巨怪伝——正力松太郎と影武者たちの一世紀』、文藝春秋、1994年、510頁。
[2] 岸信介『最近の国際情勢』、国際善隣倶楽部の講演記録、1967年5月26日、13頁。
[3] 岸信介『岸信介回顧録』、廣済堂、1983年、403頁。

方已了解到日本政治家们的拥核追求。该报告指出："日本防卫当局、国会和执政党自民党内的同伙，从根本上都想使自卫队装备核武器"，"自民党（政调会）国防部部会长、原司令官保科善四郎在国会议员间传阅其研究核战争的笔记，他指出日本能否进行有效防卫，在于日本本土的军队是否能够使用战术核武器……"，"保科的见解与参议员野村吉三郎、原首相芦田均相似，岸首相最近暗示日本应拥有防御性核武器的言论，就是受这些人的影响。"[1]

潜在拥核政策是日本决策者的真实意图。佐藤荣作公开提出无核三原则，打出四大核政策，然而他在1965年1月访美的秘密会谈中对国务卿腊斯克表明："我个人认为，中国若拥有核武器，日本也应拥有核武器。但这不符合日本国民感情，只能在内部小圈子里谈论。"[2]1968年9月，佐藤还在公车内对秘书楠田实表露了"应进行核武装"的真实想法。[3]当然，这种主张并非仅停留于佐藤个人想法的程度，而是通过防卫厅、内阁调查室、外务省等相关政府机构对利用核电设施进行核武装可行性的多方研究调查，最终形成为日本政府的"内部政策"，即潜在拥核政策。

潜在拥核政策也是日本官僚们的共识。1968年外务省国际资料部部长铃木孝在外交政策会议上强调："在高速增殖堆等方面，一边保持立即可以核武装的状态，一边推进和平利用，这是没有异议的。"[4]20世纪90年代，外务省某干部也强调："这是个人意见，从日本外交力量来看，不应放弃核武装选项的可能性。进而必须要增加钚储备，也要开发可以转用于导弹的火箭技术。"[5]无须说，这不是该官僚的个人意见，而是日本决策者的共识。在2011年福岛核事故之后，时隔40余年原外务省国际资

---

① 新原昭治编訳『米政府安保外交秘密文書資料・解説』、72、73頁。

② Memorandum of Record，June 13，1965，NSF，CO，Japan，1/11-14/65 Sato's Visit Memo & Cables，Box253，LBJL.

③ 楠田實『楠田實日記』、中央公論新社、2001年、260頁。

④ 国際資料部『第480回外交政策企画委員会記録』1968年11月20日、外務省2010年11月29日公開外交記録、文書13、42頁。

⑤ 金慶敏『甦る軍事大国ニッポン』、徳間書店、1996年、79頁。

料部科学课课长矢田部厚彦①在采访中承认,"外务省官僚们认为,通过开发核燃料循环提取钚的技术,日本要创建一个任何时候都可以进行核武装的体制。保持核武装选项,在日本防卫和外交上是必要的,这是同僚们的共识"②。1968 年曾领导各大学专家进行核武装研究的原内阁调查室调查官志垣民郎,在福岛核事故之后的采访中也表明:"佐藤(荣作)说,结论是日本不实行核武装……但和平利用始终是必要的,特别是核电站,应该进行原子能发电。于是,包括核武装的可能性,就有必要创建那样的体制了。核燃料循环,不是很好嘛,这样干不就行了嘛。"③

　　潜在拥核路线依旧是新世纪日本政客与官僚的政策理念。据经济产业省有关人士介绍,在 2001 年到 2002 年的某天,经济产业大臣平沼赳夫对资源能源厅原子能政策课干部安井正也明确指示:彻底推进以再处理为核心的核燃料循环体系,"不光是钱的问题",而是超越了经济性利益的另一层次的国家利益问题!④ 另一层国家利益,就是指"潜在核能力"。2002 年 5 月,内阁官房副长官安倍晋三在早稻田大学演讲时公开声称:"日本不仅拥有制造核武器的技术,而且有立即进行生产和装备自卫队的能力,日本随时都可以制造核武器。"⑤2011 年 9 月,原防卫大臣、自民党政务调查会会长石破茂直言不讳地说:"我认为维持核电站,就可以变成'潜在核威慑',若想制造核武器,一定时间就可造出来",因此,"不应停用核电站。"⑥安倍第二次上台以来,不顾国民强烈的反核之声,以能源政策为名,力推重启核电站,继续推进核燃料循环体系。2013 年 7 月,生活党党首小泽一郎指出,"现实上电量是够用的,但重启核电站,

① 矢田部厚彦后来曾出任外务大臣官房助理,日本驻越南、澳大利亚、比利时、法国、欧盟等大使。
② NHK ETV 特集取材班『原子力政策研究会 100 時間の極秘音源』、新潮社、2016 年、421 頁。
③ NHK ETV 特集取材班『原子力政策研究会 100 時間の極秘音源』、424 頁。
④ 太田昌克『日米核同盟』、岩波書店、2014 年、232—233 頁。
⑤「核兵器の使用は違憲ではない」、『サンデー毎日』2002 年 6 月 2 日号。
⑥「石破茂氏『核の潜在的抑止力』維持のため原発続けるべき」、『SAPIO』2011 年 10 月 5 日号。

就是为了核武装",自民党主张重启核电站的背后也是"核武装论"。① 可谓一语道破玄机。2014 年 1 月平沼赳夫在接受采访时直截了当地指出,"若外国对日本无理的话,日本也许就要拥核了",就要拿核燃料循环体系蓄积的核能力说事,这不仅针对朝鲜和中国,也针对常年以"日本安全为牌"在经济谈判中向日施压的美国。② 2017 年 3 月,当首相安倍在参议院大会上表示"我国恐怕不能拥有核武器"之际,负责策划安全政策的政府相关人士却指出:"保持任何时候都可以进行核武装的能力是必要的。"③这应该才是双方心照不宣的共识。

　　概而言之,随着国际核不扩散体制的形成与发展,日本对核不扩散体制的认识与参与,也经历了一个从消极抵制到初步参与,再到寻求发挥所谓"主导作用"的积极倡议的过程。在这一过程中,日本以政府为主导,从发展民用核电入手,在和平利用的名义下,走了一条"民用与军用复合"的特殊道路,成为一个"核电与核武"互为表里的综合性政策体系。然而,一个国家是否实行"核武装",通常取决于政治意愿、经济技术能力和国内外环境三个因素。在政治意愿与经济技术能力一定程度具备后,当前在国内外环境的制约下,日本还会表面上继续坚持无核三原则,依赖美国核保护伞,进行核武装的可能性较小,但长期来看,不能排除日本进行核武装的可能性。

---

① 「自民党の原発再稼動推進、背景には『核兵器保有論』」～岩上安身による生活の党・小沢一郎インタビュー」、http://iwj. co. jp/wj/open/archives/90095[2018—04—18]。
② 太田昌克『日米核同盟』、233—234 頁。
③ 「核武装議論、日本では議論もタブー」、『産経新聞』2017 年 9 月 3 日。